最新

図解

消費税の
しくみと実務がわかる本

税理士
小池正明

日本実業出版社

はじめに

　わが国に初めて消費税が導入されたのは、1989（平成元）年でしたから、すでに30年が経過しました。その後、数次にわたって税率の引上げが行なわれてきましたが、そのたびに消費の動向や景気への影響などがマスコミで大きく取り上げられてきました。さまざまな議論や意見のある税制ですが、消費税は国民の間に広く定着した税制といってよいでしょう。

　消費税は、一般の消費者からみれば、それほど難しい税制ではありません。2019（令和元）年10月から飲食料品等に対する軽減税率制度が導入されたため、どのようなモノやサービスに軽減税率が適用されるのかがわかりにくくなりましたが、消費者は、モノやサービスを購入するたびに法で決められた消費税を負担するだけです。

　しかしながら、消費税という税制は、実際に消費税を計算し、申告と納税をしている事業者からみると、きわめて難しい税制なのです。その導入から30年が経過しても、消費税のしくみを理解し、不安なく実務を行なっている事業者はほとんどいないというのが実状です。現に、税務調査があると、多かれ少なかれ非違事項が発見され、修正申告を余儀なくされた上、消費税を追徴される事業者が多数にのぼるという事実がそのことを物語っています。

　事業者からみて、消費税はなぜ難しいのでしょうか。さまざまな理由がありますが、たとえば課否の判定です。企業の行動と取引形態が複雑化するとともに、国際取引なども増加するなかで、事業者の行なうすべての取引について、消費税が課税されるか否かを正確に判断することは、決して容易なことではありません。

　そうかといって、今日では、消費税を考慮しないで商取引を行なうことは不可能であり、消費税の判断を誤ると、企業経営にも大きな影響が生じるおそれがあります。その意味で、消費税に関する正確な知識は、企業の経理担当者に必要なことはもちろん、税の性格やしくみからみると、渉外担当の営業マン、商品や資材の購入担当者など、すべてのビジネスマンに必須なものとなっています。

このような消費税の知識の必要性は、税制が変わるたびに高まってきました。1997（平成9）年の3％から5％へ、2014（平成26）年の5％から8％へ、さらに2019（令和元）年の8％から10％への税率の引上げです。また、中小企業者にとっては、2004（平成16）年の事業者免税点制度における課税売上高の3000万円から1000万円への引下げや、簡易課税制度における適用基準額の2億円から5000万円への引下げなども大きな影響を及ぼしました。

そして、2019（令和元）年10月からの税率引上げと同時に導入される複数税率制度です。10％の標準税率と8％の軽減税率という複数税率構造は、企業の行なう1つひとつの取引について、いずれの税率が適用されるかの判断が求められるとともに、経理事務にも正確に反映させる必要があります。

本書は、複雑かつ難解なものとなった消費税について、できるだけ多くのビジネスマンに必要な事柄を知っていただきたいという観点から、その全体をわかりやすく解説したものです。消費税の基本的なしくみから説明し、課税取引と非課税取引の区分、いわゆる不課税と非課税との違い、売上税額と仕入税額の計算と考え方、軽減税率の対象取引の範囲、国境を越えたインターネット取引に対する課税方法などのほか、消費税の計算方法の実際、中小企業者の特例制度と活用上の留意点、日常の経理処理、申告と納税の方法などについて、実務の視点からまとめてあります。

また、解説にあたっては図表をふんだんに活用し、計算例や申告書の記載例も示しておきましたから、消費税のしくみを立体的に理解していただけるものと思います。本書が、消費税の知識を身につけようとする方々のお役に立てば幸いです。

2019年9月

小池 正明

本書の内容は、2019（令和元）年9月1日現在の法令等にもとづいています。

最新　図解　消費税のしくみと実務がわかる本●もくじ

はじめに

第1章　消費税とはどのような税金か

1　消費税の性格　　14
消費税は代表的な間接税
消費者に税金の還付請求はできない
消費税を取っていなくても納税義務はある

2　消費税のしくみ　　17
消費税の税率はこうなっている
軽減税率制度の導入で事務負担が増加する
消費税は累積排除型の間接税
売上に対する消費税計算の基本
仕入税額控除には2通りの方法がある
消費税実務の2つのポイント
消費税と法人税はどこが違う？

3　地方消費税のしくみ　　25
地方消費税の税率は78分の22
地方消費税はどう清算されるのか

4　消費税の納税義務者は誰か　　28
国内取引の納税義務者は事業者
輸入取引は事業者でなくても納税義務がある
共同事業は参加者の分配割合に応じて納税義務がある

5　総額表示義務には特例がある　　30
総額表示義務とは
免税事業者に総額表示義務はない
総額表示の具体例
「不特定かつ多数の者」を対象とする取引に総額表示義務がある
価格表示の媒体は問わない
誤認防止措置を条件として総額表示義務が免除される
誤認防止措置の具体例

第2章　こんな取引が課税対象になる

1　課税取引の考え方　　38
課税取引と課税対象外取引とは
免税取引と非課税取引の違いは？
国内の取引の課税要件は？
課税売上と課税仕入の関係

2　資産の譲渡等とは　　42
資産の譲渡の範囲は？
資産の貸付けとは
役務の提供の範囲は？

3　国内取引かどうかの判定　　45
国内取引はどう判定するか
国内取引の判定の場所とは

4　「事業者が事業として行なう」の意味　　48
「事業」とは何か？
「事業」であれば還付が受けられる
給与所得者か、事業者か

5　「対価を得て行なう取引」とは　　52
無償取引は課税対象外
対価性の判断はむずかしい

6　みなし譲渡とは　　58
こんな場合にみなし譲渡となる
低廉譲渡もみなし譲渡になる場合がある

7　輸入取引について　　60
輸入は消費者にも課税される
非課税になる輸入もある
輸入代行は輸入者に消費税の納税義務がある

第3章　消費税が課税されない取引もある

1　消費税の性格と非課税取引　　64
非課税取引は15種類
非課税と免税は違う

2 土地の譲渡と貸付け　67

土地の貸付けも非課税

駐車場の課税・非課税はどう判定する？

土地と建物の同時譲渡は区分する

3 有価証券、支払手段の譲渡など　70

有価証券の範囲は？

支払手段の譲渡とは

4 利子、保険料など　72

非課税になる利子等の範囲

保険の事務手数料等は課税される

5 切手、印紙、証紙等　74

郵便切手類の範囲

郵便切手は非課税だが、郵便料金は課税

6 物品切手　76

物品切手とは？

広告用プリペイドカードの印刷費は課税

7 住宅の貸付け　78

非課税となる住宅の貸付けとは

一時使用は非課税にはならない

住居契約のマンション事務所はどうなる？

住宅に付随する駐車場料金はどうなる？

8 その他の非課税取引　81

9 輸出免税になるには　83

国境税調整とは

輸出免税取引の範囲は？

国際運輸の免税は国内輸送部分にも及ぶ

非居住者に対するサービスの提供はどうなる？

輸出免税は課税事業者に限られる

輸出免税を受けるには一定の証明が必要

第4章　飲食料品などは軽減税率が適用される

1 軽減税率が適用される飲食料品とは　92

食品表示法に規定する食品とは

酒税法に規定する酒類は軽減税率の対象にはならない

包装材料はどう扱われるか

軽減税率が適用される一体資産とは

2 外食は軽減税率にならない 96

軽減税率が適用されない外食の範囲は

ケータリングや出張料理は外食扱いになる

軽減税率と標準税率の区分はむずかしい

3 軽減税率が適用される新聞とは 99

販売方法で税率が異なる

電子版の新聞は軽減税率の対象にならない

4 飲食料品の譲渡をしない事業者はこんな点に注意する 100

軽減税率対象品目の確認と管理が必要になる

こんな科目に注意する

第5章　売上に係る消費税はこう計算する

1 課税標準額に対する消費税額の計算 102

税抜売上高に7.8%を掛ける

外税方式による代金決済と売上に対する消費税の関係

積み上げ計算の特例とは

積み上げ計算の特例が適用される経過措置とは

積み上げ計算の特例が認められるための要件は？

区分経理が困難な事業者には売上税額の計算の特例がある

2 課税標準額はこう計算する 114

原則は税抜きの対価による

こんなケースでは課税標準額の計算に注意

輸入取引の課税標準は？

3 みなし譲渡の課税標準は？ 120

販売価額の50%未満は時価課税

棚卸資産は課税仕入の価額以上であれば申告が認められる

4 個別消費税と消費税の課税標準の関係 122

酒やたばこはタックス・オン・タックスになる

ゴルフ代はタックス・オン・タックスにならない

振込手数料に含まれる印紙税はどう扱われるか

報酬・料金の源泉所得税は2通りの徴収方法がある
契約書の作り方で印紙税は変わる

5 売上の値引き、返品があったとき　　　　　128

値引き、返品、割戻しの調整とは
対価の返還等の調整は税額控除として行なう
対価の返還等はいつ計上するか

6 貸倒れが生じたときはこうする　　　　　133

貸倒れ処理できるケースは限定されている
税込対価の110分の7.8を控除する
売掛金と貸付金が同時に貸倒れとなったときは？
貸倒れ処理したあとに回収できたらどうするか

7 課税売上はいつ計上するか　　　　　138

売上の計上時期は法人税、所得税と同じ
棚卸資産の譲渡は引渡しの日に計上する
請負の収益はモノの引渡しを要するものか否かで異なる
固定資産は引渡し基準、有価証券は契約日基準による
預金、貸付金の利子は利払日計上が認められる
資産の賃貸料は契約に定められた日を原則とする
収益計上基準の特例が適用される場合もある

第6章　仕入税額控除のしくみと計算法

1 税額控除とは　　　　　144

課税の累積を排除する税額控除とは
税額控除の種類をみると
仕入税額控除の適用対象者は課税事業者に限られる

2 仕入に係る消費税の計算のしくみ　　　　　147

税込対価の110分の7.8が控除税額になる
仮払消費税の78％とすることもできる
区分経理が困難な事業者には仕入税額の計算の特例がある
適格請求書等保存方式では積み上げ方式が原則になる
免税事業者からの課税仕入は控除税額が制限される
輸入取引の場合は別途に控除する

3 課税売上割合と仕入税額控除　156

課税売上・非課税売上と仕入税額控除の関係
課税売上割合は95％が基準となる
課税売上割合はこう計算する
課税売上割合の算定はここに注意する
課税売上割合の端数処理は？
課税売上割合を計算してみると
課税売上割合95％未満の控除税額計算は2通り
個別対応方式の仕入控除税額の計算法
一括比例配分方式はむずかしくない
課税売上割合に準ずる割合も認められる
たまたま土地の譲渡があった場合はこうする

4 こんな場合は仕入控除税額を調整する　169

仕入の値引き、返品、割戻しがあったとき
調整対象固定資産とは
課税売上割合が著しく変動したとき
調整対象固定資産の転用の調整はこうする
免税事業者が課税事業者になったときは控除税額の調整を忘れずに

5 どんな仕入が税額控除の対象になるか　176

課税仕入になる取引とは
給与等の支払いは課税仕入にならない
通勤手当は課税仕入になる
福利厚生費関係は？
レジャー施設等の入会金も課税仕入になる
公共施設の分担金はどう扱われるか
得意先への営業助成金はどう扱われるか
個人事業者は事業割合分が課税仕入になる
免税事業者や一般消費者からの仕入も控除対象になる

6 仕入税額控除はどの時期に行なうか　185

課税仕入を行なった日に控除する
郵便切手、物品切手等も購入時で控除対象になる
未成工事支出金や建設仮勘定の扱いは？
割賦払いや延払いで購入した資産の消費税の控除の時期は？
短期前払費用は損金計上時で控除対象になる
売手と買手で売上・仕入の計上時期が違ってもよいか

7　帳簿・請求書の保存がないと控除できない　　　　　　188
　　課税仕入は帳簿と請求書で証明する
　　帳簿とは何か、請求書等には何が含まれるか
　　区分記載請求書等保存方式における法定記載事項とは
　　記載事項の不足分は追記できる
　　「軽減対象資産の譲渡等である旨」はこうする
　　商品はコード番号でもよい
　　請求書等の内容をすべて帳簿に記載する必要はない
　　「上様」領収書は認められるか
　　帳簿の保存だけで仕入税額控除ができる取引
　　帳簿、請求書等は7年間保存する
　　輸入取引における法定記載事項とは

8　2023年10月からは「適格請求書等保存方式」になる　　　　　　202
　　適格請求書等の保存が仕入税額控除の要件になる
　　適格請求書の記載事項とは
　　小売業や飲食業などは適格簡易請求書を交付できる
　　適格請求書発行事業者には適格請求書の交付義務がある
　　適格請求書等の交付が免除される取引もある
　　適格請求書発行事業者の登録制度がある
　　免税事業者でも適格請求書発行事業者の登録を受けることができる
　　帳簿の保存のみで仕入税額控除ができる取引もある
　　適格請求書等保存方式における税額の計算方法は？

第7章　国境を越えた役務の提供も課税対象になる

1　国境を越えた役務提供に対する課税とは　　　　　　216
　　電子商取引と消費税の関係
　　電気通信利用役務とは

2　事業者向け電気通信利用役務の提供はリバースチャージ方式になる　　　　218
　　事業者向け電気通信利用役務の提供とは
　　仕入側に課税されるリバースチャージ方式とは
　　リバースチャージ方式では支払額が課税標準になる
　　仕入税額控除も適用される
　　課税売上割合が95％以上の場合は経過措置がある

3 消費者向け電気通信利用役務の提供は国外事業者に申告義務がある　　221

　　国外事業者が申告と納税をする

　　原則として仕入税額控除は適用されない

　　登録国外事業者の場合には仕入税額控除が適用できる

4 特定役務の提供はリバースチャージ方式による　　223

　　国外事業者が行なう芸能・スポーツ等の報酬に対する課税方法

　　特定役務の提供とは

第8章　中小事業者にはこんな特例がある

1 小規模事業者は納税義務が免除される　　226

　　免税事業者になるのは？

　　基準期間とは2年前の課税期間をいう

　　課税売上高はこう判定する

　　基準期間の課税売上高の判定に注意する

　　免税事業者でも課税事業者を選択できる

　　特定期間の課税売上高が1000万円超の場合は課税事業者になる

　　調整対象固定資産を取得すると免税事業者になれない

　　高額特定資産を取得した場合も免税事業者になれない

2 新設法人は基準期間がなくても納税義務がある　　241

　　新設法人とは

　　特定新規設立法人は免税事業者になれない

　　新設法人でも簡易課税制度の選択はできる

3 簡易課税制度の税額計算　　246

　　簡易課税制度とは

　　簡易課税制度による納税額の目安は？

　　実額による仕入率を試算して選択する

　　簡易課税制度の適用事業者とは

　　選択の届出はこうする

　　簡易課税における税額の計算方法は？

　　兼業の場合は「簡易課税」ではない

　　「75%ルール」とは？

　　課税売上高が区分されていないと…

4 簡易課税制度の事業区分はどう判定するか 260
事業区分はこうなっている
取引の相手方で卸売業と小売業に分かれる
「性質および形状を変更しない」とは
製造小売業は製造業に区分される
「加工賃その他これに類する料金を対価とする役務の提供」とは
第5種事業の範囲は広い
みなし仕入率が最も低い不動産業の範囲は

第9章　日々の取引の実務処理のポイント

1 消費税の会計処理 270
経理処理の方法は2通りある
経理方法は事業者の選択による
税抜経理方式は期末に清算処理をする
控除対象外消費税等とは

2 税込経理と税抜経理はどちらがトクか 276
税抜経理のほうが法人税が少なくなる
税込経理がトクな場合もある
期末に税抜経理に修正することもできる
税込経理方式の納付税額は未払計上できる

3 日々の処理はこんな点に注意する 281
消費税の課否を経理に反映させる
税込経理方式は記帳のしかたに注意する
簡易課税は収益科目を区分する

第10章　申告・納税はこうすれば間違いなし

1 申告と納税の期限 286
法人は2か月以内、個人は3月31日までに確定申告
中間申告と納税が必要な事業者の範囲は?
中間申告義務がない場合でも任意の申告ができる

2 申告書はこうして作成する 290
申告書には付表を添付する

申告書、付表の記載のしかた

【設例1】原則課税方式

　　　　（課税売上割合95％以上で課税売上高5億円以下の場合）

【設例2】原則課税方式

　　　　（課税売上割合95％未満または課税売上高5億円超の場合）

【設例3】簡易課税方式

3　申告後には税務調査がある

税務調査とはどういうものか

消費税と法人税、所得税は同時調査される

重点的に調査されるところは？

カバーデザイン●水野敬一
本文DTP●ダーツ

第1章

消費税とはどのような税金か

1　消費税の性格
2　消費税のしくみ
3　地方消費税のしくみ
4　消費税の納税義務者は誰か
5　総額表示義務には特例がある

消費税の性格

● 消費税は代表的な間接税

　わが国には、国税と地方税を合わせておよそ50種類も税金がありますが、税金の性格に応じて、**直接税**と**間接税**という区分をすることがあります。税金の話に使われる「直間比率」というのは、税収全体からみた直接税と間接税の割合ということです。

　税収の額からみれば直接税のほうが多く、法人税、所得税、相続税、贈与税、住民税、事業税、固定資産税などは、すべて直接税です。税金を負担する人と実際に納税する人が同じ、つまり、課税と納税が直接的であるという意味です。

　というと、サラリーマンが給与から天引きされる源泉所得税や住民税は、会社が支払うから直接税ではない、と思われるかもしれませんが、会社は納税の代行をしているにすぎないのです。所得税や住民税の負担者はサラリーマン自身であり、その納税者も本人ですから、これはもちろん直接税です。

　一方、税金を負担する人と実際の納税者が異なるのが間接税です。わが国では、古くから酒税やたばこ税があり、消費税の導入とともに廃止された物品税は代表的な間接税でした。

　消費税ももちろん間接税です。その負担者は、モノやサービスを購入した消費者ですが、実際の納税者はそれらを販売した事業者ということになります。

● 消費者に税金の還付請求はできない

　ところで、わが国に消費税が導入されたのは、1989年（平成元年）4月でしたが、消費税法の国会での成立は、与党である自由民主党の強行採決というかたちがとられました。

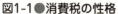

図1-1●消費税の性格

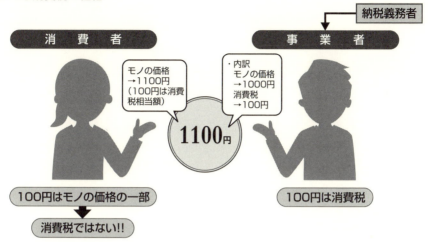

　こうした状況を反映したのでしょう。少なからぬ国民が消費税に反発しました。当時こんな話がありました。ある人が「消費税導入時の国会決議は不当であり、受け入れることはできない。購入価格1030円のうち30円の消費税を国は返還すべきである」と主張し、裁判に訴えたのです。

　はたして、この主張は正しいのでしょうか。「消費税を返せ」という訴えですから、1030円のうちの30円（当時の税率は3％）は「税金」でなければならないはずです。というと、消費税として支払ったのだから税金であることは当たり前、と言われるかもしれません。しかし、そうではないのです。

　この問題を解くカギは、実は、直接税と間接税の本質的な性格論にあるのです。消費税を国に納めなければならない人、つまり納税義務者は、モノを購入した一般消費者ではなく、それを販売した事業者です。したがって、1030円のうち30円は、納税者である事業者からみれば消費税そのものですが、一般消費者からみると、税金ではなく、モノの価格の一部になるわけです。言い換えれば、消費税ではなく、**消費税相当額**ということです。

　そうなると、国に対する30円の返還請求訴訟は認められるはずがありません。裁判所は、「税の返還を求めることができるのは、直接的に納税義務のある事業者に限られる。一般消費者の支払った30円は税ではないから、事業

者に値引きを要求するならともかく、国に返還を求めるのはスジ違いである」として、いわば門前払いにしたのです。

消費税を取っていなくても納税義務はある

この話を裏返せば、導入当初、消費税という間接税になじみのなかった多くの事業者に、2つのことを理解させてくれたといえます。1つは、消費税は価格の一部を構成するものであり、モノやサービスを販売する限り、原則として納税の義務が生ずること、2つ目は、消費税は価格への転嫁が前提になっているということです。

このような消費税の性格からみれば、1000円のモノを1000円で売ったからといって、消費税は取っていない、だから納税しなくてもいい、という理屈は通らなくなります。仮に、1000円で売ったとしても消費税分だけ値引きしたにすぎない、ということになるわけです。

もっとも、中小事業者の中には、消費税は、企業課税としての直接税と同じだ、という意見や批判も少なくありません。取引の関係上、実際には価格への転嫁ができない場合もあり、納税分は事業者の負担、というケースもままみられます。

そうなると、消費税は、間接税ではなく、法人税や事業税と同様に、売上高や所得金額に応じた直接税的な性格を帯びてくることは、否定できないかもしれません。

消費税のしくみ

● 消費税の税率はこうなっている

　消費税のしくみを説明する前に、消費税の税率について、その導入以降の経緯を含めて確認しておきます。

　わが国に初めて消費税が導入されたのは、1989（平成元）年4月で、その時は国税としての消費税のみで、税率は3％でした。その後、1997（平成9）年4月から地方消費税が導入され、国税としての消費税の税率が4％、地方消費税の税率が1％とされ、合わせて5％の税率になりました。さらに、2014（平成26）年4月には、消費税率6.3％、地方消費税率1.7％の合計8％に引き上げられました。

　このように、消費税の税率は徐々に引き上げられてきましたが、いずれも単一税率となっていました。1997（平成9）年4月からは地方消費税が導入されましたが、国税と合わせた税率は5％であり、2014（平成26）年4月からは同8％となりましたが、全体としてみれば単一税率です。このため、事業者が商品等の本体価格に消費税を転嫁するときの税率も1本であり、消費者が負担する消費税も同様でした。

　ところが、2019（令和元）年10月1日からは、飲食料品などに対する**軽減税率制度**が導入されました。このため、消費税の税率は、標準税率（軽減税率が適用されない税率）と軽減税率という複数税率の構造になりました（図1-2）。

図1-2●2019（令和元）年10月1日以降の消費税の税率

		標準税率	軽減税率
国・地方の合計税率		10%	8%
消費税率（国税）		7.8%	6.24%
地方消費税	消費税率換算	2.2%	1.76%
	地方消費税率	22/78	

軽減税率制度の導入で事務負担が増加する

　2019（令和元）年10月1日以降の税率が消費税の計算でどのように適用されるか、また軽減税率制度とはどのようなものかについては徐々に説明しますが、消費税が複数税率になったことによって、消費者がモノを購入するときに負担する消費税がいくらであるかがわかりにくくなったことはたしかです。また、事業者においても、価格への転嫁の方法や経理処理が複雑なものとなりました。

　軽減税率が適用されるのは、外食を除いた飲食料品や週2回以上発行される新聞ですが、これらの商品等を取り扱わない事業者にも影響が生じます。たとえば、従業員のために会社が飲食料品を購入したり、新聞を定期購読している場合です。この場合には、標準税率が適用される仕入や経費とは区分して経理処理を行なわないと、正確な消費税の申告ができなくなってしまうからです。

　消費税は、所得税と異なり、モノを購入する人の所得の多寡とは関係なく負担する税は同じです。このため、所得の少ない人ほど相対的に負担税額が大きいという、いわゆる逆進性があるとされています。こうした問題に対処するため軽減税率制度が導入されたのですが、高所得者であっても飲食料品を購入することから、低所得者対策としては適当な施策ではないという批判が少なくありません。また、あとで説明しますが、軽減税率制度が導入されたため、帳簿や請求書等の記載事項が増加しました。このため、事業者の事務負担もかなり増加することは間違いありません。

　なお、**図1-2**のとおり、10％の標準税率の内訳は、国税としての消費税率が7.8％、地方消費税の税率が2.2％であり、8％の軽減税率の内訳は、国税分が6.24％、地方消費税が1.76％です。ただし、法律上の地方消費税の税率は、いずれについても「78分の22」です。これは、標準税率である10％の内訳（7.8％：2.2％＝78：22）と軽減税率である8％の内訳（6.24％：1.76％＝78：22）の比率が同じであるからです。

消費税は累積排除型の間接税

　ここで、事業者サイドからみた消費税の基本的なしくみを確認しておきましょう。

　消費税が課税されるモノやサービスを販売すれば、その事業者に消費税の納税義務が生ずるのが原則です。この場合、売上に対する消費税だけを納税するとすれば、商品等の流通過程で売上にかかる消費税が累積してしまいます。

　そこで、売上に対する消費税額から、商品等の仕入の際に負担した消費税や販売のための経費などにかかる消費税の額を控除して納税額を算出することになっています（図1-3）。

図1-3●仕入にかかった消費税額を引いて納付する

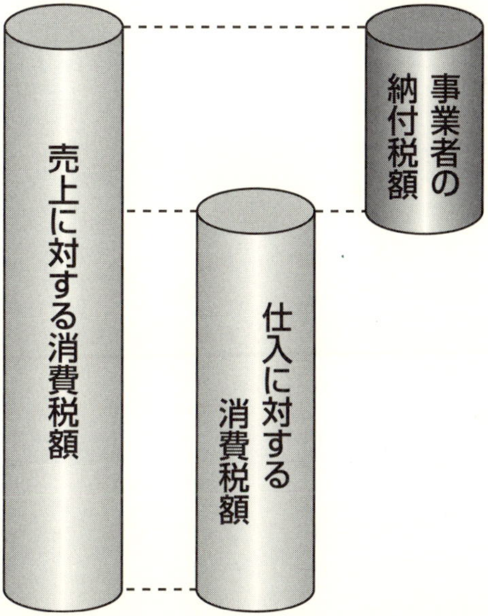

売上に対する消費税額

仕入に対する消費税額

事業者の納付税額

　このため、消費税は、前段階税額控除方式による累積排除型の間接税であるといわれています。なお、商品等の仕入や経費などにかかる前段階の税額を差し引くことを消費税法では、**仕入税額控除**といいます。

売上に対する消費税計算の基本

　このような消費税のしくみからみると、事業者は、売上に対する消費税額と仕入・経費等に対する消費税額の2つを正確に計算することが基本になります。これらについて、少し付け加えておきましょう。

まず、売上に対する消費税額のことを、消費税法では、**課税標準額に対する消費税額**といいます。この場合の課税標準額とは、その課税期間の売上の合計額のことですが、消費税が課税されない売上は除きますから、正確にいえば、消費税の課税対象となる売上（**課税売上**）の合計額です。

　もっとも、課税標準額は、そこに税率を掛ける金額ですから、税込みの課税売上とすると、消費税の上にさらに消費税が乗ってしまいます。このため、消費税の計算に際しては、税抜きの課税売上としなければなりません。そこで、**図1-4**のように、税込みの課税売上の合計額に「110分の100」（軽減税率が適用される場合には108分の100）を掛けて課税標準額とします。

　このように計算した課税標準額に、消費税率7.8％（軽減税率の適用分は6.24％）を掛ければ、課税売上に対する国税分の税額が求められます。消費税と地方消費税を合わせた税率は10％（軽減税率適用分は8％）ですが、地方消費税の額は、仕入税額控除をしたあとの消費税額をもとに、別途に計算することとされています。

　なお、軽減税率の対象品目については第4章で、また売上に対する消費税の計算方法の詳細は第5章で説明することとします。ここでは、消費税の基本的なしくみを理解するため、概略だけを知っておいてください。

● 仕入税額控除には2通りの方法がある

　一方、仕入や経費等に対する消費税額（仕入税額控除額）の計算については、次の2通りの方法があります。

　①原則課税方式

　②簡易課税方式

　このうち①は、文字どおり原則的な方法で、実際の仕入や経費の額から控除税額を求める、いわば実額計算法です。この方法では、消費税の課税対象となる仕入や経費等の合計額、つまり課税仕入の合計額から7.8％（軽減税率分は6.24％）の消費税額を抜き出すという計算を行ないます。具体的な計算式は**図1-4**に示したとおりで、税込みの課税仕入の合計額に、110分の7.8（または108分の6.24）を掛けて控除税額を求めます。

第1章●消費税とはどのような税金か

　これに対して、②の簡易課税方式は、中小事業者の特例として設けられているもので、実際の課税仕入の額に関係なく、課税売上（課税標準額）に対する消費税額に、一定の仕入率（みなし仕入率）を掛けて控除税額を求める方法です。この方法は、基準期間の課税売上高が5000万円以下であること、事業者がこの方法による旨を税務署に届け出た場合にのみ認められることなどの条件が付いています。

　いずれにしても、仕入税額控除額の計算方法は、原則課税方式と簡易課税方式の2通りがあることを知っておいてください。なお、原則課税方式については第6章（147ページ）で、また、簡易課税方式は第8章（246ページ）でそれぞれ詳しく説明することにします。

図1-4●売上・仕入等に対する消費税額の計算のしかた

売上に対する消費税額（課税標準額に対する消費税額）

税込課税売上の合計額 $\times \dfrac{100}{110}$ ＝課税標準額

課税標準額×7.8%＝課税標準額に対する消費税額

(注)軽減税率の適用分は、「110分の100」を「108分の100」とし、「7.8%」を「6.24%」とします。

仕入・経費等に対する消費税額（仕入税額控除額）

①原則課税方式の場合

　税込課税仕入の合計額 $\times \dfrac{7.8}{110}$ ＝控除対象仕入税額

　(注)軽減税率の適用分は、「110分の7.8」を「108分の6.24」とします。

②簡易課税方式の場合

　課税標準額に対する消費税額×みなし仕入率＝控除対象仕入税額
　　　　　　　　（業種に応じ40%〜90%）

消費税実務の2つのポイント

　消費税の基本的なしくみをみてきましたが、これまでの説明を要約すると、実務的な面からは次のようなことがいえます。

　第一に、消費税の申告や納税をしなければならない事業者は、課税売上（課税標準）に対する消費税額を必ず計算しなければならず、その方法は1つしかないということです。仕入税額控除額の計算における簡易課税方式のような特例はありません。いわば、すべて実額方法です。

　したがって、どのような売上や収入が課税売上になるのか、課税対象にならない売上は何か、などを正確に区分し、日々の経理処理において明確にしておかなければなりません。

　第二に、仕入税額控除の方法について、簡易課税方式の適用要件に該当する事業者は、原則課税方式との選択が可能ですが、あとでも述べるように、いずれによるかで納税上の有利不利が生じます。このため、その選択は慎重に行なわなければなりません。

　いわゆる原則課税方式によらざるを得ない事業者と、中小事業者で簡易課税方式を選択しない事業者の場合は、課税売上と同じことがいえます。つまり、仕入や経費等の支出をするたびに、それが消費税の課税対象になる取引か否かを正確に判断しなければならないということです。また、第6章で説明するように、一定の事項を記載した帳簿と請求書等の保存が要求されますから、この点でもかなりの事務負担になると思われます。

　なお、簡易課税方式の場合は、仕入や経費等について、1つひとつの課否判断は必要ありませんし、帳簿や請求書等の保存要件は適用されません。要するに、この場合は、課税売上に対する消費税だけに気を付ければよいということです。

消費税と法人税はどこが違う？

　ところで、会社の場合は決算終了のたびに法人税の申告をし、個人事業者も年明けとともに決算をして所得税の申告を行なっているでしょう。そこ

第1章●消費税とはどのような税金か

で、消費税について、法人税や所得税との基本的な違いを少しみておくことにします。

　まず、課税標準についてです。法人税や所得税は、「所得金額」が課税標準で、これに一定の税率を掛けて納付税額が計算されます。この場合の所得金額は、法人税でいえば益金から損金を控除した金額、所得税でいえば収入金額から必要経費を差し引いた金額です（図1-5）。

　一方、消費税は、課税売上に対する税額から課税仕入に対する税額を控除して納付税額とするのが基本的なしくみですが、課税標準は、前述のとおり、課税売上の合計額とされています。

　ここで注意が必要なのは、法人税・所得税と消費税では、基本的なしくみは類似していても、課税標準はまったく異なるということです。所得計算は収益から費用を控除したもの、消費税計算は課税売上の税額から課税仕入の税額を控除したものであり、どちらも差額を求めるという点では同じです。しかし、その差額がそのまま課税標準となる法人税や所得税と、課税売上だけを課税標準とする消費税では大きな違いがみられるのです。

　では、この違いはどのような問題を引き起こすのでしょうか。ここに消費税の納税義務のある事業者がいて、取引に関する会計帳簿をまともに付けず、請求書や領収証などもまったく保存していないとします。

　この事業者に税務調査が行なわれると、税務署は、

図1-5●法人税と消費税ではしくみが違う

法人税・所得税のしくみと課税標準

　所得金額＝益金（収入金額）－損金（必要経費）

　課税標準額＝所得金額

消費税のしくみと課税標準

　納付税額＝課税売上に対する消費税額

　　　　　　－課税仕入に対する消費税額

　課税標準＝課税売上の合計額

資産状況や取引先の調査等を踏まえて、まず売上を推計します。問題はここからです。法人税や所得税は、所得金額が課税標準とされているため、売上に対応する仕入や経費の額も推計し、所得金額を計算して課税処分を行ないます。

　これに対し、消費税では、仕入や経費はまったく考慮せず、推計した課税売上に7.8％または6.24％（地方消費税を含めると10％または8％）を掛けて納付すべき税額を決定することになります。要するに、仕入税額控除は認められないのですが、これは、消費税の課税標準が課税売上とされていることと、仕入税額控除は、一定の請求書や帳簿等の保存がなければ認められないためです。消費税の実務では、法人税や所得税とのこのような違いを十分に理解しておく必要があります。

　いま1つの大きな違いは、**収益費用の対応の原則**の有無です。

　法人も個人事業者も期末には商品等の棚卸をしなければなりません。これは、その会計期間の売上に対応する仕入原価を把握する必要があるからです。

　消費税では、原則として棚卸は関係ありません。その課税期間に仕入れたものは、その段階で消費税を負担しているわけですから、期末にいくら残っているかにかかわりなく、仕入税額控除の対象になるのです。

　収益と費用の関係については、機械などの資産を購入した場合も同じことがいえます。法人税や所得税の計算では、いったん資産に計上し、減価償却という手法を使って徐々に費用処理します。しかし、消費税にはそのような考え方はありません。機械等を購入したときに即、税額控除をすることになります。

　なお、わが国の消費税は、**帳簿および請求書等保存方式**といわれていますが、法人税や所得税のための帳簿と消費税用の帳簿を別々に作る必要はありません。

3 地方消費税のしくみ

● 地方消費税の税率は78分の22

　消費税の税率と基本的なしくみは前述したとおりですが、地方消費税について、あらためて確認をしておくことにします。

　標準税率である10％の内訳は、国税としての消費税が7.8％、地方消費税が2.2％であり、8％の軽減税率については、国税分が6.24％、地方消費税が1.76％とされています。

　ただし、法律上の地方消費税の税率は、2.2％または1.76％ではなく「78分の22」であることは前述したとおりです。これは、地方消費税の課税標準（地方消費税を計算する際の基礎となる額）が国税としての消費税額（税率7.8％または6.24％）とされているため、7.8％または6.24％に「78分の22」を掛けた2.2％または1.76％になると説明されているのです。

　したがって、事業者が地方消費税を申告するときの計算は、標準税率分も軽減税率分も図1-6のようになり、消費税と合わせて国（税務署）に納付することとされています。

　なお、国内取引についての地

図1-6●地方消費税額の求め方

地方消費税の計算（譲渡割）

課税標準額＝消費税額（課税売上に対する消費税から
　　　　　　仕入税額控除をしたあとの税額）

納付すべき地方消費税額＝課税標準額×$\dfrac{22}{78}$

輸入取引の場合の地方消費税額（貨物割）

納付すべき地方消費税額＝課税貨物に係る消費税額×$\dfrac{22}{78}$

方消費税を**譲渡割**といい、輸入取引に対する地方消費税を**貨物割**として２つに区分しています。これは、それぞれの課税標準額が異なるためです。

● 地方消費税はどう清算されるのか

ところで、地方消費税は、地方公共団体の財源を確保するという目的があるのですが、モノやサービスが購入され、消費される地域の税収になる、というのが基本的な考え方です。

たとえば、商品が大阪府で製造されても、その商品が東京都で消費されたときは、その商品に係る地方消費税は、東京都の税収になるということです。

ところが、大阪府の製造業者は、売上について収受した地方消費税をいったん大阪府の税務署に納付することになります。そうなると、東京都は、大阪府からその分の地方消費税をもらわなければなりません。

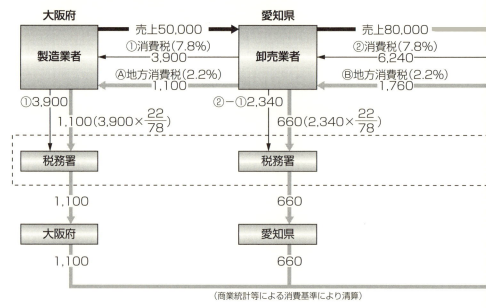

図1-7 ● 消費税と地方消費税の流れ（標準税率の場合）

（商業統計等による消費基準により清算）

しかし、国内におけるすべての取引について、その地方消費税を"実額"でやり取りするのは不可能です。そこで、各都道府県に納付された地方消費税収は、各都道府県ごとの消費に相当する額に応じて清算することとされています。

この流れは**図1-7**のとおりですが、この場合の清算は、もちろん国が行ないます。したがって、一般の消費者も、また事業者にも直接に関係することではありません。その意味では、知らなくても差し支えないのですが、地方消費税のしくみを理解するうえでの参考にしてください。

なお、各都道府県間の清算は、百貨店や家電大型販売店などを除いた商業統計に基づく小売年間販売額とサービス業基本統計に基づくサービス業のうち、対個人事業収入額の合計額（ウエイト2分の1）、国勢調査に基づく人口（ウエイト2分の1）によることとされています。また、都道府県間で清算したあとの税収の2分の1は、「人口」であん分して市町村に交付されます。

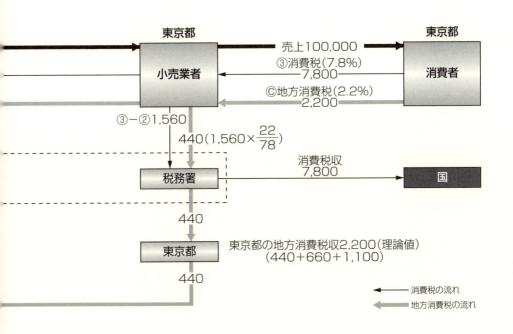

消費税の納税義務者は誰か

● 国内取引の納税義務者は事業者

　消費税や地方消費税を納税しなければならない者、すなわち**納税義務者**は、すでに説明したとおり、商品等を販売したり、サービスの提供をした事業者です。

　もっとも、事業者が納税義務者になるのは、国内取引の場合で、このほかに輸入取引を行なった者も消費税と地方消費税の納税義務があります（図1-8）。

　このうち国内取引における**課税資産の譲渡等**とは、消費税の課税対象となる物品の譲渡や貸付け、サービスの提供をすることをいい、この場合は、事業者のみが納税義務者になります。

　したがって、サラリーマンなどの事業者でない者が課税資産の譲渡等をしても、消費税を納税する義務はありません。たとえ、その譲渡代金に消費税分を上乗せして収受したとしても、納税義務が生じることはないのです。

　ただ、少し問題になりやすいのは、「事業」あるいは「事業者」という言葉の意味です。

　たとえば、サラリーマンが自宅のワキの空地を利用して駐車場設備を作り、毎月一定額の駐車料金を得ていたとしましょう。この場合の駐車場経営が「事業」に当たるとすれば、消費税の納税義務が生ずることになります。

　もっとも、小規模事業者については免税の措置がありますから、事業に当たるとしても実際には納税する必要はないのですが、事業とは何かということは消費税では重要なことです。

　なお、事業の意味や課税資産の譲渡等の範囲については第2章で、また、小規模事業者の免税制度については第8章で、それぞれ説明することにします。

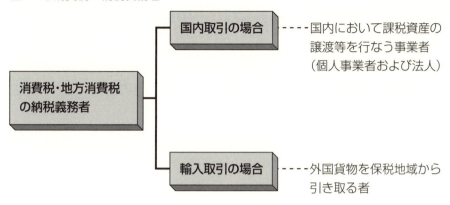

●輸入取引は事業者でなくても納税義務がある

　一方、輸入取引については、輸入品を引き取る者が納税義務者になるとされており、事業者には限定されていません。したがって、いわゆる個人輸入などの場合も納税義務が生じ、輸入の際に消費税と地方消費税を納税しなければなりません。
　なお、事業者でない者が納税した消費税は、いわば取られっぱなしですが、事業者の場合は輸入の際の消費税が仕入税額控除の対象になります。

●共同事業は参加者の分配割合に応じて納税義務がある

　ところで、建設事業などでは、複数の建設業者が共同事業体（いわゆるＪＶ）を組んで工事を受注し施工するケースが多くみられます。このようなＪＶでは、共同事業の参加者があらかじめ出資割合（損益分配割合）を定めているのが通常です。
　この場合は、事業の参加者の出資割合に応じて消費税の納税義務を負うことになります。

総額表示義務には特例がある

● 総額表示義務とは

　消費税の課税のしくみとは直接的な関係はありませんが、一般消費者に対する商品等の価格の表示方法について、消費税法には「総額表示義務」の規定が設けられています。

　商品等の価格の表示について、事業者間の取引では、多くの場合、税抜きの本体価格に10％（軽減税率の対象商品は8％）分の消費税額を上乗せするいわゆる外税方式が採用されています。これに対し、一般消費者に対する小売段階では、税抜価格をもととする外税方式による場合と、税込価格を表示する内税方式を採用する事業者とが混在していました。

　消費税の導入以来、商品等の価格の表示方法は、それぞれの事業者の任意とされてきましたが、税抜価格表示では、レジで請求されるまでいくら支払えばいいのかわかりにくいという問題があります。このため、2004（平成16）年4月1日からは、値札等に「消費税額を含む価格」、つまり消費者が支払う価格の総額を表示しなければならないこととされています。

　ただし、後述するように2013（平成25）年10月1日から2021（令和3）年3月31日までの間は、総額表示義務の特例規定が適用され、いわゆる"誤認防止措置"を講じている限り、消費税額を含まない税抜価格での表示が認められています。

　そこで、以下では、総額表示義務の概要を説明した後、時限措置としての特例についてふれておくことにします。

● 免税事業者に総額表示義務はない

　総額表示が義務付けられているのは、消費税の課税事業者であり、免税事業者に総額表示義務はありません。消費税の納税が免除されている免税事業

者の場合は、売上に対する消費税が課されないため、消費税法上は、消費者から消費税相当額を受領することが予定されていないためです。

● 総額表示の具体例

たとえば、税抜価格（本体価格）が9800円、10％分の消費税額が980円の場合、総額表示に該当する例と該当しない例は、**図1-9**のとおりです。

要するに、支払総額（図の例では、１万780円）が明示されていれば総額表示として認められるということです。総額表示に該当しない例のうち④は、税抜価格（9800円）のほうが文字が大きく、支払総額が明瞭でないことから適正な表示方法とはいえません。

また、最終的な価格を表示しない場合でも、商品やサービスの単価や手数料率を表示することで、事実上、価格を表示しているものは総額表示義務の対象になります。**図1-10**のような例が該当しますから、税抜価格に消費税分

図1-9●総額表示に該当する例と該当しない例

○総額表示に該当する例	○総額表示に該当しない例
①10,780円	①9,800円（税抜価格）
②10,780円（税込）	②本体価格9,800円＋消費税
③10,780円（本体価格9,800円）	③税抜9,800円・税980円
④10,780円（うち消費税980円）	④9,800円（税込10,780円）
⑤10,780円（税抜9,800円、税980円）	
⑥ 9,800円（税込10,780円）	

図1-10●単価・手数料率の総額表示

事　　　例		総額表示の例
肉の量り売り	100グラム 200円（税抜）	100グラム　216円
ガソリン、灯油	1リットル 140円（税抜）	1リットル　154円
不動産仲介手数料	売買価格の3％（税抜）	売買価格の3.3％
貸事務所、月極駐車場	1か月 80,000円（税抜）	1か月　88,000円

を転嫁する場合は、「総額表示の例」のように表示しなければなりません。

　なお、スーパーマーケットなどで値引販売をする際の「2割引き」や「100円引き」という表示は、価格そのものの表示ではないため、総額表示義務の対象にはなりません。

　ただし、値引前の価格は総額表示としなければなりませんし、値引後の価格を表示する場合は、消費者に対する最終価格の表示にほかなりませんから、総額表示義務の対象になります。

●「不特定かつ多数の者」を対象とする取引に総額表示義務がある

　総額表示義務の規定は、「不特定かつ多数の者に課税資産の譲渡等を行なう場合」に適用されます。要するに、消費者に対して商品の販売やサービスの提供をする場合に適用するということですから、いわゆる小売段階の価格表示が対象になるわけです。

　したがって、特定の相手方との間で個別の契約や注文に基づいて行なう事業者間の取引は、「不特定かつ多数の者」に対する取引ではありませんから、総額表示義務の対象にはなりません。

　もっとも、取引相手のほとんどが事業者であるメーカーや卸売業者でも、一般消費者に商品等の販売をすることがないとはいえません。ただ、この場合の事業者は、本来的に消費者との取引を念頭に置いているわけではないので、総額表示義務はありません。

　このほかでは、会員制の店舗、スポーツクラブ、ゴルフ場など会員のみを対象として商品の販売やサービスの提供を行なっている場合でも、一般の者を対象として広く会員の募集をしているときは、「不特定かつ多数の者」との取引となり、その価格表示は総額表示が求められます。

　なお、メーカーなどが商品カタログや商品パッケージなどに「希望小売価格」を表示する例がありますが、この場合の「希望小売価格」は、小売店が消費者に対して行なう価格表示ではありませんので、総額表示義務の対象にはなりません。

　ただし、小売店がその「希望小売価格」を自店の小売価格として販売する

場合は、その価格表示に総額表示義務規定が適用されるので、「希望小売価格」の表示そのものが総額表示となっていない限り、値札等において別途に税込価格を表示しなければなりません。

価格表示の媒体は問わない

商品等の価格表示の媒体にはさまざまなものがありますが、その形態を問わず、次のようなものはすべて総額表示義務の対象になります。

①値札、商品陳列棚、ポスター、店内表示、商品カタログなどへの価格表示
②商品のパッケージなどへの印字または値札を貼付する価格表示
③新聞折込広告、ダイレクトメールなどによって配布するチラシによる価格表示
④新聞、雑誌、テレビ、ホームページ、電子メールなどを利用した広告

なお、総額表示義務は、これらの媒体を利用して、商品やサービス等の価格を消費者にあらかじめ表示する場合を対象とするものです。

このため、見積書、請求書、領収書、レシートなどにおける表示には、総額表示義務はありません。値札等が税込みの総額表示であれば、領収書は外税方式で記載してもよいのです。

また、総額表示義務は、消費者に対して価格の表示を強制するものではありません。したがって、店頭などに価格を表示しない場合や「時価」とする表示などにも総額表示義務はありません。

誤認防止措置を条件として総額表示義務が免除される

2014（平成26）年4月1日から消費税率が8％となり、さらに2019（令和元）年10月1日からは10％に引き上げられました。このため、総額表示義務を強制すると、消費税率が変わるたびに小売業者等における商品の値札の付け替え等に多大な負担が生じるとともに、適正な価格転嫁が困難になるおそれがあります。

そこで、2013（平成25）年10月1日から2021（令和3）年3月31日の間

は、総額表示義務を一時的に解除し、いわゆる税抜価格での表示を認めることとされました。

ただし、2004（平成16）年に総額表示義務が導入されてから約15年が経過していますので、税抜価格で表示すると、一般消費者は税込価格であると誤認するおそれがあります。

こうした問題に対処するため、総額表示を行なわない場合には、一般消費者に誤認を与えないような措置を講じることとされました。つまり、**誤認防止措置を講じることを条件として税抜価格で表示することが認められる**わけです。

● 誤認防止措置の具体例

商品等の価格表示についての誤認防止措置とは、要は消費者が商品等を選択する際に、その表示が税抜価格であるか税込価格であるかを明瞭に認識できること、というのが基本的な考え方です。

したがって、次のような場合には、誤認防止措置が講じられているとはいえません。

①**商品等の代金を支払う段階まで誤認防止のための表示がされておらず、表示価格が税込価格でないことを消費者が認識できない場合**

②**価格表示の方法が消費者にとって見づらく、税込価格であることが明瞭でない場合**

たとえば、①について、価格の表示が次のように行なわれているなど、消費者が認識できないようなものは、誤認防止措置が講じられていることにはなりません。

・店内のレジ周辺だけで行なわれている場合

・商品カタログの申込用紙だけに記載されている場合

・ホームページの決済画面だけに記載されている場合

また、②に関しては、店舗の面積、商品の数、商品の陳列方法などによってさまざまなケースが考えられますが、次のような場合には、適正な誤認防止措置が講じられていることになります。

第1章●消費税とはどのような税金か

・個々の値札に税抜価格であることを明示する方法
・値札の色によって税抜価格か税込価格であるかを区分する方法
・商品等の陳列棚に税抜価格であることを明示する方法

これらの方法について、値札、チラシ、商品カタログ、ホームページ等において、商品の価格を税抜価格のみで表示する場合、**図1-11**のような表示がされていれば、誤認防止措置が講じられていることになります。

図1-11●誤認防止措置の具体例

①値札等において税抜価格であることを明示する例

個々の値札等において、以下のような表示を行なう。

○○○円（税抜き）	○○○円（税抜価格）
○○○円（税別）	○○○円（税別価格）
○○○円（本体）	○○○円（本体価格）
○○○円 ＋ 税	○○○円 ＋ 消費税

②店内における掲示等により一括して税抜価格であることを明示する例

上記①の方法が困難である場合には、個々の値札等では「○○○円」と税抜価格のみを表示し、別途、店内の消費者の目につきやすい場所に、明瞭に「当店の価格はすべて税抜表示となっています」といった掲示を行なう。

個々の値札　　　○○○円

店内の掲示　　　当店の価格はすべて税抜価格となっています。

③店内の一部の商品について税抜価格であることを明示する例

値札の貼替えを行なう移行期間において、店内の一部の商品について税抜価格のみの表示を行なわざるを得ない場合には、たとえば、税抜価格の商品を陳列する棚と、税込価格の商品を陳列する棚を区分し、それぞれの棚において、消費者の目につきやすい場所に、明瞭に次のような掲示を行なう。

税抜表示の棚の掲示　　この棚の商品は、すべて税抜価格です。

税込表示の棚の掲示　　この棚の商品は、すべて税込価格です。

35

第2章

こんな取引が課税対象になる

1 課税取引の考え方
2 資産の譲渡等とは
3 国内取引かどうかの判定
4 「事業者が事業として行なう」の意味
5 「対価を得て行なう取引」とは
6 みなし譲渡とは
7 輸入取引について

課税取引の考え方

● 課税取引と課税対象外取引とは

　消費税は、「消費」に広く課税し、税の負担を求める税であり、私たちの回りで行なわれる取引は、原則としてすべて消費税の課税対象になります。

　しかし、消費税の性格や課税技術上の面から課税されない取引も少なくありません。そこで、まず消費税の課税される取引とは何かについて、基本的な考え方からみてみましょう。

　消費税法では、次の2つを課税の対象にすると定めています。

①**国内において、事業者が事業として、対価を得て行なう資産の譲渡等**
　（資産の譲渡、資産の貸付け、役務の提供）
②**保税地域から引き取られる外国貨物**

　このうち、①は国内取引で、②は輸入取引のことです。消費税の課税対象になるのは、この2つに限られていますから、これらのいずれにも該当しないものは、**課税対象外取引**です。

　その代表が国外での取引です。消費税は、「内国消費税」として定められた税金ですから、国外での取引は、たとえわが国の法人や個人事業者が行なっても、いっさい関係ありません。

　ところで、事業者が行なう取引について、図2-1をごらんください。これは、消費税の課否を区分したもので、実際に消費税が課税されるのは、**課税取引**の部分です。課税対象外取引はもちろんのこと、**免税取引**（輸出取引）や**非課税取引**には消費税は課税されません。

　とすると、なぜ免税取引と非課税取引が課税対象取引に含まれているのか、という疑問が生ずるかもしれません。実は、課税対象外取引、免税取引、非課税取引の3つは、消費税が課税されないという点では同じですが、その意味はそれぞれ異なっているのです。これらの区分は、消費税を理解するうえで重要なポイントです。

● 免税取引と非課税取引の違いは？

　課税対象外取引とは、そもそも消費税の世界とは無縁の存在という意味で、これから説明する消費税の取扱いや計算事項にかかわることは、まったくありません。

　たとえば、仕入税額控除額の計算では、**課税売上割合**（156ページ）が問題になりますが、課税対象外取引がいくらあろうと、この割合には関係しないのです。

　これに対し、免税取引と非課税取引は、消費税の世界に取り込んだうえで、課税しないこととしているものです。このため、いずれも課税売上割合の計算に関係することになります。

　また、免税取引と非課税取引は前者が税率「ゼロ％」による課税取引、後者は文字どおり課税しない取引という違いがあります。このことは、たとえば「課税売上高1000万円以下の事業者は納税を免除する」という場合の課税

図2-1●課税される取引、されない取引

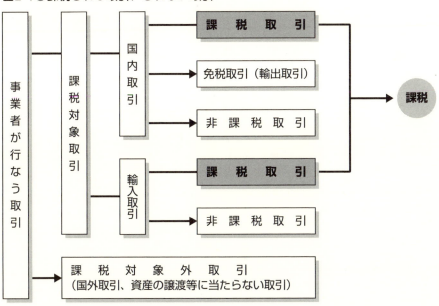

売上高にカウントするか否かといったところで問題になってきます。免税取引は、課税取引の範ちゅうですから、実際には課税されない取引でありながら、課税売上高に含めて1000万円以下かどうかを判定しますが、非課税取引はこれに含めなくてよいことになっています。

　これらの取扱いについては、このあと必要なつど説明していきますが、ここでは、課税対象取引と課税対象外取引の区分があること、また、免税取引と非課税取引は、課税対象取引の中の区分であることを承知しておいてください。

● 国内の取引の課税要件は？

　消費税の課税対象のうち、国内取引について、その考え方をみておきましょう。前述した消費税法の規定では、「資産の譲渡等」を行なうことが前提となっていますが、**事業者が事業として行なう取引であり、さらに対価を得て行なう場合**に課税の対象にすると定めています。

　したがって、資産の譲渡等に当たらなければ初めから消費税は関係しませんし、事業者以外の者（一般消費者）が行なう取引は課税対象外となり、また、対価を得ない取引（無償取引）も同様に課税対象外です。

　もちろん、資産の譲渡等に該当しても、非課税や免税の取扱いを受けられれば、課税されません。いずれにしても、「資産の譲渡等」や「事業者が事業として」という言葉の意味、「対価性の判断」などは、消費税を理解するうえで最も重要なところです。このあと順次説明することとします。

　事業者の行なう国内取引の課否判定は**図2-2**のとおりです。

　なお、保税地域からの外国貨物の引取り、つまり輸入取引については事業者要件はなく、対価性も問われません。このため、事業者はもちろん、一般消費者にも消費税が課税されることは前述したとおりです。

● 課税売上と課税仕入の関係

　この章では、消費税の課税対象となる取引について説明しますが、このこ

図2-2●課税取引かどうかの判定方法

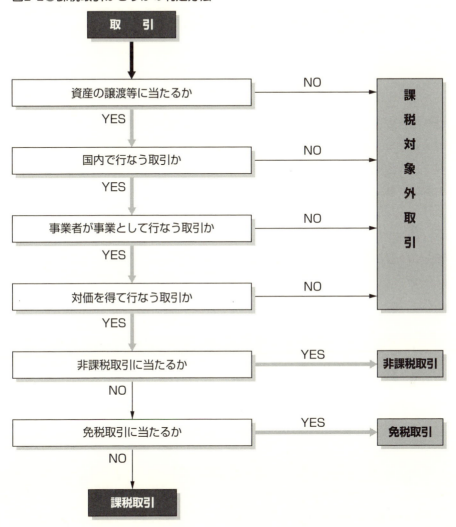

とは、事業者の課税売上だけでなく、課税仕入に含まれるか否かに直接かかわる問題です。売手側の課税売上は、買手側の事業者の課税仕入になるのは当然のことです。その意味でもどのような取引が課税対象になるかは重要な問題になるわけです。

資産の譲渡等とは

● 資産の譲渡の範囲は？

　国内取引における資産の譲渡等とは、**資産の譲渡**、**資産の貸付け**、**役務の提供**をいいます。この場合の「資産」とは、取引の対象になるすべての資産をいいます。商品などの棚卸資産や建物・機械などの有形固定資産のほか、工業所有権、著作権、電話加入権などの無形の資産も含まれます。

　資産の譲渡は、通常は売買によって行なわれますが、その原因は問わず、消費税の取扱いでは、「資産につきその同一性を保持しつつ、他人に移転すること」を資産の譲渡としています。

　したがって、交換や代物弁済（債務の弁済に際し、金銭以外のモノで弁済すること）のほか、負担付贈与（資産と債務を合わせて贈与すること）、現物出資（金銭以外のモノで出資すること）なども資産の譲渡に含まれます。

　いずれにしても、資産の所有権が他人に移ることと考えれば、それほどむずかしいことではないと思いますが、資産の譲渡に当たるか否かの判断に迷いそうなものを図2-3に示しておきましょう。

● 資産の貸付けとは

　資産の貸付けとは、賃貸借や消費貸借などによって、資産を他人に貸し付けたり、利用させるいっさいの行為をいいます。

　この場合の資産を利用させる行為には、次のようなものも含まれます。
①特許権や実用新案権などの工業所有権の使用や提供
②著作物の複製、上演、放送、展示、上映、翻訳、編曲、脚色、映画化など、その著作権を利用させる行為
③いわゆるノウハウの提供

　また、資産について何らかの権利を設定することも資産の貸付けに含まれ

第2章●こんな取引が課税対象になる

図2-3●「資産の譲渡」に当たるかどうかの判定

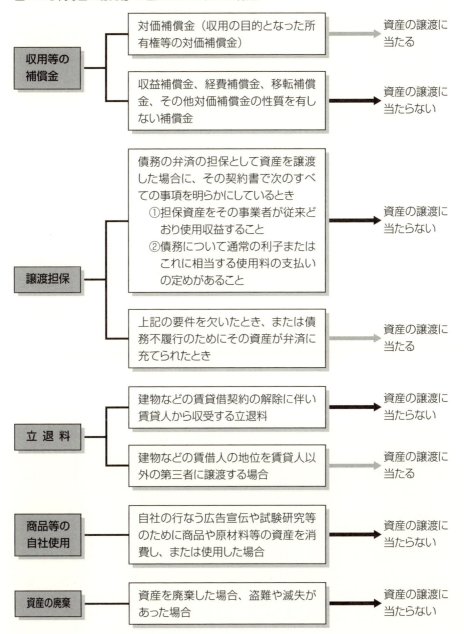

ます。たとえば、工業所有権に実施権や使用権を設定したり、著作権に出版権を設定した場合がこれに当たります。

　なお、土地に地上権を設定したり、会社が従業員に社宅を貸与するのも資産の貸付けに該当しますが、これらは消費税の非課税取引とされています。

● 役務の提供の範囲は？

　役務の提供とは、いわゆるサービスの提供のことで、レストランやホテルなどのサービス業のほか、弁護士、会計士、税理士などの業務等がこれに当たります。

　また、これには、修繕、運送、保管、印刷、広告、仲介、興行、技術援助、情報の提供などのほか、スポーツ選手、映画監督、棋士などの技能や知識の提供なども含みます。かなり広範囲にわたると考えられます。

　役務の提供といえるかどうかの判断がむずかしいのが、解約手数料や払戻手数料です。航空券や乗車券を払い戻したり、ホテルやゴルフ場の予約をキャンセルすると、一定の手数料を取られますが、その手数料が役務提供の対価になるかどうかということです。

　これについての消費税の取扱いは、基本的には次のように分けて考えています。

・予約の取消し等による逸失利益に対する損害賠償金部分……**役務提供に該当しない（課税対象外取引）**

・解約、取消し等に伴う事務手数料部分……**役務提供に該当する（課税取引）**

　このような区分は、理屈のうえでは理解できても、実際に両者を線引きすることが困難な場合も少なくありません。そこで、執行上は両者を区分せず、一括して授受することとしているときは、全体を役務提供の対価としないとする現実的な取扱いをしています。

　なお、消費税法では、無償の取引など「対価性」のないものは課税対象外とされています。したがって、対価性の有無は重要な問題になるのですが、この点については52ページをご覧ください。

44

第2章●こんな取引が課税対象になる

  国内取引かどうかの判定

●国内取引はどう判定するか

　国内で行なわれた取引は課税、国外で行なわれた取引は課税対象外とするという「内国消費税」では、資産の譲渡等がどこで行なわれたかを特定しなければなりません。といって、私たちは日本国内に住み、事業者もほとんどが国内で取引していますから、国内取引かどうか判断に迷うケースはそれほどないようにも思われます。

　しかし、国際電話が簡単にかけられ、インターネットで海外のモノが買える時代です。事業者は、意外に多くの国際取引をしているのです。

　消費税における内外判定について、基本的なところをみておきましょう。まず、国内取引の判定基準は図2-4のとおりで、資産の所在場所または役務提供を行なった場所により判定することとされています。

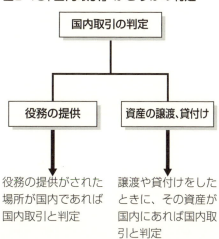

図2-4●「国内取引」かどうかの判定

●国内取引の判定の場所とは

　資産の譲渡と貸付けでは、その資産の所在場所だけが問題になります。したがって日本の企業がアメリカで機械を製造し、国内に搬入しないで国外の者に譲渡した場合は、国外取引として課税対象外です（次ページ図2-5）。

　この場合、譲渡の契約が日本で行なわれたとしても、また、その企業の製

45

図2-5●国外の支店が行なう取引は

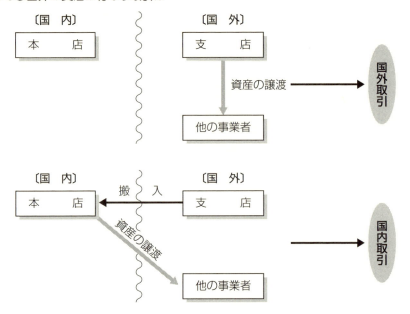

造・譲渡についての経理処理がどのようになされても国外取引です。

　なお、リース取引については、リース資産の引渡しが国内であるかどうかにより判定することとされています。したがって、外国の会社（貸主）とコンピュータのリース契約をした国内の会社（借主）が、保税地域内でリース物件を外国貨物として引渡しを受けて通関した場合は国内取引とされます。

　これに対し、国内の会社（貸主）とリース契約をした外国の会社（借主）が、リース物件の引渡しを外国でした場合は、そのあとに国内の支店で使用しても、その引渡しは国外取引です。

　ただし、貸主と借主が合意してリース物件の使用場所を変更したときは、その変更後の使用場所で内外判定をし、あらためて課税関係が決まることになります。

　このほか、国内取引かどうか判定が困難なものについて、概要をまとめておきましょう（**図2-6**）。

　役務の提供については、その役務提供が行なわれた場所で国内取引か否か

を判定します。したがって、外国の音楽家が日本で演奏会を開いて得た報酬は国内取引となり、逆に、日本のプロ野球選手がアメリカの大リーグで活躍して受け取った報酬は国外取引になるわけです。

　一般の企業の場合は、国際通信や国際運輸、国外での技術指導料などが問題になりやすいでしょう。その判定基準は、**図2-7**のとおりです。

図2-6●資産の種類と判定場所

資産の種類		判定場所
船舶	登録または船籍票のある船舶	登録または船籍票の交付機関の所在地
	その他の船舶	譲渡または貸付者の事務所等の所在地
航空機	登録のある航空機	登録機関の所在地
	登録のない航空機	譲渡または貸付者の事務所等の所在地
鉱業権、租鉱権、採石権等		鉱区、租鉱区、採石場の所在地
特許権、実用新案権、意匠権、商標権、回路配置利用権		登録機関の所在地
著作権、出版権、ノウハウ権		譲渡者または貸付者の住所地
営業権、漁業権、入漁権		事業者の住所地
有価証券等	有価証券、抵当証券	有価証券、抵当証券の所在場所
	登録国債等	登録機関の所在地
	合名会社、合資会社、合同会社、有限会社の出資持分	持分等に係る法人の本店等の所在地
	金銭債権	債権者の事務所等の所在地
ゴルフ会員権		ゴルフ場の所在地
上記以外の資産でその所在場所が明らかでないもの		譲渡者または貸付者の事務所等の所在地

図2-7●役務提供の種類と判定場所

役務提供の種類	判定場所
国際運輸	出発地または到着地のいずれかで判定
国際通信	発信地または受信地のいずれかで判定
国際郵便	差出地または配達地のいずれかで判定
保険事業	保険契約の締結地の事務所等の所在地
情報の提供・設計	情報の提供または設計を行なう者の事務所等の所在地
調査、企画、立案、助言、監督、検査で建物や生産設備等の建設、製造に関するもの	建設、製造に必要な資材の大部分が調達される場所
上記以外の役務提供で、その提供された場所が明らかでないもの	役務提供者の事務所等の所在地

「事業者が事業として行なう」の意味

●「事業」とは何か？

　国内取引については、「事業者が事業として行なう」ものが消費税の課税対象になります。そうなると「事業者」とは誰か、「事業」とは何かということが問題になります。もっとも、会社などの法人は、もともと事業を行なうために設立したものですから、事業者であり、また法人の行なう取引がすべて事業に当たることは明らかです。
　したがって、ここでの問題は、個人の場合に限られると考えてよいでしょう。とくに、サラリーマンのサイドビジネスが事業に当たるかどうかです。
　この点に関して、ある争いがありました。サラリーマンがわずか4台分の駐車場を貸していたケースについて、税務署との間で事業に当たるかどうかで見解が分かれたのです。
　この紛争を処理した国税不服審判所は、「消費税法における事業とは、対価を得て行なわれる資産の譲渡等の行為を反復、継続、独立して遂行することと解するのが相当であり、所得税法における事業の概念とは異なって、事業の規模までは問わないというべきであり、請求人（納税者）の土地の駐車場としての貸付けは、消費税法上の事業と認めるのが相当である」という見解を示しました。
　この中でいわれていることのポイントは、次の2つです。
　①事業とは、反復、継続、独立して行なうことをいう
　②事業の判定上、その規模は問わない
　したがって、サラリーマンのサイドビジネスもこの2つに該当すれば、消費税法上は、立派な事業ということができます。
　もっとも、あとから説明するように、課税売上高が1000万円以下の小規模事業者は、消費税の納税が免除されています（ただし、「特定期間の課税売上高が1000万円超の場合」には、納税が免除されません。237ページ）。この

第2章●こんな取引が課税対象になる

ため、4台分の駐車場収入について、申告や納税をする必要はないのですが、実は、この問題は、消費税の還付が認められるかどうか、ということにかかわっているのです。

●「事業」であれば還付が受けられる

たとえば、サラリーマンが5000万円で貸店舗を建築したとしましょう。建物の建築費にももちろん消費税がかかりますから、その10％は500万円です。

一方、この貸店舗の賃貸による収入が年間600万円の場合、賃貸料に消費税を転嫁すると、10％分は60万円です。この結果、消費税だけをみると、60万円の収入で500万円の支出となるのですが、その差額440万円を国から還付してもらえるでしょうか。

答えは、イエス。つまりこのサラリーマンが消費税の申告をすれば、440万円の還付を受けられるのです。これは、貸店舗の賃貸が「事業」として扱われるからです。

仮に、この賃貸が事業に該当しないとすると、もともと消費税とは無関係の課税対象外取引となり、申告不要、還付もなしということになるわけです（ただし、小規模事業者が消費税の還付を受けるためには、あらかじめ課税事業者を選択する旨の届出書を提出しておく必要があります）。

いずれにしても、消費税法における事業とは、おおよそこのような概念であると思ってください。したがって、次ページ図2-8のようにまとめることができるでしょう。

なお、個人事業者の場合は、事業者の立場と消費者の立場の両方をもっていますから、事業に当たる行為かどうかの境目の取引も少なくないでしょう。消費税では、事業活動に付随して行なわれる取引は、事業に含むものとしていますが、その取扱いは51ページ図2-9のとおりです。

●給与所得者か、事業者か

ところで、建設業などを営んでいる法人は、「一人親方」と呼ばれる個人

49

図2-8●「事業」に当たるもの、当たらないもの

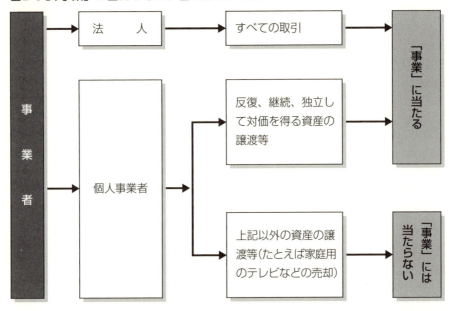

に下請代金や日当を支払うことが多いでしょう。

この場合、その個人が独立した事業者であれば、その支払いが課税仕入となり、仕入税額控除の対象になるのですが、相手との関係が「請負」ではなく「雇用」であるとすれば、その支払いは給与（課税対象外取引）となり、課税仕入には該当しないことになります。

ただ、実際にはさまざまな形態があり、請負による報酬なのか、出来高払いの給与なのか、その区分がむずかしい場合が少なくありません。

そこで、消費税の取扱いでは、次のような事項を総合的に勘案して、事業者か否かを判定することにしています。

①その契約に係る役務の提供の内容が他人の代替を容れるかどうか
②役務の提供に当たり事業者の指揮監督を受けるかどうか
③まだ引渡しを完了しない完成品が不可抗力のため滅失した場合等においても、当該個人が権利としてすでに提供した役務に係る報酬の請求をすることができるかどうか

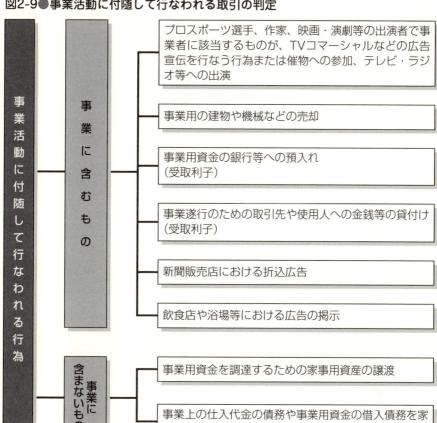

図2-9●事業活動に付随して行なわれる取引の判定

④役務の提供に係る材料または用具等を支給されているかどうか

　要するに、他の者でも代わることができる作業内容なら雇用となり（①）、事業者の指揮監督を受ける場合も雇用に当たる（②）というわけです。さらに、引渡し前の製品等が滅失しても報酬の請求ができるとすれば雇用と同じであり（③）、材料や用具を支給されているときも雇用になる（④）ということです。

　もちろん、これらの1つでも該当すれば、ただちに雇用とみなすというわけではありません。実態に応じて判断することが大切です。

「対価を得て行なう取引」とは

● 無償取引は課税対象外

　法人が株式投資をして配当金を受け取ったとか、いわゆる経営者保険に加入していたため保険金収入があったという場合、配当金や保険金は、収益として経理することは当然のことです。
　では、消費税の扱いはどうなるのでしょうか。課税売上とするのは初めから間違いですが、非課税売上として処理するのも間違いです。もし非課税売上とすると「課税売上割合」の関係で、申告上は不利になるおそれがあります。
　これらは、実は、課税対象外取引として、消費税の計算に関係させないのが正しい処理で、理由は、対価性がないということです。
　国内取引は、対価を得て行なう取引だけが消費税の課税対象とされていますから、いわゆる無償取引は、原則として課税対象外です（原則として、といったのは、役員への資産の贈与などは例外的に課税することとされているためですが、この点はあとで説明します）。
　もっとも、この場合の対価については、消費税法で「対価として収受し、または収受すべき一切の金銭または金銭以外のモノもしくは権利その他の経済的利益の額」をいうと規定しています。
　したがって、対価として金銭を受け取る場合はもちろん、金銭以外のモノを受け取った場合も、そのモノの価額（時価）が対価となります。資産を交換したケースを想定すればおわかりいただけるでしょう。
　また、借入金などの債務の返済を金銭で行なうかわりに、モノで弁済する「代物弁済」では、そのモノの価額が対価になります。モノを渡すことによって債務が消滅するということは、消滅する債務に相当する金額でモノを譲渡したことになるわけです。

第2章●こんな取引が課税対象になる

● 対価性の判断はむずかしい

　消費税に限らず、税法では、よく「対価」という言葉が使われます。資産の譲渡や貸付け、役務の提供に際して、その反対給付、つまり見返りとして受け取る金銭や金銭以外のモノということです。

　このように考えると、さしてむずかしい言葉ではないような気もしますが、実際には、対価性の有無の判断がむずかしいものが少なくないのです。

　そのいくつかをみておきましょう。

①同業者団体等の会費、組合費等

　事業者の多くは、同業者団体や組合に加入し、会費や組合費としてそれなりの負担を求められているでしょう。この場合の会費等に対価性はあるのでしょうか。

　「会報はときどき送られてくるが、それ以外には何もしてもらっていない」というケースがあるかもしれません。会報が反対給付とすれば、対価性ありといえるでしょうが、かといって、会費や組合費の全部が会報の作成に使われるわけではありません。多くは会や組合の維持費、運営費に充てられているのが実態です。

　そうなると、対価性の判断がむずかしくなるのですが、消費税の取扱いでは、「その判定が困難なものにつき、継続して、同業者団体、組合等が資産の譲渡等の対価に該当しないものとし、かつ、その会費等を支払う事業者側がその支払いを課税仕入に該当しないこととしている場合は、これを認める」ことにしています。

　受取側の課税売上は、支払側の課税仕入になるという関係にあるわけですが、お互いに課税取引としていなければ、税務上も問題にしないということです。このため、一般には、「通常会費」は対価性がないものとして処理している例がほとんどです。

　もっとも、会費や組合費の名目でも、明らかに対価性が認められるものは、消費税の課税取引です。会費等が映画、演劇等の入場料の場合や、会員研修の受講料や施設の利用料と認められるときです。このため「特別会費」については、その内容を検討して処理する必要があるでしょう。

なお、会費等について、団体や組合側が対価性がないものとして扱うときは、会員や組合員にその旨を通知することとされています（この通知は、法令上の要件ではありませんから、課税取引としていない実態があればその処理が認められます）。

②損害賠償金
　注文生産の機械を製造して納入したところ、仕様が異なったためクレームがつき、納入先に損害賠償金を支払いました。この場合の損害賠償金は、消費税の課税対象になるのでしょうか。
　これも少しむずかしい問題ですが、損害賠償金の対価性について、消費税の取扱いをみると図2-10のようになっています。
　この取扱いからみると、クレームのついた製造機械の場合、補修等をして納入されるものであれば、対価性があるものとして課税対象とされるでしょう。これは、その損害賠償金が機械代金の値引きとみられるからです。
　しかし、そうはいっても、決められた時期までに機械が納入されなかった

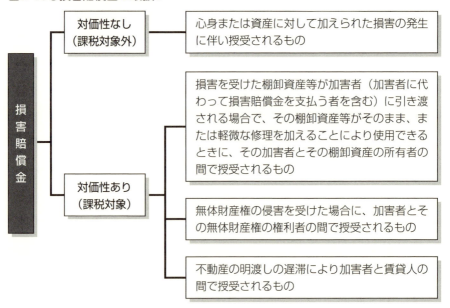

図2-10●損害賠償金の取扱い

ため、精神的な損害があったとすれば、その部分の損害賠償金は課税対象外になりそうな気もします。

実は、このあたりが消費税のいちばんむずかしいところなのです。実際には、損害賠償金を授受することになった経緯、当事者の認識、金額の決定方法など、全体を総合して判定するしかないのです。

③謝礼、チップなど

創業経営者が死亡したため、社葬を行ない、お寺に「読経料」として100万円の支払いをしたとか、社員旅行の際に、バスの運転手や旅館の仲居さんにチップとして5万円を渡した、という場合はどうなるのでしょうか。

これらについて、税務当局の回答は、前者について、「一般に宗教法人が行なう宗教活動による祈祷、読経の収入は、その祈祷、読経の対価というより喜捨金と考えられ、対価性のある資産の譲渡等に該当しないものとして取り扱われます」とされ、後者については、「仲居やコンパニオン等に対してのチップは、その宴会等においてサービスの提供を受ける支払いの上乗せとして支払われるものではなく、仲居やコンパニオン等の個人に対する一種の贈与と考えられますから、その提供を受ける役務との間に明白な対価関係は認められません」としています。

お寺への支払いは、お経を読むという行為の対価であり、チップを支払ったことでサービスがよくなったとすれば対価性があるのでは、という考え方もありそうです。しかし、現行の取扱いでは、いずれも課税対象外取引とされています。

④無事故達成報奨金

建設業界では、工事中に事故がなかったことや、当初の予定期日より早期に工事が完了した場合には、無事故達成報奨金や工事竣工報奨金といった名目で金銭を支払う慣行があります。

このような報奨金は、工事代金の上乗せと考えることもできますが、当初の契約にもとづく工事代金ではなく、いわば謝礼金的な性格ものです。したがって、対価性はなく消費税では課税対象外取引とされます。

なお、このほかにも対価性の有無をめぐる判断でむずかしいものがいろいろあります。主なものを次ページ**図2-11**でまとめておきました。

図2-11 ●対価性のあるもの、対価性のないもの

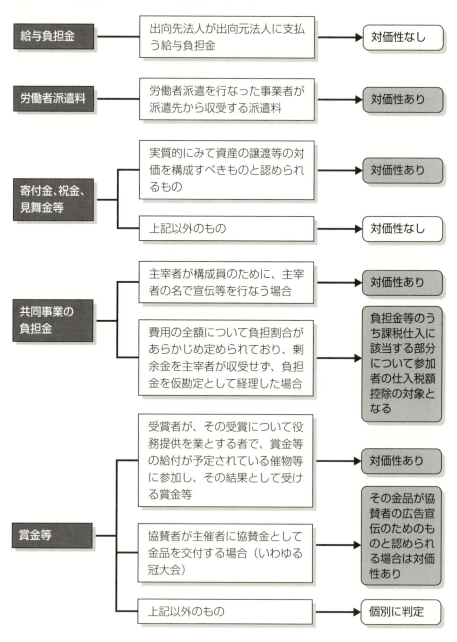

第2章 ●こんな取引が課税対象になる

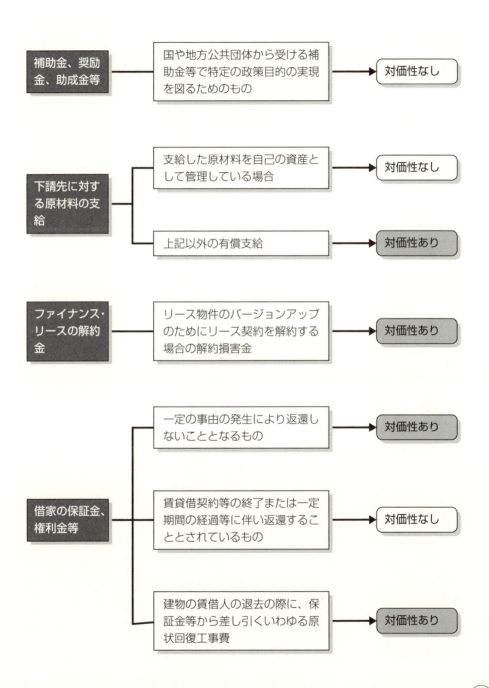

みなし譲渡とは

●こんな場合にみなし譲渡となる

　たびたび説明するとおり、対価のない無償の取引は、消費税では課税対象外です。したがって、事業者が商品などを無料で与えても消費税のことは気にしなくてよいのです。

　この点は、法人税の扱いとおおいに異なるところです。法人税では、資産を無償で譲渡すると、その資産の時価相当額を相手方に寄付したものとして課税関係が生じます（寄付金は一定額しか損金になりません）。また、その相手方が従業員の場合は、給与や賞与を支給したものとして（いわゆる現物給与）、所得税の源泉徴収の問題が生じますし、役員に対する賞与であれば、法人税では損金不算入です。

　消費税で無償取引に課税しないのは、資産の流通過程のどこかで有償取引が行なわれるはずだから、その段階で課税すればよいという考え方があるためです。

　ところで、無償取引を課税対象外とする原則に対して、**図2-12**のとおり例外が2つあります。法人の役員に対する資産の贈与と個人事業者のいわゆる自家消費で、これを**みなし譲渡**といいます。

　たとえば、法人の所有している車を役員に贈与したとすると、その車は、たとえ役員でなくなっても使用できるわけですから、贈与のときに消費税を課税しないと、永久にその機会がなくなってしまいます。個人事業者も同様です。薬局の店主がカゼ薬を自分で服用すれば、最終消費ですから課税せざるを得ないわけです。

　注意したいのは、法人の場合、課税対象になるのは資産の贈与だけで、無償による資産の貸付けや役務の提供には、みなし譲渡の規定は適用されないことです。したがって、車などの資産を無料で貸し与えても、消費税では課税対象外です。

図2-12●課税対象になるみなし譲渡とは

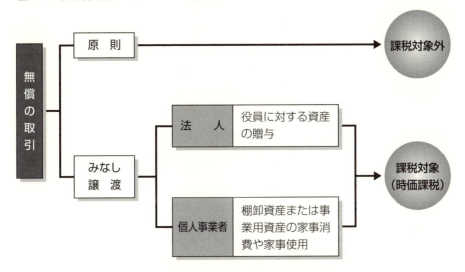

●低廉譲渡もみなし譲渡になる場合がある

　みなし譲渡における「無償」には、著しい低廉譲渡が含まれることにも注意が必要です。具体的には、法人が資産を時価の2分の1未満の価額で譲渡した場合は、時価で譲渡したものとして消費税が課税されます。

　したがって、時価100万円の車を50万円未満の価額で役員に譲渡すると、100万円をその法人の課税売上として消費税の計算をするわけです。

　もっとも、譲渡した資産が商品等の棚卸資産の場合は、その譲渡価額について、次のいずれにも該当するときは、低廉譲渡として扱わないことになっています。

①その資産の課税仕入の金額以上であること
②通常の販売価額の50％以上の金額であること

　要するに、仕入価額以上で、通常の売値の50％以上であれば、みなし譲渡にはならないということです。

　なお、みなし譲渡になる場合の課税標準については120ページをご覧ください。

輸入取引について

●輸入は消費者にも課税される

これまでの説明は、消費税の課税取引のうち、国内取引についての内容です。ここで、輸入取引について、概略だけ説明しておきましょう。

前に述べたように、保税地域から引き取られる外国貨物には、消費税が課税されます。

保税地域というのは、輸入手続きが済んでいない外国貨物等を保管したり、加工や製造ができる場所として、関税法に基づいて財務大臣が指定（または税関長が許可）した場所のことです。

輸入取引の場合は、国内取引のように「事業者が事業として」とか「対価を得て」という要件がありません。このため、外国貨物の引取りは事業者でなくても課税され、また無償の取引も同様です。

輸入という行為は、外国からの仕入ですから、その段階で課税しないと、国産品との間で均衡を欠くことになりますし、最終消費者が輸入する場合は、輸入時に課税しないとその機会が永久になくなってしまうのです。

実際に課税されるのは、次の2つです。

①**外国から本邦に到着した貨物**
②**輸入の許可を受けた貨物**

なお、海外旅行者の携帯品は、保税地域から引き取られる貨物ではありませんが、保税地域からの引取りとみなされて課税対象になります。

もっとも、海外からの旅行者の持込みでは、お酒3本、たばこ400本、香水2オンスなどが免税とされています。

これは、関税定率法で関税を課税しないこととされているものですが、消費税もこの範囲で免税となります。

第2章●こんな取引が課税対象になる

● 非課税になる輸入もある

輸入取引は、原則としてすべて消費税の課税対象ですが、次のものは非課税とされています。

①有価証券等

②郵便切手類

③印紙

④証紙

⑤物品切手類

⑥身体障害者用物品

⑦教科用図書

これらの具体的内容は、国内取引の非課税と同じですから、次の章で説明することにします。

● 輸入代行は輸入者に消費税の納税義務がある

ところで、国外からの原材料や資材の輸入に際しては、メーカーと商社が輸入代行契約を締結し、その契約にもとづいて商社が保税地域から課税貨物を引き取る場合があります。

この場合、消費税の納税はいずれが行なうかという問題がありますが、実質的に貨物を輸入する者が納税義務者になるのが原則です。

商社が通関業者としてメーカーの通関業務を代行するのは、その通関業務の委託を受けたにすぎません。したがって、輸入者はメーカーになりますから、そのメーカーが消費税の納税義務を負うことになります。

61

第3章

消費税が課税されない取引もある

1 消費税の性格と非課税取引
2 土地の譲渡と貸付け
3 有価証券、支払手段の譲渡など
4 利子、保険料など
5 切手、印紙、証紙等
6 物品切手
7 住宅の貸付け
8 その他の非課税取引
9 輸出免税になるには

消費税の性格と非課税取引

● 非課税取引は15種類

　消費税は、モノやサービスが事業者間で流通する過程で課税され、最終的には消費者に広く負担を求めるものです。このため、国内における財貨やサービスの販売・提供は、すべて課税対象とすることを原則としています。しかし、財貨やサービスの取引でも、もともと「消費」という概念にはなじまないものがあります。たとえば土地です。土地の売買が行なわれても、土地を消費してしまうわけではありませんから、消費税の性格からみて課税するわけにはいきません。

　また、本来は消費税が課税されるべきものでも、こんなものにまで課税されてはたまらない、というものも少なくありません。

　そこで、消費税法では、消費になじまないものと社会政策的見地から課税しない取引をいくつか設けています。**非課税取引**は、図3-1に示した15項目です。

　消費者に広く負担を求めるという意味では、非課税取引をあまり広範囲にするわけにはいきません。また、事業者の事務負担の面からみると、非課税取引が多ければ多いほど、それだけ課否判断がめんどうになり、正確な計算や申告をすることが困難になります。

　このため、現在の非課税項目は、かなり限定されています。私たちの生活に最低限必要な食料品などは非課税にすべきだという意見も多いのですが、このあたりは一般消費者の見方と事業者の事務的な都合が相反するところで、むずかしい問題といえるでしょう。

● 非課税と免税は違う

　ところで、消費税を課税しないものとして、非課税取引のほかに**免税取引**

図3-1●非課税取引になるもの

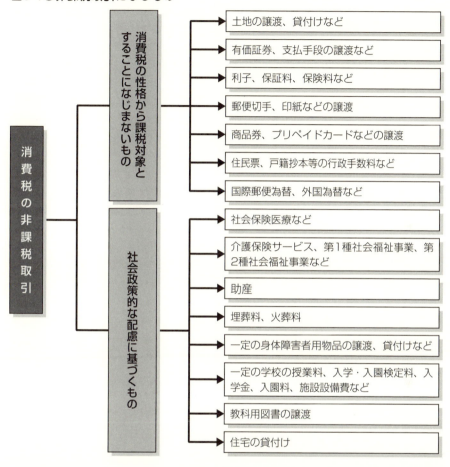

（輸出免税）があります。この両者は、課税されないという意味では同じですが、事業者に与える影響はまったく違ったものといえます。それは、仕入税額控除の面に表われます。

　たとえば、不動産業者が土地を仕入れて、これを売ったとしましょう。土地の譲渡は非課税ですから、売上に対する消費税はゼロ、仕入に対する消費税もゼロで、この事業者に納税義務はありません。

　しかしこの事業者には、土地を売るために仕入以外の経費がかかっていま

す。問題は、その経費を支出した際に負担した消費税の仕入税額控除で、売上に対する消費税がゼロということは、経費分の消費税を控除するところがなくなってしまうのです。

　この結果、非課税売上に対応する課税仕入の消費税は、その事業者の自己負担となるわけです。

　一方、輸出免税取引の場合は、そのようにはなりません。前章で、輸出免税取引は「ゼロ税率」による課税取引であると説明しましたが、課税取引であるということは、その前段階での課税仕入に係る（対する）消費税を控除できるということです。

　したがって、免税の場合は、課税仕入の消費税が事業者の負担になることはないわけです。その事業者の売上の全部が輸出であるとすると、課税仕入分の消費税は、その全額が国から還付されます。

　これを簡単な例で示すと**図3-2**のとおりですが、事業者からみれば、非課税とされるより免税としてもらったほうが有利になるわけです。ヨーロッパ諸国の付加価値税（日本の消費税に相当）では、輸出に限らず免税取引を認めていますが、わが国ではそのようになっていません。非課税を免税にすると、消費税の還付事業者が大幅に増加し、国の税収が減ってしまうというのがその理由のようです。

　以下、非課税取引と免税取引について、一般の事業者にかかわりの多いものを中心に、その内容を説明することにします。

図3-2●非課税売上と免税売上はここが違う

非課税売上の場合	免税売上の場合
●売上	●売上
売上（非課税）　10,000	輸出売上（免税）　10,000
●仕入・経費等	●仕入・経費等
仕入（非課税）　8,000	仕入（課税）　　　8,800
経　費（課税）　1,100	（うち消費税800）
（うち消費税100）	経　費（課税）　　1,100
・売上に係る消費税…なし	（うち消費税100）
・仕入税額控除………なし	・売上に係る消費税…ゼロ
	・仕入税額控除………　900
100の消費税は還付されず、事業者の負担になる	**還付される**

土地の譲渡と貸付け

● 土地の貸付けも非課税

　土地の譲渡が非課税になることは前述しましたが、土地の貸付け（地代）も消費税は非課税です。

　この場合の土地には、借地権など、土地を使用するための権利も含まれます。借地人が借地権を譲渡したり、借地権の貸付け（借地の転貸）をしても非課税です。また、借地権の更新料や名義書換料も貸付けの対価として非課税です。

　土地の貸付けで注意していただきたいのは、次の場合は、いずれも課税対象になることです。

　①土地を一時的に使用させる場合
　②駐車場その他の施設の貸付けに伴って土地を使用させる場合

　このうち①の一時的貸付けは、貸付けの期間で判定され、1か月以上は非課税、1か月未満は課税という区分になっています（次ページ図3-3）。

　実務的には、「1か月」をどう判定するかが問題になりますが、原則として、貸付契約で定められた期間を基準とします。

　ただ、契約では1か月以上とされていても、その後の事情で実際には1か月未満の貸付けとなってしまったという場合があります。これは、結果的に1か月未満となっただけですから、もともとの契約が1か月以上であれば非課税です。

　これとは逆に、契約期間が1か月未満であったものが、実際には1か月以上になったとしても課税ということになります。

　なお、土地を日曜日だけ貸し付けるという場合は、年間を通して52日になりますが、1か月未満に該当するものとして、その賃貸料は課税の対象です。

図3-3 ●1か月未満の土地の貸付けは課税される

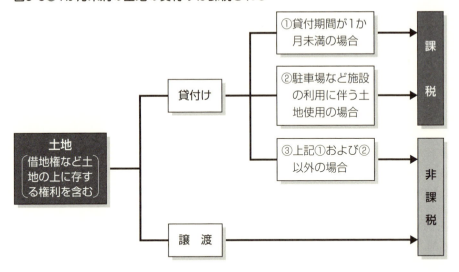

● 駐車場の課税・非課税はどう判定する？

　土地の貸付けで課税されるものに、駐車場その他の施設の貸付けがあります。

　この場合の施設とは、駐車場のほか、野球場、テニスコート、プールなどをいいます。これらは、土地の貸付けというより、施設の利用が主目的であるため、課税対象になるのです。

　実務的には、駐車場が最も多いと思いますが、課税か非課税かは、**図3-4**のように判定します。要するに、駐車場としての設備が何もなく、空地に車を置かせているといったものだけが非課税になるということです。

● 土地と建物の同時譲渡は区分する

　2つ以上の財貨を同時に一括して譲渡した場合、そのいずれもが課税対象になる場合やいずれも非課税になるというときは、とくに問題はありません。

図3-4●課税される駐車場は

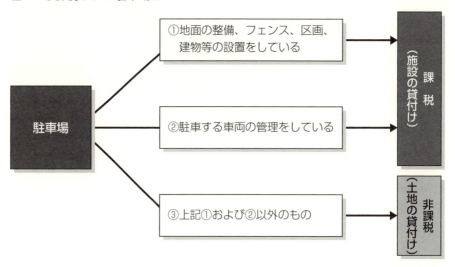

　しかし、土地付建物を1億円で売買するというケースでは、土地は非課税、建物は課税ですから、1億円の対価を区分しなければ、消費税の処理ができません。
　このような場合は、対価の額を合理的に区分することになりますが、その方法は次のいずれでもよいこととされています。
①譲渡時の時価の比率であん分する方法
②相続税評価額や固定資産税評価額をもとに計算する方法
③土地および建物の原価（取得費、造成費、管理費・販売費、支払利子等を含む）をもとに計算する方法
④不動産鑑定士の鑑定評価額をもとに計算する方法
　もっとも、消費税導入以降は、売買契約書において消費税額を明記する契約が多くなっています。その額から割り戻して建物分の対価を求めれば、残りが土地の対価ということになります。こうして求めた対価区分がどうみても不合理という場合は別ですが、通常はこの方法が認められています。
　なお、不動産の売買や賃貸の際に不動産業者に支払う仲介手数料は、たとえ土地に係るものであっても課税対象です。

❸ 有価証券、支払手段の譲渡など

● 有価証券の範囲は？

　株券や債券などの譲渡は、土地の譲渡と同じで、単なる資本の移転であり、消費という概念にはなじみません。

　このため、その譲渡は消費税の非課税取引とされています。非課税となる有価証券は、金融商品取引法に規定するものと、これに類する有価証券とされていますが、その内容をまとめると、**図3-5**のとおりです。

　なお、ゴルフ会員権については、いわゆる預託金形態のものはもちろん、株式形態のものも有価証券には含まれません。したがって、いずれの場合もその譲渡は課税対象になります。

　また、船荷証券、貨物引換証、倉庫証券も非課税となる有価証券には含まれません。

● 支払手段の譲渡とは

　企業の代金決済は、現金、小切手、手形などで行なわれますが、これらを支払手段といいます。普段はあまり使わない言葉ですが、意味がわかればナルホドという用語です。

　消費税法で規定している支払手段は次のものです。

①銀行券、政府紙幣、小額紙幣、硬貨

②小切手（旅行小切手を含む）

③為替手形、約束手形

④郵便為替、信用状

⑤仮想通貨

⑥前記①から⑤に類する支払指図

これらの譲渡は非課税になるのですが、たとえば、円とドルを交換すると

第3章●消費税が課税されない取引もある

図3-5●有価証券とされる主なもの

金融商品取引法に規定するもの	①国債証券、地方債証券、社債券（特別の法律により法人の発行する債券を含む）、転換社債券および新株引受権付社債券（ワラント債） ②日本銀行その他の特別の法律により設立された法人の発行する出資証券 ③協同組織金融機関の優先出資に関する法律に規定する優先出資証券 ④株券（端株券を含む） ⑤資産流動化法に規定する特定目的信託の受益証券 ⑥貸付信託の受益証券 ⑦コマーシャルペーパー ⑧抵当証券（これに類する外国の証券を含む） ⑨外国または外国法人の発行する有価証券で上記に掲げる有価証券の性質を有するもの ⑩オプションを表示する証券または証書 ⑪預託証券 ⑫外国法人が発行する譲渡性預金証書
上記の有価証券に類するもの	①株券の発行がない株式、株式の引受けによる権利、新株引受権 ②優先出資券の発行がない優先出資、優先出資の引受けによる権利、優先出資引受権 ③合名会社、合資会社、合同会社または有限会社の社員の持分、協同組合等の組合員または会員の持分その他法人の出資者の持分 ④貸付金、預金、売掛金その他の金銭債権

か、手形を銀行で割り引くことを考えればおわかりいただけるでしょう。円とドルの交換は、円を売ってドルを買うことですから支払手段の譲渡ですし、手形の割引も、手形を売ってお金に代えることですから、これと同様です。

　もっとも、支払手段の譲渡でも、収集品や販売用のものは課税の対象です。したがって、記念硬貨などを業者が販売する場合は、その業者の課税売上になります。

利子、保険料など

非課税になる利子等の範囲

　貸付金の利子は、お金を貸すという行為の対価といえるかもしれませんが、金銭貸借という資本取引に付随するものです。その意味では、一般の財貨やサービスの流通と同じに扱うわけにはいきません。

　また、保険料は、保険といういわば相互扶助のためにプールする掛金と考えられますから、やはり消費という概念にはなじみません。このため、利子や保険料などは消費税を課税しないこととしています。その範囲をまとめると、図3-6のとおりです。

　なお、借入金の返済が滞ったために支払う遅延損害金や、いわゆるカードキャッシング取引における融資手数料（キャッシング手数料）も利息に相当するものとして、非課税になります。

保険の事務手数料等は課税される

　保険について、次の契約に基づく生命保険料や生命共済掛金のうち、事務費として区分して支払われるものは非課税にはなりません。
　①厚生年金基金契約で、生命保険または生命共済に係るもの
　②国家公務員共済組合、地方公務員等共済組合、国民年金基金などが年金の給付に充てる資産の運用のために締結する生命保険または生命共済に係る契約

　また、非課税となるのは、あくまでも保険料や共済掛金に限られます。このため、保険代理店が受け取る代理店手数料や、保険会社等の委託を受けて行なう損害調査や鑑定等の手数料は課税の対象です。

第3章●消費税が課税されない取引もある

図3-6●課税されない「利子等」の範囲

○公債、社債、預金、貯金および貸付金の利子

○信用の保証料

○合同運用信託または公社債投資信託（株式または出資に対する投資として
運用しないものに限る）の信託報酬

○保険料

○集団投資信託または法人課税信託の収益として分配される分配金

○相互掛金または定期積金の給付補塡金および無尽契約の掛金差益

○割引債の償還差益

○抵当証券の利息

○手形の割引料

○金銭債権の買取りまたは立替払いの差益

○割賦販売法に規定するローン提携販売および割賦購入あっせんの手数料

○割賦販売等に準ずる方法により資産の譲渡等を行なう場合の金利または保
証料相当額（その額が契約において明確に区分されているものに限る）

○有価証券（登録された国債、地方債および社債を含む）の賃貸料

○物上保証料

○共済掛金

○動産または不動産の貸付けを行なう信託で、貸付期間の終了時に未償却残
高で譲渡する旨の特約が付されたものの金利および保険料相当額（金利お
よび保険料相当額が契約において明確に区分されているものに限る）

○ファイナンス・リースのリース料のうち、金利および保険料相当額（金利
および保険料相当額が契約において明確に区分されているものに限る）

73

⑤ 切手、印紙、証紙等

● 郵便切手類の範囲

郵便切手類や印紙は、いわば金銭等価物ですから、これらの譲渡（売りさばき）は、消費とはいえません。また、地方公共団体等が行なう証紙の譲渡も同様です。

このため、これらの譲渡は非課税とされているのですが、この場合の郵便切手類とは次のものをいい、郵便切手帳は非課税の範囲から除かれています（郵便切手帳とは、郵便切手を保存用の冊子に収めたもので、切手等の広報に利用されています）。

①郵便切手
②郵便葉書
③郵便書簡
④郵便に関する料金の支払用カード

なお、郵便切手等の譲渡が非課税になるのは、郵便局、郵便切手類販売所、印紙売りさばき所など一定の場所で譲渡された場合に限られます。したがって、切手商やコイン商などが切手等を販売する行為は、非課税には該当しません。

● 郵便切手は非課税だが、郵便料金は課税

通常郵便料金84円、速達料金290円という場合、これらの中には10％分の消費税が含まれています。つまり、郵便切手は、譲渡・購入の段階では非課税ですが、それを郵便物に貼付し、投函すると、郵便というサービスの提供を受けて課税になるわけです。

そうなると、少し問題になるのは、事業者の仕入税額控除の時期です。厳密にいえば、切手を購入した段階では仕入税額控除はできず、それを使用し

第3章●消費税が課税されない取引もある

図3-7●郵便切手は簡単な仕訳も認められる

仕訳1

○購入時 ……………………84円切手を100枚購入

前払金　　8,400円／現　金　　8,400円

○使用時 ……………………そのうち20枚を使用

通信費　　1,528円／前払金　　1,680円

仮払消費税　152円／

(注)仮払消費税（152円）は、1,680円×$\frac{10}{110}$の計算による。いわゆる税込経理のときは「通信費　1,680円」とする。

仕訳2

○購入時 ……………………84円切手を100枚購入

通信費　　7,637円／現　金　　8,400円

仮払消費税　763円／

たときに課税仕入を行なったものとして処理しなければなりません。たとえば、84円切手を100枚購入し、そのうち20枚を使用したとすれば、**図3-7**の〔**仕訳1**〕のようにするわけです。

　というと、多くの事業者は、こんな面倒な処理はできないから、〔**仕訳2**〕のようにしている、といわれると思いますが、この処理でもかまいません。本来は〔**仕訳1**〕によるべきですが、消費税の取扱いでは、事業者の事務負担を考慮して、〔**仕訳2**〕も認められています。

　もっとも、これは消費税の処理に限った話で、法人税では厳密な期間損益計算が求められることに注意してください。つまり、その期に購入した切手のうち、期末に未使用分があれば、在庫計上をしなければならないのです。

　とくに期末近くに大量の切手を購入している場合には、税務調査の際に、未使用分がいくらあるかが問題になるところです。

75

⑥ 物品切手

● 物品切手とは？

デパートに行って、「物品の給付請求権を表彰する証書をください」という人はいないと思いますが、物品切手とは、いわゆる商品券のことです。消費税法では、商品券のほか、ビール券、図書券、旅行券、映画や演劇等の入場券などが該当します。また、鉄道やバス等のプリペイドカードも物品切手です。

これらのものは、実際にモノと引き換えたときに消費税が課税されますから、物品切手を譲渡したときに課税すると、二重課税になってしまいます。

そこで、物品切手の譲渡は非課税とされているのですが、事業者が商品券等でモノを購入したときの仕入税額控除を考えてみると、おおむね2つに分かれるでしょう。

1つは、仕入税額控除ができない場合です。会社が取引先からお中元やお歳暮でビール券をもらい、社員がビールを飲んだというときです。

この場合は、酒屋でビールに引き換えたときに消費税を負担しているのですが、ビール券をもらったことと、ビールを飲んだことを経理処理に反映できません。したがって、仕入税額控除ができないのですが、このことは、ビール券を贈った側も同じです。贈答のための購入は、交際費として処理しますが、購入段階では非課税取引ですから、仕入税額控除の対象にならないのです。

2つ目は、事業者が自ら購入し、事業に使用した場合で、仕入税額控除の対象になるケースです。たとえば鉄道やバス等のプリペイドカードを会社で購入し、これを営業社員に渡して交通費とするときです。この場合、切符の購入時に消費税が課税されますから、課税仕入として仕入税額控除の対象になるわけです。

なお、これらのカードを購入した場合の仕入税額控除の時期は、厳密にい

えば、カードの購入時ではなく、それを使用したときです。しかし、これも郵便切手で説明したところと同じで、原則的な処理はかなり面倒です。このため、購入時に交通費として損金経理したときは、購入分の全額について仕入税額控除の対象とすることとして扱われています。

広告用プリペイドカードの印刷費は課税

　企業の広告用として、社名入りのプリペイドカードを製作する場合があります。

　この場合、カードの譲渡そのものは非課税ですが、印刷業者等の印刷費は課税です。つまり、図3-8のように処理されるのですが、課税部分の費用だけが発注側の課税仕入となることに注意してください。ただし、カードの購入を含めて作製を依頼する場合は製作費の全額が、業者がカード代金と印刷費を区分しているときはカード代金が非課税となります。

図3-8●企業広告用プリペイドカードの製作費はこう処理する

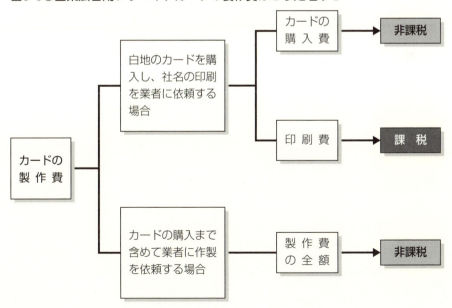

住宅の貸付け

● 非課税となる住宅の貸付けとは

　住宅の家賃は非課税とされていますが、この場合の住宅とは、「人の居住の用に供する家屋または家屋のうち人の居住の用に供する部分」をいいます。一戸建ての住宅はもちろん、アパート、マンション、社宅、独身寮、貸間などがこれに当たります。

　住宅の定義のうち「家屋のうち人の居住の用に供する部分」というのは、店舗併用住宅や事務所部分のあるマンション等を一括して貸している場合、家賃のうち住宅部分のみが非課税になるということです。

　また、有料老人ホーム、ケア付住宅、食事付の貸間などでは、その対価のうちに住宅の賃料とそれ以外の役務提供部分が含まれています。この場合は、合理的に区分して、非課税となる家賃を算定する必要があります。

　いずれにしても住宅家賃は非課税ですから、会社が社宅や独身寮を社員に貸し付け、使用料を徴収しているときは、非課税売上にカウントすることを忘れないでください。

● 一時使用は非課税にはならない

　住宅の貸付けであっても、次のような場合は非課税にはなりません。
　①**貸付期間が1か月未満の場合**
　②**その貸付けが旅館業法に規定する旅館業の場合**

　このうち、②は、旅館、ホテルなどですが、このほか、いわゆる貸別荘、リゾートマンション、ウィークリーマンション、民泊なども旅館業法の適用を受けるため、貸付期間が1か月以上でも非課税にはなりません（**図3-9**）。

　なお、学生等を相手とするいわゆる下宿は、旅館業法上の旅館業には該当しません。したがって、1か月以上の貸付けであれば、家賃部分は非課税に

図3-9●住宅の貸付けの課否判定

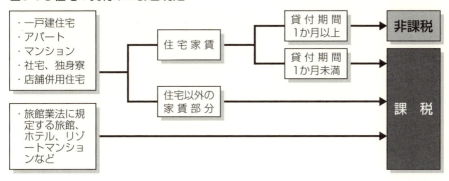

なります。

●住居契約のマンション事務所はどうなる？

　ところで、都市部のマンションでは、表向きは住宅仕様でも、中に入るとほとんどの部屋が会社の事務所という建物が少なくありません。
　この場合、賃貸契約で居住用になっていると、消費税の扱いはどうなるのでしょうか。税法は、実態に即して判断するのが原則ですから、事務所として使用されている限り、その家賃は課税とすべきところです。
　しかし、マンションの場合は、家主の知らないうちに事務所に変わっていたということもありますし、税務署がいちいち中を見て確認するのも困難です。
　そこで、消費税の取扱いでは、賃貸借契約書において人の居住の用に供するということが明記されていれば、実態がそれと異なっていても非課税にすることとしています。
　もっとも、貸主において非課税ということは、借手側は課税仕入にはならないということです。したがって、契約上は住宅、実態は事務所という場合の借手は、支払家賃について仕入税額控除の対象にすることはできません。借手において課税仕入の扱いを受けたいのであれば、家主との間の賃貸借契約を事務所用に変更する必要があります。

●住宅に付随する駐車場料金はどうなる？

　駐車場設備の付いたマンションもありますが、駐車場の使用料は住宅家賃ではありませんから、本来は課税の対象です。

　ただし、入居者について1戸当たり1台分以上の駐車スペースが確保されており、自動車の保有の有無にかかわらず割り当てられている場合は、駐車場の貸付けと住宅の貸付けは一体とみることができます。そこで、このような場合で、家賃とは別に駐車場料金を徴収していないときは、駐車場を含めた全体が住宅の貸付けとして非課税になります。

　また、プールやアスレチック施設などがある場合で、居住者だけが利用でき、家賃とは別に利用料等を徴収していないときも同様の扱いになります（図3-10）。

　なお、非課税となる家賃には、月決め等の家賃のほか、敷金、保証金、礼金などのうち返還しないものも含まれます。また、共同住宅の共用部分の費用を入居者が応分に負担する、いわゆる共益費も非課税です。

図3-10●駐車場やプールの課否判定

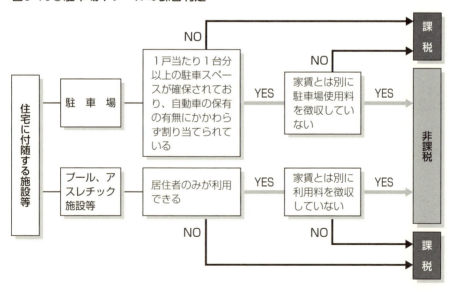

8 その他の非課税取引

図3-11-①●その他の非課税取引

項目	非課税の概要	留意点
国、地方公共団体等の行政手数料	国、地方公共団体、公証人等が徴収する次の手数料等が非課税となる ①登記、登録、特許、免許、許可、検査、検定、証明、公文書の交付等 ②法令に基づき徴収する滞納処分手数料 ③執行官、公証人の手数料	・行政手数料は大部分が非課税になるが、保健所等における受託検査、受託試験、清掃等は非課税にならない
国際郵便為替、国際為替業務等	次のようなものが非課税となる ①国際郵便為替、国際郵便振替 ②外国為替取引、対外支払手段（信用状、旅行小切手）の発行 ③両替商が行なう旅行小切手の発行	・外国為替業務の中の次のものは課税される ①譲渡性預金証書、コマーシャルペーパー等の非居住者（または居住者）による居住者（または非居住者）からの取得の媒介、取次ぎ、代理業務 ②有価証券、貴金属等の非居住者に対する保護預り業務
社会保険医療等	次の医療等が非課税となる ①社会保険医療（患者の一部負担金を含む） ②特定医療費の支給に係る医療および高度先進医療（患者の一部負担金を含む） ③公費負担医療、自賠責、労災、公害 ④療養費の支給に係る療養	・特定医療費の支給に係る医療および高度先進医療のうち、差額ベッド代、歯科材料差額等は非課税にはならない ・社会保険医療に該当しない医薬品の販売または医療用具の販売は課税対象になる
社会福祉事業等	次のものが非課税となる ①第1種社会福祉事業として行なわれる資産の譲渡等 ②第2種社会福祉事業として行なわれる資産の譲渡等 ③厚生保護事業として行なわれる資産の譲渡等 ④社会福祉事業に類するもので一定のもの ⑤介護保険による一定の介護サービス	・第1種社会福祉事業のうち、身体障害者授産施設、精神薄弱者授産施設および授産施設の経営事業は課税対象になる ・第2種社会福祉事業のうち精神障害者授産施設の経営事業で授産活動の作業として行なわれるものは課税対象になる

図3-11-②●その他の非課税取引

項目	非課税の概要	留意点
助産	非課税となる助産とは次のものをいう ①妊娠しているか否かの検査 ②妊娠していることが判明したとき以後の検診、入院 ③分娩の介助 ④出産日以後2か月以内に行なわれる母体の回復検診 ⑤新生児の入院、検診	・異常分娩は保険医療として非課税となる ・死産、流産の場合で保険診療に該当しないものも助産として非課税になる
埋葬料・火葬料	墓地、埋葬に関する法律に規定する埋葬料または火葬料は非課税となる	・火葬場の待合室使用料や一般の葬儀費用は課税対象になる
身体障害者用物品	身体障害者用物品で特殊な性状、構造、機能を有するもので、厚生労働大臣が指定したものが非課税になる	・身体障害者用物品の一部を構成する部分品は、非課税となる物品の修理用等として譲渡する場合でも非課税にはならない ・身体障害者用物品以外の物品を身体障害者用物品に改造する行為は非課税となる
学校の授業料、入学金等	学校（小学校、中学校、高等学校、大学、高等専門学校、幼稚園など）、専修学校、一定の各種学校の教育における次のものは非課税となる ①授業料 ②入学検定料 ③入学金、入園金 ④施設設備費 ⑤在学証明手数料など	・学習塾、英会話教室、自動車教習所、各種のカルチャースクールなど、非課税となる各種学校の要件（修業年限1年以上、年間授業時間680時間以上など）を満たしていないものの入学金等は非課税にならない ・いわゆる公開模擬学力試験の検定料は課税対象となる
教科用図書	学校教育法に規定する教科用図書（いわゆる検定済教科書）の譲渡は非課税となる	・参考書、問題集などの補助教材は、学校が指定したものでも非課税にはならない

輸出免税になるには

● 国境税調整とは

　輸入は課税で、輸出は免税、ということは前にもお話ししましたが、これは、消費税に「消費地課税主義」（仕向地主義）という考え方があるためです。

　わが国には消費税があり、ヨーロッパ諸国には付加価値税がありますが、これらは、いずれも最終消費に負担を求める「内国消費税」で、課税物品が消費される地域で課税されるべきであるという考え方によっています。

　そうすると、課税物品が国内で流通している場合はいいのですが、輸出によって他の国に渡るときは、税抜きの裸の価額で国境線を通すことが必要になってきます。

　仮に、税込みの価額で輸出されると、それを最終消費した者は、自国以外の国の税を負担することになってしまいます。

　これとは逆に、他国から財貨が輸入されるときは、税抜きの価額で入ってきますから、輸入段階で課税しないと、国内品の価額とのバランスが保てなくなります。

　このようなことから、輸出は免税となるのですが、これを**国境税調整**といいます。なお、非課税と免税との違いについてはすでに説明したとおりですし、輸出業者の場合、免税売上に対応する仕入税額が控除され、または還付されることも66ページで説明したとおりです（次ページ**図3-12**）。

● 輸出免税取引の範囲は？

　免税になるのは、輸出と輸出類似取引ですが、消費税法の規定を整理すると、その範囲は、次ページ図3-13の11種類になります。

　これらのうち、①が典型的な輸出で、輸出を行なう事業者に対してだけ免

図3-12●輸出業者は税の還付が受けられる

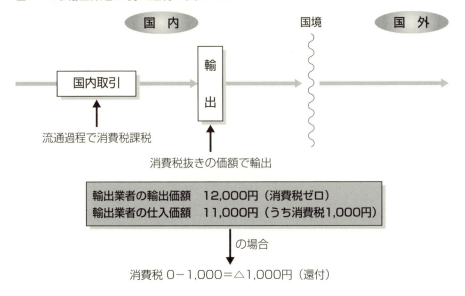

図3-13●輸出免税となるもの

①本邦からの輸出として行なわれる資産の譲渡または貸付け
②外国貨物の譲渡または貸付け
③国内と国外にわたって行なわれる旅客・貨物の輸送
④外航船舶等の譲渡または貸付けで、船舶運航事業者等に対するもの
⑤外航船舶等の修理で、船舶運航事業者等の求めに応じて行なわれるもの
⑥もっぱら国内と国外、または国外と国外との間の貨物輸送用のコンテナーの譲渡・貸付けで、船舶運航事業者等に対するもの、またはそのコンテナーの修理で船舶運航事業者等の求めに応じて行なわれるもの
⑦外航船舶等の水先、誘導、その他入出港もしくは、離着陸の補助または入出港、離着陸、停舶もしくは駐機のための施設の提供で、船舶運航事業者等に対するもの
⑧外国貨物の荷役、運送、保管、検数または鑑定等
⑨国内と国外との間の通信または郵便
⑩非居住者に対する無形固定資産の譲渡または貸付け
⑪非居住者に対する役務の提供

税の規定が適用されます。輸出物品の製造や下請加工、輸出物品を輸出業者に販売する行為は、もちろん免税にはなりません。

なお、輸出とは、内国貨物を外国に向けて送り出すことをいいますから、輸出業者の行なうものだけが免税になるわけではありません。たとえば、ニューヨークに支店のある会社が、自社のコンピュータをその支店で使うために国内から持ち出すのも輸出です（ただし、免税になるためには一定の証明が必要です）。

● 国際運輸の免税は国内輸送部分にも及ぶ

輸出免税取引の範囲に示したもの（図3-13）のうち、③は、いわゆる国際運輸です。この場合、旅客運送や貨物輸送の一部に国内輸送が含まれていても、次の要件のいずれも満たすときは、国内輸送部分も輸出免税の対象になります。

①輸送契約において、国内輸送部分が国際輸送の一環としてのものであることが明らかにされていること

②国内間の移動のための輸送と、国内と国外との間の移動のための国内乗継地における到着から出発までの時間が定期路線時刻表上で24時間以内である場合の国内輸送であること

また、貨物輸送については、②の要件はなく、①に該当すれば、国内輸送部分も国際輸送として、全体に輸出免税が適用されます（次ページ図3-14）。

なお、旅行業者が主催する海外パック旅行の場合は、パスポートの交付申請等の事務代行や国内における輸送、宿泊等のサービスなど国内取引として課税される部分と、国内から国外、国外から国内への輸送や、国外における輸送、宿泊、観光案内等のサービスなど国外取引として課税対象外となる部分に分かれます。したがって、輸出免税が適用されることはありません。

● 非居住者に対するサービスの提供はどうなる？

前述した輸出免税取引の範囲に、**非居住者**に対する役務の提供が含まれて

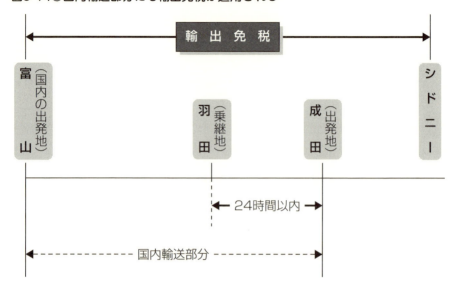

図3-14●国内輸送部分にも輸出免税が適用される

（注）貨物輸送の場合は、乗継地および24時間以内という要件はない。

います。この場合の非居住者について、その意義を正確に説明するとかなり面倒ですから、とりあえず、外国人や外国法人と思ってください。

　輸出免税になるのは、これら非居住者に対する役務提供で、たとえば、広告業者が外国法人から商品等の広告宣伝の依頼を受け、国内で広告宣伝を行なったような場合です。

　もっとも、外国法人に対する役務の提供でも、その外国法人が国内に支店や出張所がある場合は、その役務提供が国内の支店等を経由して行なったものとみなされ、国内取引として課税されます（**図3-15**）。

　ただし、国内に支店等がある非居住者に対する役務提供であっても、次のいずれかの要件を満たす場合は、輸出免税の対象としてよいこととされています。

①**役務の提供が非居住者の国外の本店等との直接取引であり、その非居住者の国内の支店等は、この役務の提供に直接的にも間接的にもかかわっていないこと**

図3-15●非居住者に対する役務の提供は

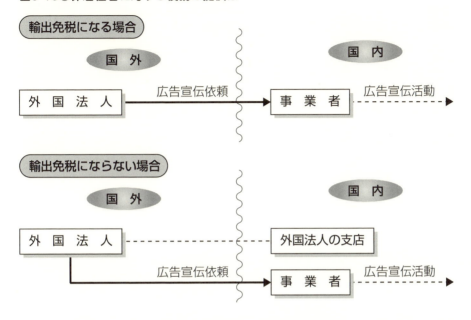

　②役務の提供を受ける非居住者の国内の支店等の業務は、その役務の提供に係る業務と同種、あるいは関連する業務でないこと

　なお、非居住者に対する役務の提供については、次ページ**図3-16**の扱いにも注意してください。

●輸出免税は課税事業者に限られる

　輸出免税が受けられるのは、次の５つの要件を満たす場合です。
①課税事業者であること
②資産の譲渡等が国内取引であること
③課税資産の譲渡等であること
④輸出または輸出類似取引であること
⑤前記④であることの一定の証明があること
　このうち①は、小規模事業者の納税義務免除の規定が適用される場合（226

図3-16●非居住者に対する役務の提供で注意すべきこと

非居住者に対する役務の提供	輸出免税になるものの例	・外国法人から国内の市場調査を依頼されてその調査を行なった場合 ・国内に在留する外国法人にノウハウの提供をした場合 ・国内に在留する外国法人から弁護士、税理士等が報酬を受けた場合
	輸出免税にならないものの例	・国内に所在する資産の運送、保管、管理、修理 ・建物の建築請負 ・電車、バス、タクシー等による旅客輸送 ・国内における飲食、宿泊、理容、美容、医療 ・劇場、映画館等における観劇等 ・国内間の電話、郵便 ・日本語学校等における語学教育など

ページ）に輸出免税を受けるには、あらかじめ税務署に届け出て課税事業者を選択しておかなければならないということです。

　納税義務が免税される事業者が輸出取引を行なった場合、輸出免税が適用されなくても、その輸出取引について消費税を納税する必要はないのですが、そのままだと仕入税額控除もできなくなります。

　したがって、納税義務免除のある小規模事業者が輸出物品についての仕入税額控除や還付を受けるためには、課税事業者を選択する必要があるわけです。

　②は、輸出免税を課税取引に取り込んだうえで課税を免除していることとの関係です。もともと課税対象外となる国外取引には、輸出免税を適用する余地はないということです。この点は、前章の課税取引と課税対象外取引の区分（38ページ）のところで説明したとおりです。

　③は、非課税資産の譲渡には消費税が課税されないので、輸出免税はないということです。輸出免税は、税率ゼロ％の課税と考えるものです。もともと非課税であれば、輸出免税の適用はありません。

　④は、すでにその範囲を説明しましたが、⑤はこのあと概要をまとめておくことにします。

第3章●消費税が課税されない取引もある

● 輸出免税を受けるには一定の証明が必要

輸出免税を受けるには、一定の証明が必要で、その書類や帳簿は、原則として7年間保存しておかなければなりません。

その証明書類等は、おおむね**図3-17**のとおりです。

図3-17●輸出免税を受けるために必要な書類等

区　　　　分			証明書類等
貨物の輸出	輸出の許可を受ける貨物		輸出許可書
	郵便による輸出	輸出物品の価額が20万円超のもの	郵便物輸出証明書
		輸出物品の価額が20万円以下のもの（①、②のいずれか）	①帳簿（輸出年月日、品名・数量・価額、受取人の氏名・住所を記載したもの） ②物品受領書（輸出者の氏名・住所、品名・数量・価額、受取人の氏名・住所、受取年月日が記載されているもの）
	輸出物品販売場の許可を受けた者が海外旅行者等に携帯する物品を譲渡した場合		輸出証明書（「海外旅行者が出国に際して携帯する物品の購入者誓約書」も必要）
	外国籍の船舶または航空機に内国貨物を積み込むために資産を譲渡する場合		船用品（機用品）積込承認書
	船舶、航空機の貸付けの場合		相手方との契約書等（事業者の氏名・住所、譲渡年月日、資産または役務の内容、対価の額、相手方の氏名・住所が記載されているもの）
国際輸送、国際通信、国際郵便			帳簿または書類（役務提供年月日、役務提供の内容、対価の額、相手方の氏名・住所を記載したもの）
上記以外の資産の譲渡等			相手方との契約書等（事業者の氏名・住所、譲渡の年月日、資産または役務の内容、対価の額、相手方の氏名・住所が記載されているもの）

89

第4章

飲食料品などは軽減税率が適用される

1 軽減税率が適用される飲食料品とは
2 外食は軽減税率にならない
3 軽減税率が適用される新聞とは
4 飲食料品の譲渡をしない事業者はこんな点に留意する

軽減税率が適用される飲食料品とは

● 食品表示法に規定する食品とは

　消費税の税率について、2019（令和元）年10月1日から**10％の標準税率**と**8％の軽減税率**という複数税率制度になることは、第1章で説明したとおりです。

　軽減税率の対象になるのは、飲食料品と定期購読契約による新聞ですが、まず、飲食料品の範囲をイメージすると、図4-1のようになります。

図4-1●軽減税率の対象となる飲食料品の範囲（イメージ）

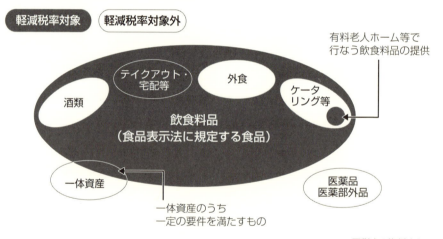

※国税庁の資料より

　軽減税率の対象になる飲食料品とは、食品表示法に規定する食品ですが、食品表示法では、食品衛生法に規定する添加物を含むと規定されています。ただし、医薬品、医薬部外品および再生医療等製品は除くとされています。

　また、食品衛生法に規定する添加物とは、「食品の製造の過程においてま

第4章●飲食料品などは軽減税率が適用される

たは食品の加工もしくは保存の目的で、食品に添加、混和、浸潤その他の方法によって使用する物」をいいます。

なお、軽減税率が適用されるか否かは、事業者が飲食料品を譲渡する時、つまり取引を行なう時点で判定します。したがって、飲食料品を販売する事業者が人の飲用または食用に供されるものとして譲渡した場合には、相手方が飲食用以外の目的で使用したとしても、軽減税率の対象になります。逆に人の飲用または食用以外に供されるものとして譲渡した場合には、購入した者が実際に飲用または食用にしたとしても、軽減税率は適用されません。

● 酒税法に規定する酒類は軽減税率の対象にはならない

お酒は人の飲用に供されるものですが、軽減税率の対象にはなりません。酒税法では、酒類について「アルコール分1度以上の飲料（薄めてアルコール分1度以上の飲料とすることができるものまたは溶解してアルコール分1度以上の飲料とすることができる粉末状のものを含む）」と規定されています。

したがって、みりんはアルコール分1度以上の酒類に該当するため、軽減税率ではなく10%の標準税率となりますが、みりん風調味料は、アルコール分1度未満であるため、軽減税率の対象になります。また、いわゆるノンアルコールビールも酒類ではありませんので、軽減税率が適用されます。

● 包装材料はどう扱われるか

ところで、飲食料品を贈答用として購入する場合には、それなりの包装をしてもらいますが、その包装材料について、飲食料品とは別に対価を定めている場合のその包装材料代は、飲食料品の譲渡とはいえません。したがって、その包装材料代には軽減税率が適用されません。また、ケーキやプリンなどの洋菓子に保冷剤がついている場合に、別途に保冷剤の対価を支払うときは、同様に、その保冷剤の代金は軽減税率の対象にはなりません。

ただし、通常必要なものとして使用される包装材料であれば、その包装材

料代を飲食料品の譲渡に含めて軽減税率の対象になります。この場合の「通常必要なものとして使用される包装材料」とは、商品を開封した場合に不要となるようなものが該当します。

なお、高額な飲食料品を桐箱などの高価な容器に容れて販売する例がありますが、その桐箱などに商品名を印刷して、その飲食料品を販売するためにのみ使用している場合には、通常必要な包装材料に該当することとされています。

飲食料品の譲渡の形態はさまざまでから、すべてのケースを説明することはできませんが、軽減税率の対象になるかどうかを**図4-2**に示しておきます。

図4-2●飲食料品の譲渡に係る軽減税率の適用関係

飲食料品の譲渡の形態	軽減税率の適用関係
自動販売機によるジュースや菓子などの販売	軽減税率の対象になる
いちご狩りやなし狩りなどを行なう果樹園の入場料	軽減税率の対象にならない。ただし、収穫した果物を別料金で販売する場合の別料金部分は軽減税率の対象になる
インターネット等を利用した飲食料品の通信販売	軽減税率の対象になる
カタログギフトによる飲食料品の販売	カタログギフトの代行会社による役務の提供に当たるため、軽減税率の対象にはならない
レストランに対して卸売業者が行なう食材の販売	軽減税率の対象になる（レストランの食事の提供は外食に当たるため軽減税率の対象にはならない）
飲食料品の販売に要する送料	軽減税率の対象にはならない。ただし、「送料込みの商品」の販売で、別途に送料を受領しない場合は、全体が軽減税率の対象になる

●軽減税率が適用される一体資産とは

　消費税法には、「一体資産」についての取扱いが定められています。この場合の一体資産とは、次の要件のいずれも満たすものをいいます。
　①食品と食品以外の資産があらかじめ一の資産を形成しまたは構成していること
　②その一の資産の価格のみが表示されていること
　たとえば、お菓子と玩具のセット商品、紅茶とティーカップのセット商品、食品と食品以外の商品が入った福袋などのことです。
　このような一体資産については、その対価の額が1万円以下であり、その価額のうちに含まれる食品の価額の占める割合が3分の2以上であれば、全体を食品の譲渡として軽減税率を適用することとされています（**図4-3**）。
　なお、この場合の「3分の2」については、一体資産の原価や売価などの合理的な基準によって判定することとされています。たとえば、一体資産を構成する各資産をひとつの商品として販売している場合には、それぞれの資産の売価がわかりますから、その各資産の売価の割合で判定することも認められます。

図4-3●一体資産の取扱い

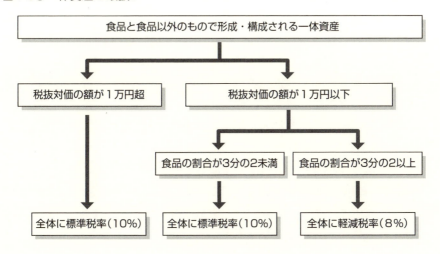

外食は軽減税率にならない

●軽減税率が適用されない外食の範囲は

　飲食料品を提供する事業であっても、いわゆる外食は軽減税率の対象にはなりません。この場合の「外食」とは、食品衛生法上の飲食店営業、喫茶店営業その他の食事の提供を行なう事業を営む事業者が飲食設備のある場所において行なう食事の提供とされています。

　また、飲食設備とは、飲食に用いられる設備であれば、その規模や目的を問わず、飲食のための専用の設備ではない場合も該当します。したがって、次のような設備も「飲食設備」に該当します。

①テーブルのみ、椅子のみ、カウンターのみの設備
②飲食目的以外の施設に設置されたテーブルなどで飲食に使用される設備

　このうち②について、たとえばコンビニエンスストアやスーパーマーケットにおいて、いわゆるイートインコーナーや休憩スペースが設置されており、そこで飲食ができる場合には、そのスペースに設置されたテーブルや椅子が飲食設備に該当します。

　もっとも、飲食料品を販売する事業者の管理していないテーブルや椅子などは、飲食設備には該当しません。たとえば、遊園地の中で売店を運営する事業者が飲食料品を販売した場合において、来園者がその売店の近くにあるベンチで飲食したとしても、そのベンチが売店の管理していないものであれば、飲食設備には該当しないということです。

　したがって、飲食料品を購入した顧客が遊園地内で食べ歩く場合や売店の管理の及ばないベンチで飲食した場合には、その売店は単に飲食料品を販売したにすぎませんから、飲食料品の譲渡として軽減税率が適用されます。

　なお、売店の管理していないベンチであっても、その管理をしている遊園地の運営事業者との間で、顧客がベンチを使用することに合意している場合には、その売店の飲食設備となります。

第４章●飲食料品などは軽減税率が適用される

● ケータリングや出張料理は外食扱いになる

　相手方が指定した場所において行なう加熱、調理、または給仕等を伴う飲食料品の提供（いわゆるケータリングや出張料理）は、サービスの提供に該当しますから、外食の扱いとなり、軽減税率の対象にはなりません。

　ただし、飲食料品の持ち帰り（テイクアウト）は、「外食」ではありませんから、軽減税率の対象になります。これらの概要をまとめると**図4-4**のようになります。

図4-4●軽減税率の対象になるケースとならないケース

軽減税率の対象（外食に当たらない）	標準税率の対象（外食に当たる）
牛丼店やハンバーガー店のテイクアウト	牛丼店やハンバーガー店での店内飲食
そば屋の出前やピザ屋の宅配	そば屋やピザ屋での店内飲食
屋台での軽食（テーブル、椅子などの飲食設備がない場合）	フードコートでの飲食
寿司屋のお土産	寿司屋での店内飲食
コンビニ等の弁当や総菜などの持ち帰り販売 （注）飲食設備がある場合には、顧客に対して飲食設備での飲食か、持ち帰りかの意思確認をするなどして、軽減税率の適用対象になるかどうかを判定する。	コンビニ等のイートインコーナーでの飲食 （例1）顧客への意思確認により、イートインコーナーで飲食させるものとして提供された飲食料品 （例2）トレイに乗せて座席まで運ばれるなど、返却の必要がある器に盛られた飲食料品
有料老人ホームでの飲食料品の提供や学校給食など	ケータリングや出張料理など

● 軽減税率と標準税率の区分はむずかしい

　軽減税率が適用される飲食料品と標準税率が適用される飲食料品以外のものの範囲をすべて説明することはできませんが、両者の区分について、次ページ**図4-5**にまとめておきます。これをみると、似たようなものでも軽減税率の対象となったり、標準税率が適用されるものあるなど、区分判定がむずかしいことがおわかりいただけるでしょう。

97

図4-5●軽減税率と標準税率の区分の例

軽減税率の対象	標準税率の対象
ミネラルウォーターなどの飲料水	水道水（ペットボトルに入れて食品として販売するものを除く）
食用として販売される塩	工業用として販売される塩
おやつや製菓の材料用など、人の食用として販売される植物の種子	栽培用として販売される植物の種子
コーヒーの生豆	コーヒーの生豆の焙煎加工
人の食用とされる活魚などの水産物	生きている牛、豚、鳥などの畜産用の家畜
医薬品等に該当しない栄養ドリンク、健康食品、美容食品、特定保健用食品	医薬品、医薬部外品に該当する栄養ドリンクや健康食品
日本酒を製造するための米	日本酒
顧客の指定した場所に届けるだけの仕出し料理	顧客の指定した場所で配膳を行なう仕出し料理
調理用に加工した食材の宅配	食材を持ち込んで行なう出張料理、料理代行サービス、家事代行サービス
ホテルの冷蔵庫にあるジュース、ホテルの部屋に置かれた有料の菓子	ホテルの冷蔵庫にあるビール、ホテルのルームサービス
学校給食や老人ホームでの食事の提供	学生食堂、企業の社員食堂での食事の提供
喫茶店による企業の会議室までのコーヒーの配達	コーヒーを届けた会議室での給仕等の役務の提供
列車内のワゴンサービスによる弁当の販売、格安航空会社（LCC）での弁当の販売	食堂車や航空機内の食事の提供

軽減税率が適用される新聞とは

●販売方法で税率が異なる

　新聞の譲渡は、軽減税率が適用されるのですが、次のすべてに該当するものに限られます。
　①定期購読契約が締結されたものであること
　②一定の題号を用い、政治、経済、社会、文化等に関する一般社会的事実を掲載するものであること
　③１週に２回以上発行するものであること

　したがって、コンビニエンスストアや駅の売店で販売する新聞は、定期購読契約にもとづくものではないため、軽減税率の対象にはなりません。ただし、スポーツ新聞、業界紙、政党の機関紙、英字新聞などは、定期購読契約によるものであれば、軽減税率が適用されます。

　なお、「１週に２回以上発行する新聞」とは、通常の発行予定日が週２回以上とされているものをいいますので、国民の祝日や新聞休刊日によって発行が１週に１回以下となる週があっても、１週に２回以上発行する新聞に該当します。

●電子版の新聞は軽減税率の対象にならない

　インターネットを通じて配信する電子版の新聞は、電気通信回線を介して行なわれるサービスの提供であり、「電気通信役務の提供」に該当します。したがって、「新聞の譲渡」には該当せず、軽減税率の対象にはなりません。
　なお、紙の新聞と電子版の新聞をセットで販売している場合には、そのセット販売の対価の額を「紙の新聞」の金額と「電子版の新聞」の金額とに区分し、前者については軽減税率を適用し、後者については標準税率を適用することになります。

飲食料品の譲渡をしない事業者はこんな点に留意する

● 軽減税率対象品目の確認と管理が必要になる

　消費税に軽減税率制度が導入されたことにより、軽減税率対象品目の譲渡・販売を行なう事業者については、価格の設定、メニューや値札の表示、レジシステムの対応などのほか、経理処理に注意しなければならないことは当然です。

　一方、飲食料品の譲渡を行なわない事業者においても、軽減税率の対象品目を購入した場合には、標準税率の対象になるものと区分して経理し、消費税の申告に対処しなければなりません。

● こんな科目に注意する

　飲食料品の譲渡を行なわない事業者の場合には、一般経費のうち次のような勘定科目には、軽減税率が適用される課税仕入が含まれていると考えられます。

①福利厚生費……従業員用のお茶やコーヒーなどの購入
②接待交際費……得意先に対する中元や歳暮の贈答用の飲食料品、手土産用の飲食料品の購入
③広告宣伝費……景品として配布する飲食料品の購入
④会　議　費……会議の際の弁当や菓子などの飲食料品の購入
⑤新聞図書費……定期購読している新聞の購入

　これらの課税仕入がある場合には、日頃からチェックし、軽減税率であることを記帳の際に明らかにしておく必要があります。

第 5 章

売上に係る消費税はこう計算する

1 課税標準額に対する消費税額の計算
2 課税標準額はこう計算する
3 みなし譲渡の課税標準は？
4 個別消費税と消費税の課税標準の関係
5 売上の値引き、返品があったとき
6 貸倒れが生じたときはこうする
7 課税売上はいつ計上するか

課税標準額に対する消費税額の計算

● 税抜売上高に7.8％を掛ける

　ここまでは、消費税が課税される取引は何か、どんな取引は課税されないかなど、消費税を計算するうえで必要な事項を説明してきました。ここからは、これらを踏まえ、事業者が納税する税額の計算方法を具体的にみていくことにします。

　まず、売上に対する（係る）消費税です。正確な用語でいえば、**課税標準額に対する消費税額**で、19ページで概要を説明したとおり、税込みの課税売上高に110分の100（軽減税率の適用分は108分の100）を掛けて課税標準額を算出し、これに7.8％（同6.24％）を掛けて求めるのが原則です。

　この場合、事業者の経理方法がどのようなやり方でも、基本的には同じです。消費税の経理方法については、あらためて第9章で説明しますが、**税込経理方式**と**税抜経理方式**の2つがあります。前者は、本体価格と消費税を区分しないで経理する方法、後者は、本体価格と消費税を区分して経理する方法をいいます（税抜経理方式では、課税売上に対する消費税と地方消費税は、「仮受消費税等」勘定で経理します）。

　税込経理方式の場合は、課税売上高を110分の100（または108分の100）にしたものが課税標準額となり、税抜経理方式では、本体価格と仮受消費税勘定の金額を合計し（つまり税込金額として）、これに110分の100（または108分の100）を掛けて課税標準額を計算します（**図5-1**）。

　要するに、事業者の経理方法にかかわらず、計算方式は同じということです。この場合、課税標準額は1000円単位としますから、1000円未満の端数は切り捨ててください。

　なお、課税標準額に7.8％（または6.24％）を掛けて消費税額を計算するのは、国税としての消費税額を求めるためで、2.2％（または1.76％）分の地方消費税は、仕入税額控除をしたあとの消費税額をもとに計算することになっています。

図5-1●課税標準額に対する消費税額の計算方法

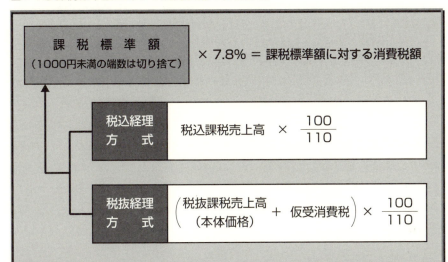

計算例 税込経理方式

税込課税売上高　91,626,675円の場合

①課税標準額…91,626,675円× $\dfrac{100}{110}$ ＝83,296,977円→83,296,000円

②課税標準額に対する消費税額…83,296,000円×7.8％＝**6,497,088円**

計算例 税抜経理方式

税抜課税売上高（本体価格）83,296,977円、仮受消費税8,329,697円の場合

①課税標準額…（83,296,977円＋8,329,697円）× $\dfrac{100}{110}$

　　　　　　　　　　　　　　　　　　　　　＝83,296,976円→83,296,000円

②課税標準額に対する消費税額…83,296,000円×7.8％＝**6,497,088円**

（注）軽減税率の適用分については、上記の「110分の100」を「108分の100」として課税標準額を別に計算します。その際の税率は「7.8％」ではなく「6.24％」として課税標準額に対する消費税額を計算し、標準税率適用分の消費税額との合計が売上に係る消費税額になります。

● 外税方式による代金決済と売上に対する消費税の関係

　ところで、消費税法には、商品等の価格の表示方法として、消費税額を含めた支払総額を示す「総額表示義務」が定められていること、また、2013（平成25）年10月1日から2021（令和3）年3月31日までの間は、特例措置として総額表示義務が解除されることは、29ページで説明したとおりです。

　このため、小売段階における代金の決済は、税抜価格を基礎としたいわゆる「外税方式」が多くなるものと思われます。これは、**図5-2**のように商品等の本体価格の合計額について、10%（軽減税率適用分は8%）分の消費税額を転嫁し、1円未満の端数処理をして代金の決済をする方法です。

　ただし、このような外税方式は、総額表示義務があるため徐々に少なくなり、いわゆる内税方式に移行していくものとみられています。

　しかしながら、事業者間の取引には総額表示義務がないこと、また、小売段階においてはレジシステムの変更に時間がかかることなどから、ある程度

図5-2●外税方式の転嫁方法

請　求　書

品名	数量	単価	金額	消費税等
A商品	2	981円	1,962円	−
B商品	3	729円	2,187円	−
合　計			4,149円	414円

4,149円×10%
　＝414円90銭→414円

領　収　書

○○商店

○年○月○日

A商品	1,962
B商品	2,187
計	4,149
税	414
合　計	4,563
預　り	5,000
釣　銭	437

の期間は従来からの外税方式が継続して行なわれると予測されます。

さて、外税方式で代金の決済をした場合に、問題になるのは、事業者が顧客から受領した消費税額と、実際に申告して納付する消費税額との関係です。

たとえば、**図5-2**に示した取引（本体価格4149円　消費税等414円、合計領収額4563円）をこの事業者が1000回行なったとしましょう。税込みの課税売上高は、456万3000円です。

この場合の課税標準額は、**図5-1**で説明したように、税込みの課税売上高である456万3000円を基礎として、これに110分の100を乗じて計算することになります。

したがって、この例の課税標準額は、**図5-3**のように414万8000円になり、これに対する消費税額は、その7.8％分の32万3500円、地方消費税は、32万3500円の78分の22である9万1200円と算出されます。

この結果、納付する税額は、消費税と地方消費税を合わせて41万4700円に

図5-3●外税方式による転嫁と消費税の計算

本体価格	4,149,000円
消費税	414,000円
税込課税売上	4,563,000円

①消費税の計算

・課税標準額…$4,563,000円 \times \dfrac{100}{110}$

　$=4,148,181円 \rightarrow 4,148,000円$

・課税標準額に対する消費税額

　$4,148,000円 \times 7.8\% = 323,544円$

　$\rightarrow 323,500円$

②地方消費税の計算

$323,500円 \times \dfrac{22}{78} = 91,243円$

$\rightarrow 91,200円$

③消費税と地方消費税の合計納税額

$323,500円 + 91,200円$

$= 414,700円$

(注)納付する税額は100円未満切り捨て。地方消費税の課税標準の100円未満は切り捨て（仕入税額控除は省略して計算している）。

なるのですが、よく考えてみると、商品の販売時に実際に受領した消費税は、41万4000円（414円の1000回分）です。

　そうすると、この事業者は、実際に受け取っていない消費税700円を自己負担して納税することになってしまいます。

● 積み上げ計算の特例とは

　こうした問題は、外税方式で消費税を転嫁した場合の1円未満の端数処理に基因して生じます。これに対処するため、消費税法は、事業者が実際に領収した消費税額を基礎として納税額を計算できる特例を認めてきました。これを**積み上げ計算の特例**といいます。

　この特例は、課税取引に際し、領収すべき金額について、本体価格とその消費税額等（消費税額と地方消費税額の合計額）とに区分して領収している場合において、その消費税額等の1円未満の端数を処理しているときは、その端数を処理したあとの消費税額等に相当する額を基礎にして、課税標準額に対する消費税額の計算をすることができるものです。

　そして、この場合の課税標準額は、本体価格の合計額（1000円未満の端数は切り捨て）となり、これに対する消費税額は、実際に領収した消費税額等の合計額の78％（＝7.8÷10）相当額とします。図5-2の例でいえば、図5-4のように、納税額が実際に領収した税額を上回ることがなくなるわけです。

　もっとも、このような税額計算の特例は、税抜きの本体価格と消費税相当額を区分して領収する外税方式を前提としたものです。税込価格を表示し、その税込金額を領収する場合には、代金決済に際して1円未満の端数は生じませんから、このような積み上げ計算の特例は必要ありません。

　2004（平成16）年4月に導入された「総額表示義務」のもとでは税込金額で領収するため、特例計算の意義が失われたものとして、2007（平成19）年3月31日をもっていったん廃止されました。

　ただし、前述したとおり、2013（平成25）年10月1日から2021（令和3）年3月31日までの間は、特例措置として総額表示義務が解除されたため、外税方式による代金決済が多くなるものと思われます。このため、再び積み上

図5-4●消費税の積み上げ計算

本体価格	4,149,000円
消費税	414,000円
税込課税売上	4,563,000円

①消費税の計算

・課税標準額…4,149,000円
・課税標準額に対する消費税額

　414,000円×78%＝322,920円

　　→322,900円

②地方消費税の計算

322,900円×$\frac{22}{78}$＝91,074円

　　→91,000円

③消費税と地方消費税の合計納税額

322,900円＋91,000円

＝413,900円

（注）課税標準額に対する消費税額の計算で78%を掛けるのは、7.8%分の消費税を算出するという意味。

げ計算の特例が必要となりましたので、下記のように経過措置として認めることとされました。

積み上げ計算の特例が適用される経過措置とは

　課税標準額に対する消費税額の計算における積み上げ計算の特例は、対消費者取引を数多く行なう小売業者を念頭に置いたものですが、税抜価格をもとに外税方式で転嫁する例が多い事業者間取引にも適用されています。

　こうした取引の実情に配慮して、積み上げ計算の特例について、現行では次の3つの経過措置が設けられています。

①総額表示義務の対象とならない取引（事業者間取引など）

　消費税の総額表示義務は、もともと消費者に対する小売段階にのみ適用することとされており、いわゆる事業者間取引は対象とされていませんでした。このため、総額表示義務の一時的な解除とは関係なく、事業者間取引の

多くは、外税方式による代金決済が行なわれていくものと想定されます。

　そこで、総額表示義務の対象とならない取引については、当分の間、税抜価格を前提とした積み上げ計算の特例を適用することができます。

　なお、総額表示義務の対象とならない事業者間取引などで、税込価格をもととした内税方式で代金決済を行なう場合には、次の②の経過措置の適用を受けることができます。

②税込価格を基礎とした代金決済を行なう取引

　いわゆる内税方式では、税込価格をもとに代金の決済が行なわれます。その際に発行される領収書等において、その領収金額に含まれる消費税相当額（その領収金額に110分の10または108分の8を乗じて計算した金額）の1円未満の端数を処理したあとの金額を明示している場合は、当分の間の措置として、その明示された端数処理後の消費税相当額をもとに、課税標準に対する消費税額の計算を行なうことが認められます。この経過措置が適用できる例とできない例は**図5-5**のとおりです。

　なお、この経過措置は、110ページで説明する積み上げ計算の特例の要件と同様に、一領収単位ごとの消費税相当額の端数を処理した場合に適用されるものであり、商品やサービスの単品ごとに端数を処理した消費税相当額を明示しても認められません。

③総額表示義務の対象となる取引（対消費者取引）で税抜価格を基礎とした代金決済を行なう取引

　小売業者などに適用される総額表示義務について、いわゆる誤認防止措置を講じることを要件として一時的に解除されることは、繰り返し説明したとおりです。

　そこで、代金決済において、本体価格と消費税等相当額を区分して領収する外税方式を採用し、消費税相当額の1円未満の端数処理をしているときは、当分の間の措置として積み上げ計算の特例を適用することとされています。

　なお、この経過措置は、2014（平成26）年4月1日以後に行なわれる課税資産の譲渡等から適用されます。

　以上の経過措置の適用関係をまとめると、110ページ表のとおりです。

第5章●売上に係る消費税はこう計算する

図5-5●経過措置が適用される例と適用されない例

・税込みの単価148円（税抜きの単価135円）のＡ商品を3個販売した場合

①税込価格で代金決済をしている場合に経過措置が適用される例

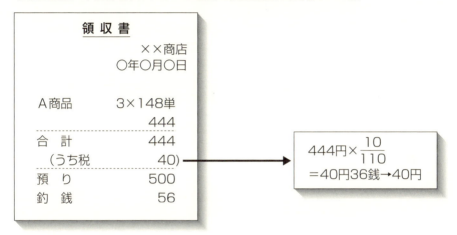

②税抜価格で代金決済をしているため経過措置が適用されない例

	「税抜価格」を基礎とした代金決済を行なう場合	「税込価格」を基礎とした代金決済を行なう場合
事業者間取引	前記の経過措置①を適用（当分の間）	前記の経過措置②を適用（当分の間）
対消費者取引	前記の経過措置③を適用（2014年4月1日から当分の間）	前記の経過措置②を適用（当分の間）

● 積み上げ計算の特例が認められるための要件は？

　積み上げ計算の特例が認められるのは、一定のルールに従って代金を受領している場合に限られます。

　そのルールとは、「本体価格と消費税額等を区分して領収する」ことですが、一般的には、次の2つが考えられます。

　①税抜きの本体価格と消費税額等とを表示して区分する方法

　②税込価格と消費税額等を表示して区分する方法

　このうち①は、「本体価格1000円、消費税額等100円」と表示する方法であり、②は、「税込価格1100円（うち消費税額等100円）」とする方法です。

　要するに、区分の内訳について、領収する事業者だけが知っているというのはダメで、領収書や請求書において相手方に区分の内訳を明示しなければならないということです。

　したがって、「領収金額1100円（この中には10％の消費税が含まれています）」というのは、相手方に区分を明示したことにはなりません。

　また、領収した税込金額を、事業者の経理上だけ本体価格と消費税額等を区分（税抜経理方式）しても、その内訳が相手方に明示されていませんから、やはり積み上げ計算の特例は認められません。

　さらに、積み上げ計算の特例の適用を受けるためには、10％または8％分の消費税額等の計算の単位にも注意が必要になってきます。もっとも、1回の取引で1つの商品が譲渡され、しかも現金で決済という場合はとくに問題にはなりません。その商品の本体価格に10％または8％を掛け、1円未満の端数を処理した金額が消費税額等になるだけです。

図5-6●積み上げ計算の特例が認められる転嫁の方法

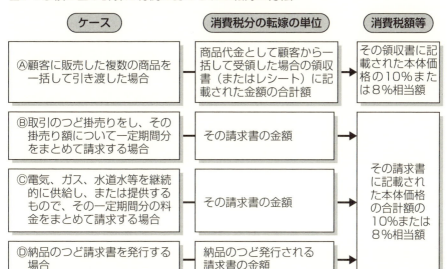

　問題になりやすいのは、1回の取引で複数の商品を販売する場合や、継続的な取引関係にある取引先に対し、一定期間分を掛売りし、複数回分をまとめて請求するような場合です。
　これらについては、**図5-6**のようなルールが定められています。要するに、個々の商品単位ではなく、ケースⒶは領収書単位で、ケースⒷ～Ⓓは請求書単位で、それぞれ本体価格の合計額の10％または8％相当額（1円未満の端数処理）を消費税額等とするということです。

●区分経理が困難な事業者には売上税額の計算の特例がある

　2019（令和元）年10月1日から、飲食料品に対する軽減税率制度が導入されます。このため、飲食料品の譲渡を行なう事業者は、売上のつど、標準税率の対象になる商品と軽減税率の対象になる商品に区分して売上高を管理し、経理処理を行なって消費税の申告に備えなければなりません。
　ただ、そうはいっても、飲食料品を扱う小規模な事業者のなかには、こう

した区分を行なうことが困難な例が少なくありません。そこで、基準期間における課税売上高が5000万円以下である事業者については、2019（令和元）年10月1日から2023（令和5）年9月30日までの期間の売上に限り、次の①から③までのいずれかの方法で売上税額を計算できる特例措置が講じられています。

①通常の事業を行なう連続する10営業日の「軽減売上割合」による方法

この方法は、飲食料品と飲食料品以外の商品を扱う事業者について、上記の特例措置の適用期間における連続する10営業日の「軽減売上割合」を求め、その割合で軽減税率対象資産の譲渡等の対価の額（軽減税率適用分の売上高）と標準税率対象資産の譲渡等の対価の額（標準税率適用分の売上高）を区分するものです（図5-7）。

図5-7●「軽減売上割合」による課税標準額の区分方法

$$軽減売上割合 = \frac{分母のうち軽減対象資産の売上高}{適用対象期間中に通常の事業を行なう連続する10営業日中の税込売上金額の合計額}$$

$$\begin{pmatrix} 軽減税率適用分 \\ の課税標準額 \end{pmatrix} = \left[\begin{pmatrix} 適用期間中の税込 \\ 売上金額の合計額 \end{pmatrix} \times \begin{pmatrix} 軽減売上 \\ 割\quad合 \end{pmatrix} \right] \times \frac{100}{108}$$

$$\begin{pmatrix} 標準税率適用分 \\ の課税標準額 \end{pmatrix} = \left[\begin{pmatrix} 適用期間中の税込 \\ 売上金額の合計額 \end{pmatrix} - \begin{pmatrix} 軽減税率分の \\ 税込売上金額 \end{pmatrix} \right] \times \frac{100}{110}$$

なお、上記の「連続する10営業日」は、適用対象期間中であればいつかは問われませんから、たとえば「バーゲンセール」や「年末セール」といった期間であってもかまいません。ただし、飲食料品のみを販売するというのは「通常の事業」ではありませんから、その期間から10営業日をとることはで

きません。

②卸売業および小売業について「小売等軽減仕入割合」による方法

この方法は、卸売業と小売業について認められますが、**図5-8**によりますから、軽減税率の対象となる飲食料品の仕入と標準税率の対象となるその他の仕入に区分できる場合でなければ適用できません。

なお、この方法は、簡易課税制度と併用することはできません。

図5-8●卸売業および小売業について「小売等軽減仕入割合」による方法

小売等軽減仕入割合 ＝
$$\frac{\text{分母のうち軽減対象資産の譲渡等のみに要するものの金額}}{\text{適用期間中における税込課税仕入のうち卸売業}}$$
および小売業にのみ要するものの金額の合計額

軽減税率の対象となる卸売業および小売業分の課税標準額 ＝
適用期間中の卸売業および小売業の税込売上金額×小売等軽減仕入割合

標準税率の対象となる卸売業および小売業分の課税標準額 ＝
$$\left[\begin{array}{l}\text{適用期間中の卸売業および}\\\text{小売業の税込売上金額}\end{array}\right] - \left[\begin{array}{l}\text{軽減税率の対象となる卸売業および}\\\text{小売業分の税込売上金額}\end{array}\right]$$

③軽減売上割合または小売等軽減仕入割合を50％として計算する方法

上記①または②の適用を受けようとする事業者が、①の「軽減売上割合」または②の「小売等軽減仕入割合」の計算を行なうことが困難である場合には、「100分の50」を「軽減売上割合」または「小売等軽減仕入割合」としてみなして上記①または②の適用を受けることができます。

なお、この方法は、適用対象期間の課税売上の合計額のうち、軽減税率の対象資産の税込売上の割合が50％以上である事業者について適用できます。

課税標準額はこう計算する

●原則は税抜きの対価による

　売上に係る消費税の計算方法はおわかりいただけたと思いますが、その計算の基礎となる課税標準は、前述のとおり、税抜きの対価となります。この場合の「対価」について、いわゆる低廉譲渡があっても、金銭で収受するときは、その資産の時価ではなく、実際の対価が課税標準になるのが原則です（ただし、役員に対する資産の贈与などの特例があります）。

　もっとも、対価として金銭以外のモノを受け取る場合は、その時価を対価として消費税が課税されますから、この場合は、その時価が課税標準になります。この点は、52ページの「対価性」のところで触れましたが、資産の交換や代物弁済などによる資産の譲渡について、図5-9にまとめておきましょう。

図5-9●譲渡の形態で課税標準額の扱いは変わる

譲渡の形態	対価の額（課税標準額）
資産の交換	その交換により取得する資産の取得時の価額（時価）による。この場合、交換差金を収受するときは、その資産の価額に交換差金の額を加算した金額とし、交換差金を支払うときは、その資産の価額から交換差金の額を控除した金額とする
代物弁済	その代物弁済により消滅する債務の額による。 ただし、その代物弁済により譲渡する資産が債務の額を上回るため、清算金を受けるときは、その債務の額に清算金の額を加算した金額とする
負担付き贈与	その負担付き贈与により負担する価額による
現物出資	その出資により取得する株式または出資の取得時の価額（時価）による。 ただし、いわゆる変態現物出資の場合は、当事者間の契約により収受すべき額による

●こんなケースでは課税標準額の計算に注意

資産の取引形態はさまざまですから、消費税の計算でとまどうケースもないとはいえません。そこで、いくつかのケースについて、課税標準額の取扱いを説明しておきましょう。

①委託販売の手数料

いわゆる委託販売では、受託者は委託販売手数料を収受し、委託者は、商品等の販売価額から受託者の手数料を差し引いた金額を収受します。

この場合、委託商品の販売価額が5000円、受託者の手数料が100円とすると、課税標準額は、図5-10のようになります。要するに、委託者においては、委託手数料を控除したネットの受取額を課税標準としてもよいし、手数料控除前のグロスの販売価額を課税標準としてもよいということです。

この場合、前者の方法によると、小規模事業者の免税点（226ページ）や簡易課税制度の適用基準額（246ページ）を判定する際の課税売上高は、ネットの金額で判定することができます。

②別途収受する配送料

商品等を5000円で販売し、配送を依頼されたため、配送料500円を収受したという場合は、その合計額5500円が課税売上として課税標準額になるのが原則です。しかし、その事業者が配送業者に配送を委託する場合は、顧客から500円を預かり、本人に代わって配送業者に支払うにすぎません。

そこで、収受した配送料を預り金または仮受金とし

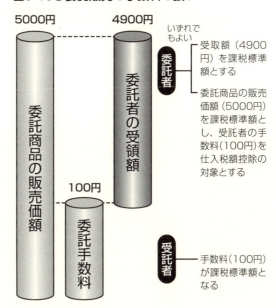

図5-10●委託販売の手数料の扱い

て区分経理し、配送業者に支払う際にその預り金等を払い出す処理をしている場合は、その配送料を課税標準に含めなくてよいこととされています。

　また、これと同じようなケースとしては、レストラン等で顧客のためにたばこを買い置きしている場合や、印刷業者が郵便はがきの代金を顧客から預かる場合などが該当します。

　もっとも、配送料を課税標準に含めなくてよいのは、配送を他の業者に委託する場合に限り認められる処理です。したがって、販売した業者が自ら配送するときは、収受した配送料は課税売上に含まれます。また、たばこや郵便はがきの例では、たばこ代やはがき代に一定の利益を乗せて顧客から代金を収受すると、課税売上として処理しなければなりません。

③資産の下取り

　中古の自動車を50万円で下取りし、200万円の新車を販売したという場合、自動車販売会社は、その差額150万円を収受します。

　この場合の課税標準と課税仕入は、

　資産の譲渡対価（課税標準額）……200万円

　下取り車の課税仕入の金額……50万円

となります。要するにネットの受取り額150万円を課税売上とすることはできないということです。

　逆にいえば、車を購入した側は、中古自動車の下取り額50万円が課税売上となり、新車の購入価額200万円は課税仕入として処理するわけです。

④資産の貸付けに伴う共益費

　建物の賃貸にあたり、家主が賃借人から電気、ガス、水道等の実費として共益費を収受する例があります。この共益費は、家主からみれば、資産の貸付けに付随する対価ですから、家賃と同様に対価となるのが原則です。

　ただし、それぞれの部屋等にメーターを取り付けるなどして実費精算されるもので、その額を賃借人に明示し、預り金または立替金として処理しているときは、その共益費収入を貸付けの対価としなくてもかまいません。もっとも、建物が住宅用であれば、家賃も共益費も非課税です。

⑤課税資産と非課税資産の一括譲渡

　消費税の課税される資産と課税されない非課税資産を同時に一括して譲渡

した場合は、全体の対価のうち、課税資産に対応する金額が課税標準になります。

これに該当する典型的な例は、土地と建物を一括して譲渡した場合で、建物の対価だけを課税売上として課税標準額を計算する必要があります。

この点は、第3章の非課税取引のところで説明したとおりです。要するに、全体の対価の額を合理的に区分するわけですが、それが区分されていないときは、

$$全体の譲渡対価の額 \times \frac{建物の時価}{土地の時価 + 建物の時価} = 建物の譲渡対価の額$$

という計算で、課税標準額を求めるわけです。

⑥対価が未確定の場合

期末までに商品の納入をしたが、売値が確定していないという場合があります。このようなときでも、法人税の取扱いでは、その価額を見積もり、売上を計算しなければなりません。消費税もこれと同じです。期末時点の現況で対価の額を見積もり、課税標準額を算定することとされています。なお、その後に確定した対価の額と見積もり額とに差額が生じたときは、確定した時点の課税期間で調整することになります。

⑦外貨建て取引の場合

資産を外貨建てで譲渡した場合は、円に換算しなければ経理処理はできません。法人税法や所得税法には、外貨建て取引を行なった場合の売上計上方法について、円換算をするルールが定められています。

消費税の課税標準額の計算もこれに合わせて行なうのが便利ですから、法人税・所得税の計算による売上金額がそのまま消費税の課税売上になります。

なお、外資建債権や債務についての為替換算差損益または為替差損益は、資産の譲渡対価ではありませんから、課税売上にも課税仕入にも含まれません。消費税の計算には関係させないということです。

⑧未経過固定資産税の精算金

土地や建物の売買をしたことのある方はご存じと思いますが、譲渡代金の

決済とは別に、引渡し日を基準として固定資産税の精算を行なうのが一般的です。

　固定資産税は、その年の１月１日（賦課期日）現在の所有者に、その年分の全額が課税されます。このため、年の中途で売買を行なうときは、所有期間に応じて固定資産税の負担額を調整する必要があるのです。１月１日から売買による引渡し日までは売主の負担、引渡し以後の分は買主の負担ですから、精算金は買主から売主に支払われます。

　問題は、この場合の固定資産税が資産の譲渡対価に含まれるか否かです。土地を8000万円、建物を2000万円（合計１億円）で売買し、固定資産税の精算金として土地分70万円、建物分30万円（合計100万円）を授受したとしましょう。

　固定資産税が単なる「租税公課」であれば、対価性はなく、100万円は課税対象外取引です。逆に、資産の譲渡対価に含まれるとすれば、土地は8070万円、建物は2030万円で売買したと考えなければなりません。

　結論をいうと、税務の扱いは後者、つまり固定資産税の精算金は、資産の譲渡対価を構成することとされています。理由は、買主の支払う精算金は、固定資産税の課税団体である市町村に納税するものではなく、資産の売買に伴って当事者間で授受されるものであるから、売買代金の一部と考える、というものです。

　したがって、消費税の課税標準額を計算するときの建物の譲渡対価は、2000万円ではなく、2030万円としなければなりません。また、土地の譲渡は非課税ですが、「課税売上割合」を算定するときの非課税売上高は、8070万円としなければなりません。

　なお、この場合に、建物を取得した事業者の課税仕入の額は2030万円ですから、その額に110分の7.8を掛けた金額の仕入税額控除を適用することができます。

　固定資産税の精算金とはいっても、その中身は固定資産税という租税であることは間違いないのだから、譲渡対価と考えるのはおかしいという意見もあります。しかし、税務の扱いはこのようになっていますので、不動産売買の際はよく注意してください。

●輸入取引の課税標準は？

　消費税の課税標準に関するこれまでの説明は、国内取引についてのものです。輸入取引、すなわち保税地域から引き取られる課税貨物にも消費税が課税されますが、この場合の課税標準は**図5-11**のとおりです。

　なお、課税価格が1万円以下の輸入貨物については関税が免除され、この場合は消費税も免税になります。

図5-11●輸入取引の課税標準

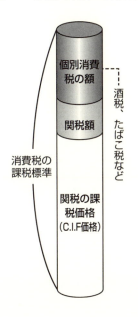

③ みなし譲渡の課税標準は？

● 販売価額の50%未満は時価課税

資産の無償取引は消費税の課税対象外取引になりますが、その例外として「みなし譲渡」の規定があることは、58ページで説明しました。みなし譲渡とは、次の２つですが、これらに該当するときは、原則として、その資産の時価が消費税の課税標準額になります。

①**法人が資産をその役員に贈与した場合**

②**個人事業者が棚卸資産または事業用資産を家事消費や家事使用した場合**

このうち、①には資産の低廉譲渡も含まれ、時価課税になるのですが、低廉譲渡になるのは、役員に対する資産の譲渡価額が、その資産の通常の販売価額のおおむね50%未満の場合とされています。したがって、通常の販売価額の50%以上の価額で譲渡した場合は、低廉譲渡には該当せず、実際の譲渡価額を消費税の課税標準額としてかまいません。

なお、この場合の「時価」は、その事業者が消費税の経理処理で税抜経理方式によっているときは税抜きの時価により、税込経理方式によっているときは税込みの時価で判定することになります。

● 棚卸資産は課税仕入の価額以上であれば申告が認められる

役員に贈与した資産が棚卸資産である場合は、その棚卸資産の仕入価額も勘案して課税標準額が算定されます。すなわち、役員に対する贈与資産が棚卸資産の場合、その棚卸資産の課税仕入の金額以上で、かつ、通常の販売価額の50%以上の価額を課税標準額として消費税の確定申告をしていれば、その申告が認められるのです。

また、低廉譲渡に該当する場合でも、その資産の譲渡が、役員と使用人の全部について、一律または勤続年数等に応ずる合理的な基準により普遍的に

図5-12●役員に資産を贈与・低廉譲渡した場合は？

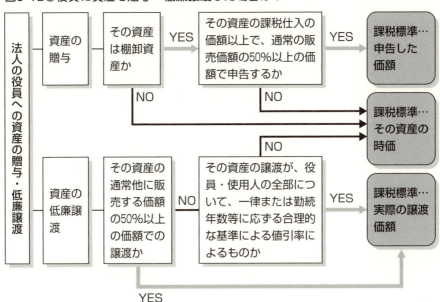

定められた値引率にもとづいて行なわれたときは、実際の譲渡対価が課税標準額になります。これらを図でまとめると**図5-12**のとおりです。

　なお、個人事業者の棚卸資産の家事（自家）消費も、役員への資産の贈与と同様に扱われます。棚卸資産の課税仕入の金額以上で、かつ、販売価額の50％以上の金額で申告すれば、その方法が認められることになっています。

個別消費税と消費税の課税標準の関係

● 酒やたばこはタックス・オン・タックスになる

　この章では、事業者が消費税の申告をするときの課税標準額について説明しているのですが、これに関連した話として、消費税以外の個別消費税のことに触れておきましょう。

　お酒やたばこといったし好品には、酒税やたばこ税がかけられていることはご存じかと思います。これらの税も最終的には消費者が負担しているのですが、実際に納税しているのは、酒造会社やJT（日本たばこ産業株式会社）です。

　問題は、これらの税と消費税との関係にあります。酒税やたばこ税は、酒やたばこの価格に含まれているのですが、その価格は本体価格と税が区別されていません。

　つまり、これらの税金は、製品のコストと考えられているのです。このため、酒税やたばこ税を含めた製品価格が消費税の課税標準となるのです。

　要するに、酒税やたばこ税の上にさらに消費税と地方消費税がかかっているわけで、いわゆるタックス・オン・タックスになるのです（**図5-13**）。

　したがって、事業者が酒やたばこを購入した場合の仕入税額控除額は、購入価額の110分の7.8で計算することになります。

● ゴルフ代はタックス・オン・タックスにならない

　ゴルフをされる方はご存じと思いますが、プレー費用を支払う際にはゴルフ場利用税（標準税率1人1日800円、制限税率同1200円）が徴収されることになります。

　ゴルフ場利用税は、ゴルフ場が所在する道府県が課税団体で、ゴルフ場が特別徴収義務者となってその利用者から徴収して納付することとされていま

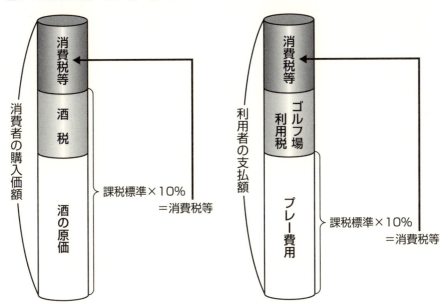

図5-13●酒は税の上に税が課されている　図5-14●ゴルフ代は二重課税にならない

す。

　したがって、本体価格（プレー費用）とゴルフ場利用税とは明確に区分することができます。このため、消費税の課税標準を本体価格のみとすることができますから、酒やたばこと違って、タックス・オン・タックスにはなりません（図5-14）。

　「税金の上にさらに税金をかける酒やたばこはけしからん、ゴルフ代のほうが良心的だ」という見方もありますが、事業者の消費税の実務という観点からみると、ゴルフ代のほうがやっかいです。

　というのは、ゴルフ代はタックス・オン・タックスではないため、支払額から消費税分を抜き出すとき、つまり、仕入税額控除額となる消費税を計算するときには、次ページ図5-15のようにしなければならないのです。

　こうなると、酒やたばこのようにタックス・オン・タックスのほうがいい、ということになるのですが、このあたりは、税の体系を見直して、もう少しすっきりしたものにしてもらいたいところです。

図5-15●ゴルフ代の消費税計算はやっかい

ゴルフの場合の仕入税額控除額

$$（支払額－ゴルフ場利用税）\times \frac{7.8}{110}$$

$$=課税仕入に係る消費税額$$

（例）プレー費用（税抜金額）28,000円、ゴルフ場利用税800円、消費

税等（10%）2,800円、支払合計額31,600円とすると、

$$（31,600円－800円）\times \frac{7.8}{110}=2,184円$$

なお、ゴルフ場利用税と同様の扱いになるものに軽油引取税があります。この税は、特約業者が特別徴収義務者で、軽油を引き取る者が納税義務者になります。この場合の事業者（特約業者）の消費税の課税標準は、本体価格（軽油の価額）と軽油引取税を区分している限り、本体価格となります。

● 振込手数料に含まれる印紙税はどう扱われるか

銀行で振込送金をして手数料440円を支払ったという場合、手数料の本体価格は400円で、40円は10%分の消費税です。

ただし、この400円の中には、実は印紙税が含まれているのです。振込送金を依頼すると、銀行は振込金受取書を作成するのですが、これは印紙税の課税文書です。

この場合の印紙税の納税義務者は、振込みを依頼した顧客ではなく、銀行です。このため、顧客から受領する印紙税相当額は、課税資産の譲渡等（振込みという役務の提供）の対価の一部と考えることができます。要するに、酒やたばこと同じになるわけで、印紙税分を含んだ手数料の全体が消費税の課税標準になるということです。

これとは逆に、顧客（購入者）が納付すべきものとされている税金について、譲渡者が顧客から預かって（あるいは立て替えて）国等に納付するものは、譲渡者の役務提供の対価にはなりません。

これに類するものとしては、登録免許税、自動車重量税などがあります。たとえば、自動車販売業者が顧客から自動車重量税を受け取る場合です。これは、販売した自動車の登録の委託を受けたため、顧客が納付すべき税金を販売業者が代わりに納付するもので、単なる預り金または立替金にすぎません。

したがって、販売した自動車の譲渡対価にはならず、消費税の課税標準には含まれないというわけです。

● 報酬・料金の源泉所得税は２通りの徴収方法がある

弁護士や税理士の報酬、原稿料、講演料、外交員報酬などの支払いの際は、支払者において所得税の源泉徴収をしなければなりません。

消費税の課税標準は、課税資産の譲渡等の対価ですから、源泉徴収の対象となる報酬・料金等の場合は、受取者からみれば、源泉徴収前の金額が対価として課税標準になります。

したがって、消費税を含めた金額が源泉徴収の対象となるのが原則です。ただし、その支払いを受ける者からの請求書等において、報酬・料金の額（本体価格）と消費税の額が区分されているときは、その区分された報酬・料金の額を源泉徴収の対象額としてもよいこととされています。

要するに、税理士報酬10万円、消費税1万円という場合、1万1000円を源泉徴収するのが原則なのですが、請求書等に1万円の消費税が別記されていれば、1万円の源泉徴収でよいということになっています。

なお、報酬・料金に対する源泉徴収の税率は10％（復興特別所得税を含めると10.21％）ですが、同一人に対し1回に支払われる金額が100万円を超えるときのその超える部分は20％（同20.42％）です。

また、司法書士や土地家屋調査士の場合は、1回に支払われる金額から1万円を控除した金額が源泉徴収の対象となることにもご注意ください。

● 契約書の作り方で印紙税は変わる

消費税の課税標準の話とは関係ありませんが、先ほど銀行の振込料と印紙税のことをお話ししましたので、契約書や領収書に貼る印紙について少しみておきましょう。

各種の契約書や商品代金の受取書（領収書）には、記載金額に応じた一定額の印紙の貼付を要することはご存じのとおりです。この場合の記載金額について、本体価格と消費税等の額（消費税と地方消費税の合計額）が区分して明記されているときは、本体価格に応ずる印紙税の額としてよいこととされています。

たとえば、請負契約書において、「請負金額1000万円、消費税・地方消費税100万円、合計1100万円」とした場合や「請負金額1100万円（うち、消費税等の額100万円）」とした場合は、1000万円に対する印紙を貼付すればよいわけです。また、「請負金額1100万円（税抜価格1000万円）」とした場合も消費税等の額が容易に計算できるため同様に扱われます。

ただし、「請負金額1100万円（消費税等を含む）」としたり、「請負金額1100万円（10％分の消費税を含む）」というのは、区分して明記されていることにはなりません。

領収書では、「5万2800円（税抜価格4万8000円）」とした場合や「5万2800円（うち消費税額等4800円）」とした場合は、記載金額が5万円未満のものとして印紙を貼付する必要はありません。もちろん「5万2800円（税抜価格4万8000円、消費税額等4800円）」とした場合も印紙税は非課税です。

これに対し、単に「5万2800円」と記載した場合や「5万2800円（税込み）」という領収書は、記載金額が5万円以上に該当するものとして、印紙税の課税文書となります。

いずれにしても、契約書の作り方や領収書の書き方しだいで印紙の額が大きく変わることがあります。ムダな印紙税を払わないようにご注意ください。

なお、本体価格と消費税等の額を区分記載した場合に本体価格に応ずる印

紙税としてよいのは、次の課税文書に限られます。

①**不動産の譲渡等に関する契約書**

②**請負に関する契約書**

③**金銭または有価証券の受取書（領収書）**

　したがって、約束手形や為替手形にはこのような取扱いは適用されません。取引価額と消費税および地方消費税の合計額が記載金額になりますから、その合計額に応じた印紙を手形に貼付しなければなりません。

⑤ 売上の値引き、返品が あったとき

● 値引き、返品、割戻しの調整とは

いったん売上に計上した商品等が、その後に返品されたり、値引きをしなければならなくなった場合、あるいは、売上について割戻し（リベート）をして一定の金銭等を支払うことがあります。

これらは、当初の売上のマイナス項目ですから、何らかの調整をしないと、売上に係る消費税の当初申告額が過大になってしまいます。そこで、値引きや返品等があったときは、その課税期間で納付する消費税の調整計算を行ないます。

ここで、少し言葉の使い方に注意していただきたいのは、値引き、返品、割戻し等を消費税法では、**売上に係る対価の返還等**といい、調整する消費税の額を**返還等対価に係る税額**と呼んでいることです。消費税の実務で、この言葉が出てきたら、先に述べたような意味だと思ってください。

なお、売上の割戻しとは、販売高や販売数量に応じて得意先に金銭を支払うものですが、この場合の得意先には、売上の直接の相手方である卸売業者のほか、その販売先である小売業者も含まれますから、その小売業者等に支払ういわゆる飛越しリベートも対価の返還等に該当します。また、販売奨励金等として金銭で支払われるものも、販売高等に応じたものであれば、割戻しと同様です。

● 対価の返還等の調整は税額控除として行なう

売上に係る対価の返還等があった場合は、その返還等の対価の額に110分の7.8（軽減税率の適用分は108分の6.24）を掛けてその税額を算出し、申告税額の調整を行ないます。

この場合、申告実務で注意していただきたいのは、返還等対価に係る税額

は、売上に係る消費税額（課税標準額に対する消費税額）からマイナスするのではなく、「税額控除」の１項目とされていることです。消費税の申告書の書き方は、第10章であらためて説明しますが、とりあえず、この部分の調整方法を申告書面で確認すると、次ページ図5-16のとおりです。

このように説明すると、ウチの会社は、値引きがあると、

売上値引　×××円　／　売掛金　×××円

という処理ではなく、

売　上　×××円　／　売掛金　×××円

というように、売上高から直接マイナスしているから、税額控除などといわれると申告書が書きにくい、という声も聞こえそうです。

そこで、売上の値引き、返品等があった場合に、その額を課税売上高から控除し、控除後の金額を課税標準額として申告する方法も認められています。

次ページ図5-16の例でいえば、**図5-17**のようにすればよいわけで、いずれの方法をとっても、結果は同じになります。

ただし、値引き額等を売上高から直接控除する方法では、誤った申告になるおそれがないとはいえません。それは、いわゆる免税事業者が課税事業者になったあとに、値引きや返品などが生じた場合です。

小規模事業者の場合は、消費税の納税が免除される特例がありますが、免税事業者の売上には消費税が含まれていません。そうすると、免税事業者であった期間の売上について、課税事業者になった期間に対価の返還等が生じても、消費税額の調整はできないことになります。値引き等について、

売　上　×××円　／　売掛金　×××円

という処理をしていると、その値引き等がいつ発生したものかがわかりにくくなります。その結果、課税売上の金額をマイナスしたまま課税標準額とし、いわば過少申告になる可能性がないとはいえません。

いずれにしても、免税事業者が今期から課税事業者に昇格したという場合は、この点に十分な注意が必要です。

図5-16●対価の返還等があった場合は？

例

①当期中の課税売上高　229,032,980円（税込金額）

②前期の売上についての返品額　2,019,600円（　〃　）

③前期の売上について当期中に値引きした額

1,094,500円（　〃　）

計算

1．売上に係る消費税額

課税標準額……　$229{,}032{,}980円 \times \frac{100}{110} = 208{,}211{,}800円$

→208,211,000円

消費税額…………　208,211,000円×7.8%＝16,240,458円

2．返還等対価に係る税額（控除税額）

$(2{,}019{,}600円 + 1{,}094{,}500円) \times \frac{7.8}{110} = 220{,}818円$

3．調整後の税額

16,240,458円－220,818円＝16,019,640円

この申告書による消費税の税額の計算

			十	兆	千	百	十	億	千	百	十	万	千	百	十	一円	
課税標準額		①						2	0	8	2	1	1	0	0	0	03
消費税額		②							1	6	2	4	0	4	5	8	06
控除過大調整税額		③															07
控除税額	控除対象仕入税額	④															08
	返還等対価に係る税額	⑤									2	2	0	8	1	8	09
	貸倒れに係る税額	⑥															10
	控除税額小計（④＋⑤＋⑥）	⑦															
控除不足還付税額（⑦－②－③）		⑧															13
差引税額（付表3③）（②＋③＋⑦）		⑨													0	0	15

図5-17●返品された額を課税売上額から控除することもできる

売上に係る消費税額

課税標準額…｛229,032,980円−（2,019,600円＋1,094,500円）｝× $\dfrac{100}{110}$

　　　　＝205,380,800円→205,380,000円 ‥‥‥‥‥‥‥‥‥‥‥

消費税額…205,380,000円×7.8%＝16,019,640円 ‥‥‥‥‥‥

この申告書による消費税の税額の計算		十 兆 千 百 十 億 千 百 十 万 千 百 十 一円	
課 税 標 準 額	①	2 0 5 3 8 0 0 0 0	03
消 費 税 額	②	1 6 0 1 9 6 4 0	06
控除過大調整税額	③		07
控除税額	控除対象仕入税額 ④		08
	返還等対価に係る税額 ⑤		09
	貸倒れに係る税額 ⑥		10
	控除税額小計（④+⑤+⑥）⑦		11
控除不足還付税額（⑦−②−③）⑧			13

対価の返還等はいつ計上するか

　売上の値引き、返品、割戻しをいつの課税期間で調整するか、つまり計上の時期については、法人税の取扱いに合わせることとされています。その内容を次ページ**図5-18**にまとめておきますので、参考にしてください。

　このうち、売上割戻しの③の特例における「実質的に相手方に利益を与える」とは、次のような場合も該当します。

①相手方との契約により保証金等に代えて有価証券その他の財産を提供できることとしている場合

②保証金等として預かっている金額が売上割戻しの金額のおおむね50％以下である場合

　なお、消費税において対価の返還等の税額調整を受けるためには、対価の返還等の事実（課税資産の内容、返還等の年月日、金額など）を記録した帳簿があり、申告期限後7年間、その帳簿を保存しておかなければなりません。

図5-18●値引き、返品等の計上時期

区　　分		取　扱　い	
売上値引き		売上値引きを行なった日に値引き額を計上（または売上高から控除）する	
売上返品		①相手方から返品の通知を受けた日に返品額を計上（または売上高から控除）する ②返品を現実に受け取った日に返品額を計上（または売上高から控除）する （注）①と②のいずれによるかは、法人の選択による	
売上割戻し	①算定基準が販売価額（または数量)によっており、かつその基準が相手方に明示されている場合	原　則	販売をした事業年度の損金
		特　例	継続適用を条件に割戻し額の通知をした日、または支払いをした日の事業年度の損金
	②上記①以外の場合	原　則	割戻し額の通知をした日または実際に支払いをした日の損金
		特　例	割戻し額の算定基準が内部決定されている場合に、その基準により計算した額を期末に未払金計上し、申告期限までに相手方に通知をしたときは、継続適用を条件に、その処理が認められる
	③上記①または②に該当する場合であっても特約店契約の解約など、特別な事実が生じるときまで、または5年超の期間にわたり保証金等として預かる場合	原　則	実際に支払いをした日の事業年度の損金
		特　例	現実に支払いがなくても、保証金等に対する利息を支払うなど、実質的に相手方に利益を与えていると認められるときは、その利益を与えた日の事業年度の損金

貸倒れが生じたときはこうする

●貸倒れ処理できるケースは限定されている

　課税資産を掛売りしたところ、得意先が倒産したため売掛金が回収できなくなった、というのは、結果からみれば、課税資産を無償で譲渡したことと同じです。無償取引は、たびたび説明するとおり、消費税の課税対象外取引です。いったん有償取引として課税売上に含めて申告しているはずですから、そのあとに無償取引になった、つまり貸倒れが生じた場合は、消費税額の調整が必要になります。

　ところで、債権等の貸倒れについては、どのような場合に損失計上できるかが税務では重要です。税務調査では、貸倒れをめぐって、税務上の基準に合致するかどうかがよく問題になるところです。

　税務の取扱いは、消費税と法人税はほぼ同様と考えて間違いありません。法人税で貸倒れ処理が認められれば、消費税でも税額調整が認められ、法人税で否認されれば、消費税の調整も認められないという関係にあるわけです。

　そこで、まず法人税における貸倒損失の取扱いを次ページ図5-19にまとめておきましょう。

　これをみると、「債権の法的消滅」と「経済的実態にもとづく貸倒れ」に区分されています。前者はその事実が生じれば、法人の経理にかかわらず貸倒損失が認められますが（損金経理しないときは、いわゆる申告調整で減算できる）、後者は法人がすすんで損失として経理しないと認められないという違いがあります。

　また、「経済的実態にもとづく貸倒れ」のうち、「形式上の貸倒れ」は、売掛金などの債権だけが対象となり、貸付金などの非売掛債権は対象にならないこととされています。

　さらに、「形式上の貸倒れ」のうち、取引停止後1年以上経過した場合の取扱いは、あくまで継続的な取引を行なっていた債務者に限られます。し

図5-19 ●法人税における貸倒損失の取扱い

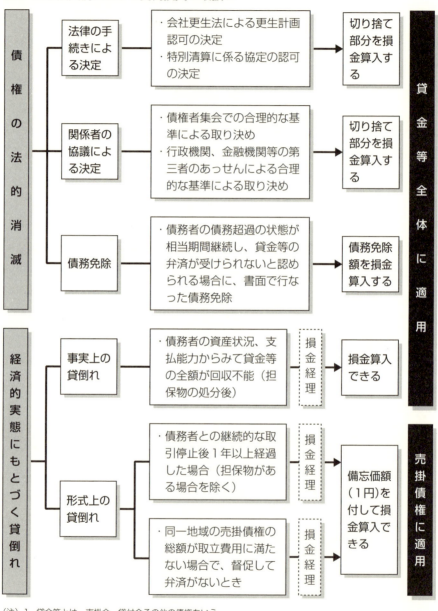

(注) 1. 貸金等とは、売掛金、貸付金その他の債権をいう。
　　 2. 売掛債権とは、売掛金、未収請負金その他これらに準ずる債権をいい、貸付金その他これに準ずる債権を含まない。

第5章●売上に係る消費税はこう計算する

がって、不動産取引のように、たまたま取引を行なったという場合の債権にはこの取扱いは適用できません。

なお、法人税や所得税で認められている貸倒引当金の繰入れは、消費税では税額調整の対象になりません。

● 税込対価の110分の7.8を控除する

売掛金のうち消費税だけ回収するなどということはあり得ませんから、貸倒れが生じたときは、課税資産の譲渡等の税込みの対価をもとに、消費税の税額調整を行ないます。

要するに、課税資産の譲渡等の対価につき、領収できなくなったものの税込価格の110分の7.8（軽減税率適用分は108分の6.24）の調整税額になるわけです。この場合の調整は、前述した値引き等と同じで、税額控除として処理し、申告書に記載することとされています。

なお、免税事業者が課税事業者となった場合で、免税事業者であった期間に発生した売掛金が貸倒れになっても、この税額控除は適用されません。また、貸倒れによる税額控除を受けるためには、貸倒れの事実が生じたことを証する書類を7年間保存しておかなければなりません。

● 売掛金と貸付金が同時に貸倒れとなったときは？

ところで、取引先A社に、売掛金300万円と貸付金100万円の合計400万円の債権を有していたところ、A社が倒産し、債権者集会の決定で50万円だけ回収、残り350万円が切り捨てられたとしましょう。

この場合の350万円の貸倒れ損失について、消費税の処理をどうするかですが、これに110分の7.8（または108分の6.24）を掛けた金額を税額控除するというのは間違いです。

売掛金300万円は、課税資産の譲渡対価でしょうから、税込みの金額ですが、貸付金100万円は資産の譲渡対価ではなく、もともと消費税の計算とは無関係だからです。

図5-20●売掛金と貸付金が同時に貸倒れとなったとき

①Ａ社に対する債権額 ……………………………… 売掛金300万円

貸付金100万円、合計400万円

②上記のうち、貸倒れとなった債権額 ……………………… 350万円

計算

・売掛金の貸倒れ額

$$………………………350万円×\frac{300万円}{400万円}=262万5000円$$

・貸付金の貸倒れ額

$$………………………350万円×\frac{100万円}{400万円}=87万5000円$$

したがって、$2,625,000円×\frac{7.8}{110}=186,136円$が税額控除される。

　といって、貸倒れとなった350万円が、売掛金から構成されるのか、貸付金100万円を含んでいるのかという判別は困難な場合がほとんどです。そこで、消費税の取扱いでは、その区分ができないときは、それぞれの債権額の割合であん分し、課税資産の譲渡対価の貸倒れ額を計算できることとされています。

　Ａ社の例でいえば、**図5-20**のように計算するわけです。

● 貸倒れ処理したあとに回収できたらどうするか

　貸倒れとなった債権が、あとになって回収できるという例はそれほどありませんが、仮に回収できたとすれば、「償却債権取立益」として経理処理することになるでしょう。

　その回収債権が課税資産の譲渡対価であれば、消費税の申告をしなければならないのは当然のことです。この場合は、その回収額に係る消費税額（回

第5章●売上に係る消費税はこう計算する

収額に110分の7.8または108分の6.24を掛けた金額）をその課税期間の課税標準額に対する消費税額に加算することになります。

　要するに、回収した年度にあらためて売上があったと考えればいいわけです。ただし、消費税の申告書上は、回収額をその期の課税標準額に含めるのではなく、消費税分を「**控除過大調整税額**」の欄に記入して、税額加算をすることとされています。

　なお、回収額を課税標準額に含めて計算しても、結果は同じことですが、その回収額は、過年分の売上ですから、その課税期間の課税売上高ではありません。このため、その期の課税標準額に含めると、小規模事業者の免税点（1000万円）や簡易課税制度の基準額（5000万円）の判定で誤るおそれがありますので注意してください。

　貸倒れ損失が生じた場合の税額控除と、過年度の貸倒れ債権を回収した場合の税額加算について、申告書面で示すと、**図5-21**のとおりです。

図5-21●貸倒れが生じた場合と貸倒れ金を回収した場合の処理

●貸倒れが生じた場合……貸倒れ額1,029,000円

$$1,029,000円 \times \frac{7.8}{110} = 72,965円$$

●過年度の貸倒れ金を回収した場合……回収額756,000円

$$756,000円 \times \frac{7.8}{110} = 53,607円$$

この申告書による消費税の税額の計算

		十 兆 千 百 十 億 千 百 十 万 千 百 十 一 円	
課 税 標 準 額	①	0 0 0	03
消 費 税 額	②		06
控除過大調整税額	③	5 3 6 0 7	07
控除税額／控除対象仕入税額	④		08
返還等対価に係る税額	⑤		09
貸倒れに係る税額	⑥	7 2 9 6 5	10
控除税額小計（④+⑤+⑥）	⑦		
控除不足還付税額（⑦−②−③）	⑧		13
差引税額（付表3③）（②+③+⑦）	⑨	0 0	15

137

課税売上はいつ計上するか

● 売上の計上時期は法人税、所得税と同じ

　消費税の納税義務は、課税資産の譲渡等があったときに成立することとされています。したがって、売上の計上時期の問題は、法人税や所得税と同様に重要なチェックポイントになります。
　といっても、売上計上時期の取扱いは、消費税、法人税、所得税の間で異なるところはほとんどありません。現在は、法人税（所得税）と消費税は、同時調査です。一方が否認されれば、いま一方も同時に否認の対象となります。

● 棚卸資産の譲渡は引渡しの日に計上する

　商品等の棚卸資産は、**引渡し基準**で売上計上することとされています。といっても、何をもって「引渡し」とみるかの判断は、必ずしも一律ではありません。税務では次のような基準があり、それぞれの事業者において合理的と思われるものを選択できることとされています。
　①出荷基準……商品等を出荷した日に引き渡したものとする方法
　②検収基準……相手方が検収した日に引き渡したものとする方法
　③使用収益開始基準……土地や機械等の場合、相手方が使用収益できることとなった日に引き渡したものとする方法
　④検収日基準……水道、ガスなどについて、検針等により販売高を確認した日に引き渡したものとする方法
　注意していただきたいのは、これらのうちいずれかの基準を採用したときは、毎期継続して適用しなければならないことです。合理的な理由がなく、みだりに計上基準を変更すると否認の対象となるでしょう。
　なお、棚卸資産が土地の場合で、引渡し日がいつであるか明らかでないと

きは、次のうちいずれか早い日に引渡しがあったものとすることができます。

　①代金の相当部分（おおむね50％以上）を収受するに至った日
　②所有権移転登記の申請（その登記の申請に必要な書類の相手方への交付を含む）をした日

　土地の売上は消費税の非課税取引ですが、仕入税額控除における課税売上割合の算定などの問題があるため、非課税売上の計上時期も重要なことです。

●請負の収益はモノの引渡しを要するものか否かで異なる

　請負には、建物の建築のように、モノの引渡しが必要なものと、設計料や技術指導料のように、モノの引渡しを必要としないものがあります。それぞれについて、収益計上基準をまとめると、図5-22のようになります。

　これらのうち、部分完成基準とは、たとえば、数棟の建物の建設を一括して請け負った場合で、完成して引き渡した棟数に応じて代金を収受する特約や慣行があるときは、全部の引渡しが完了しなくても、その引き渡した部分については収益計上しなければならない、というものです。

　この点は、モノの引渡しを要しない請負も同様です。たとえば、報酬額が現地に派遣する技術者の数や滞在日数等で決められ、一定の期間ごと支払いを受けることになって

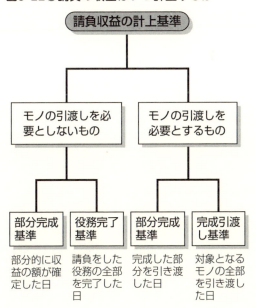

図5-22●請負の収益はいつ計上するか

いれば、それに応じて収益計上をしなければなりません。

固定資産は引渡し基準、有価証券は契約日基準による

　固定資産の譲渡も引渡し基準によりますが、土地や建物などの場合は、その資産の譲渡契約の効力発生の日を譲渡の日とすることができます。

　特許権や実用新案権などのいわゆる工業所有権等の譲渡または実施権の設定については、その譲渡または設定に関する契約の効力発生日に行なわれたものとされます。ただし、その契約の効力が登録により生ずることになっている場合は、その登録日に収益計上することも認められます。

　いわゆるノウハウの設定契約に際して受け取る一時金や頭金は、そのノウハウの開示を完了した日が収益計上時期です。

　ただし、ノウハウの開示が２回以上にわたって分割して行なわれる場合で、その一時金または頭金の支払いがほぼこれに見合って分割して行なわれるときは、部分的に収益が確定したものとみて、その開示した日に収益計上しなければなりません。

　なお、株式や債券などの有価証券の譲渡は契約日基準とされており、いわゆる信用取引や発行日取引で株式の売付けをした場合は、その売付けに係る取引の契約日が株式の譲渡の日となります。

預金、貸付金の利子は利払日計上が認められる

　消費税法は「利子を対価とする資産の譲渡等の時期」という言い方をしますが、要するに預金の利子や貸付金の利子の計上時期です。これらの利子の収益計上基準は次の２つです。

　①発生基準（原則）……利子の計算期間に応じて計上する
　②利払日基準（特例）……利子の支払期日が１年以内の一定の時期ごとに
　　　到来するものについて、継続して受取日に計上する

　事業者が金融業や保険業を営む場合は、①の原則によらなければなりませんが、これら以外の一般の事業者であれば、②でかまいません。ただし、継

第5章●売上に係る消費税はこう計算する

続適用が要件です。

資産の賃貸料は契約に定められた日を原則とする

家賃など資産の賃貸借契約に基づく使用料については、**図5-23**のように定められています。不動産の賃貸借契約では、その月の使用料は前月中に支払うこととされているのが通常です。このため、原則的取扱いでは、1か月の前払い分も支払日に収益計上しなければなりません。ただし、継続的に前受経理をしていれば、支払いの応答月の収益とすることができます。

図5-23●資産の賃貸借契約に基づく使用料の扱い

区　　分			収益計上時期
原則	契約や慣習により支払日が定められているもの		契約等で定められた日
特例	支払日が定められていないもの	請求があったときに支払うこととされているもの	請求のあった日
		上記以外のもの	支払いを受けた日
	紛争が生じている場合	賃貸料の増減に関する紛争　供託された金額	契約等で定められた日
		供託金を超える部分の金額	判決、和解等で紛争が解決した日
		賃貸借契約の存否に関する紛争	

収益計上基準の特例が適用される場合もある

法人税（所得税）では、長期割賦販売等と長期工事等の2つについて、収益と費用の計上時期の特例をおいています。その概要は、次ページ**図5-24**のようになっています。消費税もこれに合わせないと実務上の支障が生じますから、収益計上時期の特例としてこれらの方法が認められています。

これらの関係をまとめると、**図5-25**のようになります。つまり、法人税（所得税）で延払基準や工事進行基準で経理したときは、消費税では、これらの特例によって課税売上を計算してもいいし、本来の引渡し基準でもよいということです。もちろん、法人税（所得税）で引渡し基準によっていれば、消費税も自動的に引渡し基準となります。また、長期割賦販売等に該当しても、当初から延払基準で経理しなかったときは、消費税も引渡し基準になります。

141

図5-24●法人税における収益と費用の計上時期の特例

長期割賦販売等	長期割賦販売等をした場合に、その販売等をした事業年度以後の各事業年度において、延払基準の方法により経理したときは、継続適用を条件に、その経理した収益の額および費用の額を各事業年度の益金の額および損金の額に算入できる。 （注）長期割賦販売等とは、対価の額が3回以上に分割して支払われること、支払期間が2年以上であることなどの要件に該当する資産の販売、工事、役務提供をいう
長期工事	①長期大規模工事の請負をした場合には、その着工事業年度以後の各事業年度において、工事進行基準の方法により経理した収益の額および費用の額をその各事業年度の益金の額および損金の額に算入する。 （注）長期大規模工事とは、工事（製造を含む）期間が1年以上で請負金額が10億円以上のものをいう ②長期大規模工事以外の工事（製造を含む）の請負をした場合に、その着工事業年度以後の各事業年度において、工事進行基準の方法により経理したときは、継続適用を条件に、その経理した収益の額および費用の額を各事業年度の益金の額および損金の額に算入できる。

図5-25●消費税における収益計上時期の特例

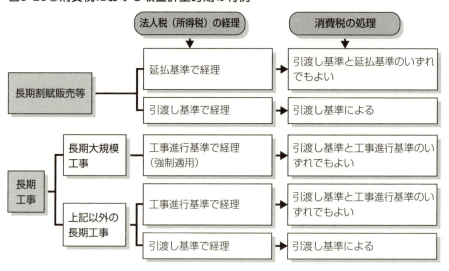

　なお、長期工事のうち「長期大規模工事」については、法人税（所得税）では工事進行基準が強制適用です。しかし、この場合でも消費税は、引渡し基準で課税売上を計上することができます。

　注意していただきたいのは、法人税（所得税）の特例は、収益と費用の両方に適用されるのに対し、消費税は、あくまで資産の譲渡等の時期の特例とされていることです。このため、資産の譲渡等をした事業者の課税売上が特例によって計算されていても、買手側の課税仕入は、実際に引渡しを受けるときまで待たなければなりません。

第6章

仕入税額控除のしくみと計算法

1 税額控除とは
2 仕入に係る消費税の計算のしくみ
3 課税売上割合と仕入税額控除
4 こんな場合は仕入控除税額を調整する
5 どんな仕入が税額控除の対象になるか
6 仕入税額控除はどの時期に行なうか
7 帳簿・請求書の保存がないと控除できない
8 2023年10月からは「適格請求書等保存方式」になる

税額控除とは

● 課税の累積を排除する税額控除とは

　消費税は、前段階税額控除方式による累積排除型の間接税であり、売上に対する（係る）消費税額から仕入・経費等に係る消費税を控除して事業者の納付税額を計算するのが基本的なしくみです。このことは、本書の冒頭で説明したとおりです。

　消費税は、モノやサービスの販売価格に転嫁されることを前提としていますから、売上に対する消費税だけをみれば、製造、卸売、小売という流通過程の中で、次々と税額が膨らんでいきます。

　このため、仕入等に係る消費税額の控除をしないとすれば、流通経路の単純な商品等は消費税が少なく、流通が多段階にわたるものほど消費税が多いという結果が生じます。これでは、商品等の性質や取引形態に応じて最終消費者の負担する税が異なり、経済に対する中立性が損なわれてしまいます。

　こうした弊害を除くために考えられたのが仕入に係る**税額控除**のしくみなのです。売上に対する消費税を計算し、なおかつ、仕入・経費等に係る消費税を正確に求めるのは、納税義務者である事業者には、相当な負担になるといってよいでしょう。しかし、仕入税額控除は、消費税という税を支える最も重要な制度になっているのです。

● 税額控除の種類をみると

　ここで、消費税法に定められている税額控除の種類と言葉の意味を少し整理しておきましょう。図6-1をご覧ください。

　税額控除という言い方をすると、図に示した5種類を挙げなければなりません。もっとも、これらのうち「売上に係る対価の返還等をした場合の消費税額の控除」と「貸倒れに係る消費税額の控除」の2つは、税額控除という

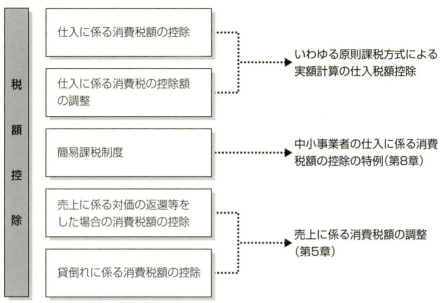

図6-1●税額控除にもいろいろある

位置付けになってはいますが、売上に対する消費税計算の調整項目です。本書では、すでに前章で説明したところです。

　そうすると、残り3つが、いわゆる仕入税額控除に関する項目ということになりますが、この中の簡易課税制度は、中小事業者に対する特例です。

　したがって、本来の意味の、つまり原則的な実額計算による仕入税額控除としては、「仕入に係る消費税額の控除」と「仕入に係る消費税の控除額の調整」の2つということになります。前者は、その課税期間における控除税額の計算、後者は、仕入の値引きや返品など、事後的に控除額を修正しなければならない場合の処理方法です。

　まず、本章では、原則的な実額計算による仕入の税額控除について説明します。簡易課税制度は、仕入税額控除制度ですが、実額計算方式とは内容がまったく異なりますので第8章（246ページ）で取り上げることにします。

図6-2●仕入税額控除が適用される事業者

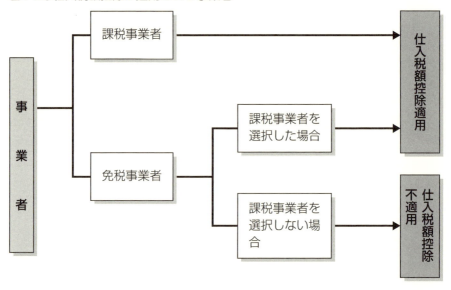

●仕入税額控除の適用対象者は課税事業者に限られる

　それでは、**原則課税方式**（実額計算）による仕入税額控除制度をみていくことにします。まず、この制度の適用対象者です。

　仕入に係る消費税額の控除の適用を受けられるのは、納税義務者となる課税事業者に限られます。納税義務の免除される小規模事業者（いわゆる免税事業者）について、仕入税額控除はありません。

　つまり、免税事業者は、売上に対する消費税の納税を免除されるとともに、仕入税額控除もないわけですから、仮に、仕入に係る消費税額が売上に対する消費税額を上回ったとしても、消費税は還付されないということです。

　もっとも、免税事業者に該当する者でも、課税事業者を選択することは可能です。その選択をすれば、仕入税額控除の適用を受けられますから、輸出取引の多い場合や、設備投資などで控除対象になる仕入税額が多い小規模事業者は、課税事業者を選択することが得策です。

仕入に係る消費税の計算のしくみ

●税込対価の110分の7.8が控除税額になる

　仕入に係る消費税額の計算は、国内取引として消費税の課税対象資産を仕入れた場合（**課税仕入**）の税額を求めることが基本になります。

　課税仕入に係る税額は、その課税仕入の税込みの対価に110分の7.8（軽減税率適用分は108分の6.24）を掛けて求めることとされています。110分の10（または108分の8）ではなく、110分の7.8（または108分の6.24）を掛けるのは、もちろん国税としての消費税額を抜き出すためで、申告をする際の地方消費税は別途に計算することとされています。

　この場合、110分の7.8（または108分の6.24）を掛ける対価の額は、税込みの金額ですから、事業者が消費税の経理処理を税抜方式で行なっているときは、課税仕入の合計額（税抜金額）に「仮払消費税等」の合計額を加算した金額とします（次ページ図6-3）。

●仮払消費税の78％とすることもできる

　ところで、売上に対する消費税の計算は、課税標準額（課税売上高の合計額）に7.8％（または6.24％）を掛けて求めるのが原則ですが、顧客から実際に受領した消費税額をもととするいわゆる積み上げ計算の特例が認められていました。

　この特例は、第5章（106ページ）で説明したとおり、本体価格とその消費税額等（消費税額と地方消費税額の合計額）とを区分して領収している場合に、実際に領収した消費税額等の合計額の78％（＝10分の7.8または8分の6.24）相当額を売上に対する消費税額とする方法です。

　これからみると、課税仕入の消費税額も、これと同じように計算できないか、という考え方が生じてきます。いわゆる税抜経理方式を採用している事

図6-3●課税仕入に係る消費税額の計算

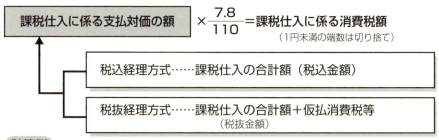

計算例

●課税仕入の金額の合計額(税込対価)　124,790,298円の場合

　課税仕入に係る消費税額＝124,790,298円×$\frac{7.8}{110}$＝8,848,766円(1円未満切り捨て)

●課税仕入の金額の合計額(税抜対価)　214,303,476円、

　税抜経理方式の仮払消費税勘定の残高　21,430,023円の場合

　課税仕入に係る消費税額＝(214,303,476円＋21,430,023円)×$\frac{7.8}{110}$

　　　　　　　　　　　＝16,715,648円(1円未満切り捨て)

(注) 軽減税率の適用対象資産に係る課税仕入の場合には、上記の「110分の7.8」を「108分の6.24」とします。

業者は、本体価格1000円、消費税等100円の課税仕入の場合、仮払消費税等勘定に100円を計上しています。

したがって、仮払消費税等の78％相当額の78円を課税仕入に係る消費税としても不都合はないし、そのほうが計算も簡単だというわけです（**図6-4**）。

このような事業者側の希望をいれて、消費税の取扱いでは、税抜経理方式を採用していることを条件として、課税仕入に係る消費税額を**図6-5**のように処理することを認めています。

この内容は、少しわかりにくいかもしれませんが、要するに、①は仕入の相手方が外税方式で請求書等を発行している場合、②は内税方式によっている場合と考えればよいでしょう。

そして、①では、請求書等に消費税額等が別記されているわけですから、その消費税等の課税期間中の合計額の78％相当額を課税仕入に係る消費税額としてよいということです。

図6-4●仮払消費税の78%を消費税額としたほうが計算は簡単

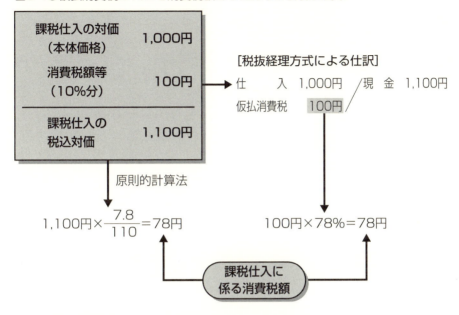

図6-5●税抜経理方式であれば特例的計算方法も認められる

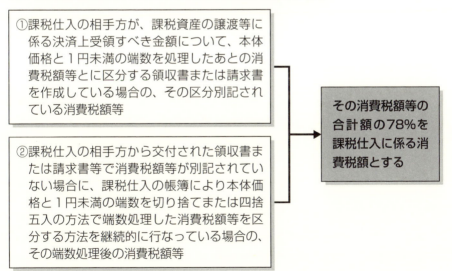

(注)②の「1円未満の端数」処理は、切り捨てか四捨五入のいずれかであり、切り上げは認められない。

また、内税方式の②では、仕入を行なった事業者が、仕入のつど、帳簿において本体価格と消費税額等に区分していれば、その区分記帳した消費税額等の合計額の78％を課税仕入の税額とするという意味です。
　以上の結果、課税仕入に係る消費税額の計算方法としては、次の３つがあることになります。

　　〔第一法〕原則的方法（前述した税込対価の合計額の110分の7.8または
　　　　　　108分の6.24で計算する方法）
　　〔第二法〕図6-5の特例的方法の①
　　〔第三法〕図6-5の特例的方法の②

　これらについては、第一法のみで行なう場合、第一法と第二法を組み合わせる方法、第二法と第三法を組み合わせる方法が考えられます。
　というと、かなり複雑な気がしてきますが、第二法と第三法は、いわゆる税抜経理方式のことですし、その場合は、特例的方法の②（仕入の相手方が内税の場合）における区分記帳を行なっているはずですから、結局は、図6-6のように整理できるでしょう。
　ただ、税抜経理方式で、相手方が内税請求の場合、本体価格と消費税額等を区分するときの消費税分の端数処理について、切り上げは認められないことに注意してください。

図6-6●課税仕入に係る税額の計算方法を整理すれば…

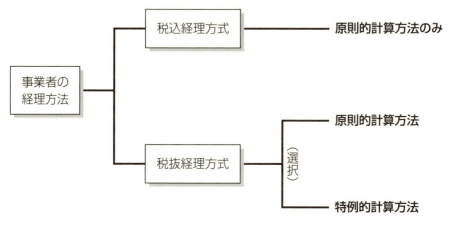

なお、税込経理と税抜経理について、詳しいことは第9章で説明することにします。

● 区分経理が困難な事業者には仕入税額の計算の特例がある

2019（令和元）年10月1日以後に行なう課税仕入については、標準税率と軽減税率が適用されますから、課税仕入を税率の異なるごとに区分する必要があります。

しかしながら、そうはいっても、軽減税率の対象となる飲食料品を扱う小規模な事業者のなかには、こうした区分を行なうことが困難な例が少なくありません。

そこで、基準期間における課税売上高が5000万円以下である事業者については、次の①と②のいずれかの方法で仕入税額を計算できる特例措置が講じられています。

①卸売業・小売業について「小売等軽減売上割合」による方法

2019（令和元）年10月1日から2020（令和2）年9月30日の属する課税期間の末日までの期間（適用対象期間）に、卸売業および小売業に係る課税仕入の支払対価の額を「小売等軽減売上割合」を使って、**図6-7**のように計算

図6-7●小売等軽減売上割合による仕入税額の計算方法

$$小売等軽減売上割合 = \frac{その適用対象期間における卸売業および小売業に係る軽減対象資産の譲渡等の税込価額の合計額}{その適用対象期間における卸売業および小売業に係る課税資産の譲渡等の税込価額の合計額}$$

課税仕入に係る控除税額……次のイと口の金額の合計額

イ　課税仕入に係る支払対価の合計額 × 小売等軽減売上割合 × $\frac{6.24}{108}$

口　（課税仕入に係る支払対価の合計額 − 軽減対象税込課税仕入の額）× $\frac{7.8}{110}$

する方法です。

　この方法における「小売等軽減売上割合」は、総売上高に対する軽減税率の適用対象となる売上高の割合ですから、売上については、税率の異なるものごとに区分できることが前提条件になります。

　また、上記の「適用対象期間」について、3月決算法人の例で示せば、次のようになります。下図の「通常の税額計算」とは、この特例が適用されない期間ということです。

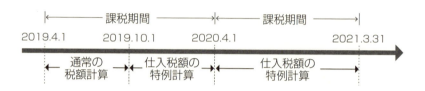

　なお、この仕入税額の計算の特例は、売上税額について「卸売業および小売業について小売等軽減仕入割合による方法」および「簡易課税制度」の適用を受ける課税期間には適用できません。

②簡易課税制度の事後選択による方法

　2019（令和元）年10月1日から2020（令和2）年9月30日までの日の属する課税期間について、その課税期間の末日までに、税務署に「消費税簡易課税制度選択届出書」を提出したときは、その課税期間から簡易課税制度によって仕入税額を計算することができます。

　簡易課税制度は、その適用を受ける旨の届出書を提出した日の翌課税期間から適用するのが原則ですが（第8章249ページ）、この特例は、その届出書の事後提出を認めるものです。

●適格請求書等保存方式では積み上げ方式が原則になる

　ところで、2019（令和元）年10月1日から2023（令和5）年9月30日までは、「区分記載請求書等保存方式」（190ページ）が適用され、同年10月1日以後は、「適格請求書等保存方式」（202ページ）になります。

　仕入税額控除額の計算方法について、適格請求書等保存方式が導入される

前まで、つまり、2023（令和5）年9月30日までは、上記の「区分経理が困難な事業者の仕入税額の計算の特例」を除き、これまでに説明したところによります。したがって、課税仕入の税込対価から控除税額を計算する方法が原則であり、いわゆる積み上げ計算が例外的な方法であるということです。

ただし、2023（令和5）年10月1日以後の適格請求書等保存方式のもとでは、原則と例外が逆になります。

・**原則……請求書等積み上げ計算**
・**例外……帳簿積み上げ計算または割り戻し計算**

このうち、原則となる請求書等積み上げ計算とは、仕入先から交付を受けた適格請求書等に記載された消費税額等のうち、課税仕入に係る部分の金額の合計額の100分の78を掛けて算出する方法です。

また、例外のうち、帳簿積み上げ計算とは、課税仕入について、いわゆる税抜経理をしている場合の仮払消費税等の金額に100分の78を掛けて控除税額を計算する方法です。

なお、147ページで説明した課税仕入の税込対価に110分の7.8（軽減税率の対象となる課税仕入は108分の6.24）を掛けて仕入税額を算出する割り戻し計算は、2023（令和5）年9月30日までは原則的方法ですが、同年10月1日以後は例外的方法となります。ただし、この割り戻し計算をすることができるのは、売上税額を割り戻し計算する場合に限られます（212ページ）。

● 免税事業者からの課税仕入は控除税額が制限される

2023（令和5）年10月1日からの適格請求書等保存方式については、あとで説明しますが、同日以後の免税事業者や一般消費者からの課税仕入については、相手方から消費税額等が記載された適格請求書等がもらえませんから、仕入税額控除が適用できません。

ただ、そうなると、免税事業者が取引から排除されてしまうという問題が生じるおそれがあります。そこで、**図6-8**のような経過措置が設けられており、2029（令和11）年9月30日までの間は、課税仕入に係る消費税額相当額の80％または50％の金額を仕入税額控除額とすることができます。

なお、この規定はあくまで経過措置ですので、2029（令和11）年10月1日以後の免税事業者等からの仕入については、仕入税額控除はまったく適用できないことになります。

図6-8●免税事業者等からの仕入に係る経過措置

経過措置の適用期間	税額控除の割合
2023（令和5）年10月1日から2026（令和8）年9月30日まで	免税事業者等からの課税仕入に係る仕入税額相当額の80％の金額
2026（令和8）年10月1日から2029（令和11）年9月30日まで	免税事業者等からの課税仕入に係る仕入税額相当額の50％の金額

●輸入取引の場合は別途に控除する

　これまでに説明した仕入に係る消費税は、国内取引の場合の計算方法です。輸入で仕入をした場合にも消費税が課税されていますから、当然に仕入税額控除の対象になります。

　輸入の場合の消費税は、図6-9の算式で計算されています。この分は、国内取引に係る仕入税額と別に計算して、控除対象仕入税額に加算してください。

　ところで、国内取引では無償の取引は消費税の課税対象外ですが、輸入取引の場合は、対価の有無にかかわらず、保税地域から引き取られる外国貨物が課税対象になります。この場合の消費税額も図6-9の算式で計算した金額

図6-9●輸入の場合の消費税の計算式

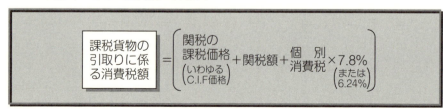

第６章●仕入税額控除のしくみと計算法

となります。

　また、輸入貨物の通関時での引取価格が未確定の場合でも通関手続きができることとされていますが、この場合でも**図6-9**の算式で消費税が計算されます（確定した引取価格が当初の価格と異なるときは、その時点で修正を行ないます）。

　なお、通関時に引取価格が未確定の場合には、税額に相当する担保を提供して、国内に貨物を引き取る制度（輸入許可前引取制度）があります。

③ 課税売上割合と仕入税額控除

● 課税売上・非課税売上と仕入税額控除の関係

たとえば"財テク"を盛んに行なっている企業があるとします。本来の事業売上は5億円、財テクによる貸付金の利息収入が1億円あったとします。この場合、5億円は課税売上でしょうが、貸付金の利子は、消費税の非課税取引です。

問題は、このような企業の仕入税額控除です。消費税の考え方からみれば、

・課税売上に対応する課税仕入の税額──→仕入税額控除が適用される

・非課税売上に対応する課税仕入の税額──→仕入税額控除はできない

ということになります。極端な例でいえば、企業の収入の全部が非課税売上であれば、売上に対する消費税はもちろんありませんが、その売上のための課税仕入があったとしても、仕入税額控除はできません。その消費税は企業の自己負担になるわけです。

したがって、課税売上高5億円、非課税売上高1億円という場合は、全体の課税仕入のうち、5億円に対応する仕入の税額を計算するということになります。

● 課税売上割合は95％が基準となる

こういうと、ウチの会社は財テクをしていないし、非課税売上はないから大丈夫と言われるかもしれませんが、非課税売上のまったくない事業者は、まずないでしょう。預金があれば、たとえわずかでも受取利息がありますから、課税売上のみ100％という例は通常はありません。

そうなると、本来であれば、すべての事業者について、非課税売上に対応する課税仕入の税額を除外する、という作業が必要になります。しかし、仮

(156)

にそのような作業が強制されるとすれば、それでなくても面倒な仕入税額控除の計算がますます複雑なものになってしまいます。

そこで、現行の消費税法は、**課税売上割合**が95％以上で、かつ、その課税期間の課税売上高が５億円以下の事業者の事務負担を軽減することとしています。

すなわち、課税売上割合が95％以上で、かつ、その課税期間の課税売上高が５億円以下の場合は、課税仕入に係る消費税額（輸入の際の課税貨物に係る消費税を含む）の全額を控除し、その割合が95％未満または課税売上高が５億円を超えるときは、**個別対応方式**と**一括比例配分方式**のいずれかの方法で控除税額を計算することとしています。このうち個別対応方式については163ページを、一括比例配分方式については165ページを参照ください。

注意したいのは、「課税売上高が５億円」を超えるかどうかは、基準期間（226ページ）ではなく、その課税期間の課税売上高で判定することです。また、この場合の課税売上高は、返品等の金額を差し引いた後のネットの税抜

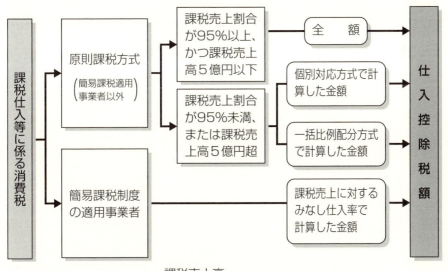

図6-10●課税売上割合95％未満（課税売上高５億円超）の場合は控除税額が制限される

きの課税売上の金額をいいます。

　なお、課税売上割合が問題になるのは、いわゆる原則課税方式の適用事業者だけです。簡易課税制度の適用事業者の場合は、一定のみなし仕入率で仕入税額控除を計算しますから、課税売上割合は関係ありません。

課税売上割合はこう計算する

　いわゆる原則課税方式の適用事業者は、消費税の申告に際して、必ず課税売上割合を算定しなければなりません。課税売上割合は、前ページ**図6-10**に示したとおり、分母を課税売上高と非課税売上高の合計、分子を課税売上高としたパーセンテージです。

　といっても、それだけでは正確な課税売上割合は算定できません。基本的な留意事項をまとめると、**図6-11**のようになります。

課税売上割合の算定はここに注意する

　図6-11の図でおおよそおわかりいただけると思いますが、念のためにいくつかの点を補足しておきましょう。

　まず、分母、分子の金額とも、その課税期間の課税売上高と非課税売上高を基礎とします。小規模事業者の免税点（1000万円）や簡易課税制度の適用基準額（5000万円）は、2年前の基準期間の課税売上高で判定しますが、課税売上割合は、あくまでその課税期間の売上高で判定します。したがって、課税期間が終了しないと課税売上割合は確定しないことになります。

　次に、分母と分子には、消費税の課税対象取引だけが算入され、いわゆる課税対象外取引は、この割合に関係しません。したがって、受取配当金や保険金収入などは分子にはもちろん、分母にも含まれません。

　また、国外取引や無償取引も課税対象外取引ですから、分母、分子とも無関係です。ただし、役員に対する資産の贈与など、いわゆるみなし譲渡とされるものは、課税売上高に含める必要があります。

　注意したいのは輸出取引がある場合です。輸出は免税ですが、消費税の課

図6-11●課税売上割合の求め方

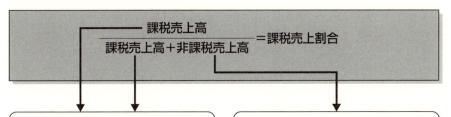

商・製品の売上、請負収入、不動産業者の建物の売上・仲介手数料などの売上や雑収入勘定の中の課税売上を算入する。

留意点

■含まれるもの
・事業用の固定資産の売却代金
・輸出売上高
・非課税資産を輸出した場合の、輸出取引とみなされる額
・法人が資産を役員に低廉または無償で譲渡した場合の、その資産の時価相当額

■含まれないもの
・土地の売却、受取利息などの非課税売上
・受取配当金などの不課税取引
・消費税額（つまり、税抜金額で計算するということ）
・仮想通貨の譲渡対価の額

■控除するもの
　売上値引き、返品、売上割戻しなどのいわゆる対価の返還の額

■控除しないもの
　貸倒れの額

土地の売却（売上）、受取利息などの非課税売上を算入する。

留意点

■含まれるもの
・有価証券の売却額の5%相当額
・社宅（住宅）家賃の徴収分
・受取地代

■含まれないもの
　受取配当金などの不課税取引

■控除するもの
　非課税売上に係る値引き、返品、割戻しの額

■控除しないもの
　貸倒れの額

税対象に取り込んだうえで課税しない（ゼロ税率課税）とするものですから、輸出売上は課税売上高に含めて計算しなければなりません。

　分母と分子の課税売上高は、税抜きの金額で計算し、値引き、返品、割戻しなどのいわゆる対価の返還があれば、課税売上高から控除します。

　この場合、免税事業者であった期間の売上について、その後に値引き等があっても、その売上にはもともと消費税は含まれていません。したがって、課税売上割合の算定においても、免税事業者当時の売上の値引き等については、対価の返還額の全額を控除することになります。

　分母の非課税売上高では、有価証券を譲渡した場合、譲渡価額の５％相当額とすることに留意すべきでしょう。この扱いの対象となるのは、有価証券のほか、登録国債等、譲渡性預金証書、コマーシャルペーパーの譲渡ですが、ゴルフ会員権の譲渡は、いわゆる株式形態のものでも対象になりません（ゴルフ会員権の譲渡は課税取引です）。

　なお、貸倒れ損失については、分母、分子のいずれからも控除できません。また、貸倒れ債権の取立益も含めないこととされています。

● 課税売上割合の端数処理は？

　分数式による課税売上割合は、通常の場合、端数が生じて割り切れた数値にはなりません。この場合、端数処理はしないのが原則ですが、控除税額の計算において、最終的な納付税額に影響しなければ、小数点以下の任意の位を切り捨ててかまいません。

● 課税売上割合を計算してみると

　これまでの説明について、確認のために課税売上割合の計算例を**図6-12**に示しておきましょう。

　なお、課税資産の売上高やその値引き・返品額に軽減税率の対象となるものがある場合には、税抜金額の課税売上高を計算するときの「110分の100」は「108分の100」によります。

第6章●仕入税額控除のしくみと計算法

図6-12●課税売上割合の計算例

●当期の売上高等の内訳

・課税資産の売上高（税込金額）	349,653,400円
・課税資産の値引き、返品額（税込金額）	7,203,000円
・非課税資産の売上高	27,496,750円
・輸出売上高	14,087,600円
・株式の売却価額	58,430,000円
・預金の受取利息	258,962円
・株式の受取配当金	1,220,000円
・車両（固定資産）の売却額（税込金額）	940,000円
・課税資産の売上に係る売掛金の貸倒れ額（税込金額）	1,301,790円

計算

①課税売上高（税抜金額）

課税資産の売上高　　　　　　　課税資産の値引き・返品額

$$(349,653,400円 \times \frac{100}{110}) - (7,203,000円 \times \frac{100}{110})$$

輸出売上高　　　車両の売却額

$$+14,087,600円 + (940,000円 \times \frac{100}{110}) = 326,260,691円$$

②非課税売上高

非課税資産の売上高　　株式の売却価額

$$27,496,750円 + (58,430,000円 \times 5\%)$$

預金の受取利息

$$+258,962円 = 30,677,212円$$

③課税売上割合

$$\frac{326,260,691円}{326,260,691円 + 30,677,212円} = 0.91405\cdots\cdots （<95\%）$$

●課税売上割合95％未満の控除税額計算は２通り

このようにして算定した課税売上割合が95％以上で、その課税期間の課税売上高が５億円以下であれば、まったく問題はありません。課税仕入等に係る消費税額は、その全額が控除されます。

しかし、課税売上割合が95％未満または課税売上高が５億円超になると、前述したように、個別対応方式と一括比例配分方式のうち、いずれかの方法で、仕入控除税額の計算をすることになります。

これらの計算方法は、このあと説明しますが、その前に２つの計算方法の選択、適用関係に注意しておいてください。個別対応方式と一括比例配分方式は、原則と特例といった関係はありません。つまり、いずれの方法によるかは事業者の任意で、その選択について、あらかじめ税務署に届け出るといった手続きもないのです。

しかし、いったん一括比例配分方式を選択すると、２年間継続適用が強制されます。つまり、個別対応方式から一括比例配分方式に移行したときは、一括比例配分方式を少なくとも２年間適用したあとでなければ変更できないのです。

これに対し、個別対応方式は、そのような制限はありません。１年間だけ個別対応方式を行ない、翌期は一括比例配分方式にしたいというのは自由です。

いずれの方式を適用するかで、納税額に有利不利が生じます。また、このあと説明するように、一括比例配分方式のほうが、比較的計算は簡単です。

図6-13●税額控除方式の変更

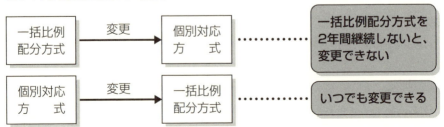

ただし、両方式の適用関係や変更の可否は、つねに念頭に置いて消費税の実務を行なうことが大切です。

●個別対応方式の仕入控除税額の計算法

　課税売上割合95％未満または課税売上高が5億円超の場合の仕入控除税額の計算について、個別対応方式からみてみましょう。この計算方式は、課税仕入等に係る消費税額（輸入の際の課税貨物に係る消費税額を含みます）を次の3つに区分することが前提になります。
①課税売上に対応する課税仕入等に係る消費税額
②非課税売上に対応する課税仕入等に係る消費税額
③課税売上と非課税売上に共通する課税仕入等に係る消費税額
　①は、その全額が控除税額となり、②は全額が控除不可、③は、課税売上割合に見合う分だけが控除対象になるというのが個別対応方式と呼ばれるも

図6-14●個別対応方式による計算

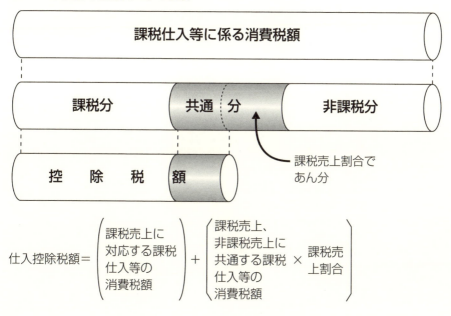

のです。

実務上の問題は、課税仕入等に係る消費税を3つに区分できるかどうか、また、その区分ができるとしても、1つひとつの課税仕入について、どの区分に属するかを判定しなければならないことです。

まず、区分ができるかどうかについて、たとえば、課税仕入の中から課税売上に対応するものだけを抽出し、それ以外のものはすべて課税・非課税共通用のものとする、といった方法は認められません。

つまり、課税仕入のそれぞれについて、前記3つに必ず区分しなければならないわけです。それができないとすれば、個別対応方式は適用できませんから、その場合は一括比例配分方式によらざるを得ないことになります。

次に、どのような課税仕入がいずれの区分に該当するかですが、事業者が支出するすべての取引を説明するのは不可能です。そこで、**図6-15**に代表的な例を示しておきますので、参考にしてください。

なお、課税・非課税共通のもののうち、「②土地と建物を一括譲渡した場合の仲介手数料」について、たとえば、土地の対価8000万円、建物の対価

図6-15●課税仕入等に係る消費税の区分（代表例）

課税売上に対応するもの	①そのまま他に譲渡される課税資産 ②課税資産の製造用にのみ消費または使用される原材料、容器、包紙、機械装置、工具、器具、備品など ③課税資産のための倉庫料、運送費、広告宣伝費、支払加工賃など ④課税資産の販売促進等のために得意先に配布する試供品、試作品等の課税仕入
非課税売上に対応するもの	①販売用土地の取得に係る仲介手数料、造成費用 ②土地の譲渡の際の仲介手数料 ③賃貸用住宅の建築費、住宅の賃貸に係る仲介手数料 ④有価証券の売買手数料 ⑤販売用テレホンカードの製作費用
課税売上・非課税売上に共通するもの	①福利厚生費、交際費、通信費などの一般管理費 ②土地と建物を一括譲渡した場合の仲介手数料 ③課税対象外取引のために要した課税仕入

2000万円という場合、仲介手数料の80％を非課税売上に対応するもの、20％を課税売上に対応するものというように、合理的に区分していればそれが認められます。

また、「③課税対象外取引のために要した課税仕入」とは、課税売上・非課税売上のいずれにも対応しないものという意味です。たとえば、新株発行の際の証券会社に支払う引受手数料などです。これは、いわば資本取引であり、消費税にかかわりません。といって、このような課税仕入の消費税を控除対象外とするわけにもいきません。そこで、課税・非課税のいずれにも該当しないものは、両者の共通用として扱うことにしているわけです。

●一括比例配分方式はむずかしくない

このように個別対応方式でいこうとすると、かなりやっかいなことになるのですが、一括比例配分方式でよいとすれば、それほど面倒ではありません。

一括比例配分方式は、図6-16のように、その課税期間の課税仕入等に係る消費税額の全体に課税売上割合を掛けて控除税額を算出する方法で、一種の簡便法といえるでしょう。

図6-16●一括比例配分方式による計算

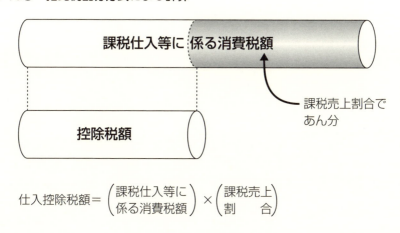

図6-17●仕入控除税額の計算例

●**売上高**

土地の売上	500,000,000円	（非課税売上）
建物の売上（税込金額）	330,000,000円	（課税売上）

●**課税仕入（いずれも税込金額）**

建物の建築費	242,000,000円	（課税売上対応）
土地の販売手数料	27,060,000円	（非課税売上対応）
建物の販売手数料	10,780,000円	（課税売上対応）
その他の経費	32,890,000円	（課税・非課税共通）

計算

①課税売上割合

・課税売上高　　$330{,}000{,}000円 \times \dfrac{100}{110} = 300{,}000{,}000円$

・非課税売上高　$500{,}000{,}000円$

・課税売上割合　$\dfrac{300{,}000{,}000円}{300{,}000{,}000円 + 500{,}000{,}000円} = 0.375 \ (<95\%)$

②仕入控除税額

・個別対応方式の場合

課税売上対応分

$$\left\{(242{,}000{,}000円 + 10{,}780{,}000円) \times \frac{7.8}{110}\right\}$$

課税・非課税共通分

$$+ \left(32{,}890{,}000円 \times \frac{7.8}{110} \times 0.375\right) = 18{,}798{,}975円$$

・一括比例配分方式の場合

$$(242{,}000{,}000円 + 27{,}060{,}000円 + 10{,}780{,}000円 + 32{,}890{,}000円)$$

$$\times \frac{7.8}{110} \times 0.375 = 8{,}315{,}775円$$

この結果、個別対応方式のほうが有利になる。

第6章●仕入税額控除のしくみと計算法

　なお、前述したように、個別対応方式と一括比例配分方式は、選択適用できます。したがって、個別対応方式を適用するために課税仕入を３つに区分していても、一括比例配分方式のほうが有利になるということであれば、その方法を適用することができます。

　もっとも、いったん一括比例配分方式を適用すると、２年間はこれに拘束されることを忘れないでください。

　仕入控除税額の計算方法について、土地建物の販売業者を想定した簡単な例で確認しておきましょう（**図6-17**）。

● 課税売上割合に準ずる割合も認められる

　仕入控除税額の計算で個別対応方式による場合は、税務署長の承認を受けて、**課税売上割合に準ずる割合**を用いることができます。つまり、課税・非課税共通分の仕入税額にかける割合を、課税売上割合ではなく、課税売上割合に準ずる割合とする方法です。

　もっとも、これは個別対応方式を適用する事業者に限って認められる方法ですから、一括比例配分方式による場合は、課税売上割合しか適用できません。また、課税売上割合が95％以上かどうかの判定は、課税売上割合に準ずる割合ではなく、あくまで課税売上割合によることに注意してください。

　課税売上割合に準ずる割合について、とくに決まった算定方法はありません。事業者において合理的な基準で割合を算定すればいいのです（ただし、税務署長の承認が必要です）。

　たとえば、次のような基準で算定することが認められています。

①使用人の数または従事日数の割合

②事業部門ごとの課税売上割合

③床面積割合

④取引件数割合

　また、課税売上割合に準ずる割合は、事業全体に対して同一の割合を適用する必要もありません。たとえば、複数の事業を営む場合は、事業の種類ごと、あるいは事業場の単位ごとに適用できますし、一般経費の種類ごとに異

167

なる割合とすることもできるのです。

したがって、Ａ工場は従事人員割合、Ｂ出張所は取引件数割合ということもできますし、一般経費の中の光熱費に床面積割合を適用するといったことも可能です。

課税売上割合に準ずる割合は、合理的なものでなければ認められないため、実際にこれを利用しようとすると、基準づくりがかなり面倒です。しかし、自社の仕入控除税額をもっと有利に算定したいということであれば、よく研究してみてください。

● たまたま土地の譲渡があった場合はこうする

不動産販売業者でないかぎり、日常的に土地の譲渡を行なうことはありません。ただ、一般の事業会社でたまたま土地の譲渡があったときは、その譲渡価額が大きいだけに、その課税期間だけ非課税売上が膨らみ、結果として課税売上割合が減少し、納税額が増大することになってしまいます。

こうした偶発的な事態が生じた場合には、税務署に事前に承認申請書を提出すれば、次の①と②のいずれか低い割合を課税売上割合として消費税額を計算できることとされています。

①土地の譲渡があった課税期間の前３年間の通算課税売上割合
②土地の譲渡があった課税期間の前課税期間の課税売上割合

このうち①の「前３年間の通算課税売上割合」とは、次の算式で計算した割合をいいます。

$$\frac{前３年間の課税売上高の合計額}{前３年間の非課税売上高を含めた売上高の合計額}$$

ただし、この取扱いは、過去３年間で最も高い課税売上割合と最も低い課税売上割合の差が５％以内である場合に適用することができます。

たまたま土地の譲渡があった場合には、消費税の課税で不利にならないように注意してください。

こんな場合は仕入控除税額を調整する

●仕入の値引き、返品、割戻しがあったとき

　消費税の話の中で「対価の返還等」という言葉が出てきたら、値引き、返品、割戻し等のことを指すと思ってください。売上に係る対価の返還等については、すでに第5章（128ページ）で説明しました。

　課税仕入に係る消費税は、仕入時の課税期間で税額控除していますから、その仕入について、その後に値引きを受けたり、返品をすると、当初の控除税額が過大になってしまいます。そこで、値引きなど、対価の返還等を受けたときに控除税額を減額し、調整することとしています。

　仕入額が減少したから、控除税額も減額させるというだけのことですから、考え方としてはそれほどむずかしい話ではないでしょう。

図6-18●仕入の値引き、返品があったとき

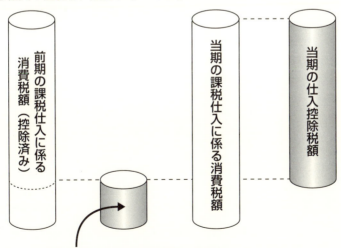

したがって、その処理や計算もむずかしくはないはずですが、課税売上割合が95％以上で課税売上高が5億円以下のときは、そのとおりです。しかし、課税売上割合が95％未満または課税売上高が5億円超の場合は、もともと仕入税額の全額が控除されていませんから、対価の返還等を受けたときも少し面倒です。

仕入に係る対価の返還等があった場合のその課税期間の控除税額計算式を次ページ**図6-19**にまとめておきます。よくみていただければおわかりになると思いますので、参考にしてください。

● 調整対象固定資産とは

建物を1億円で取得して消費税等は1000万円、8000万円の機械の購入では800万円、合わせて1800万円の仕入税額です。この場合、その取得した課税期間の課税売上割合が40％とすると、一括比例配分方式では、地方消費税分を含めても、1800万円の40％、つまり、720万円しか控除できません。

ところが、この事業者の翌年の課税売上割合が70％になり、その翌年は90％になったという場合は、どうでしょうか。建物や機械は継続して使用するものですから、取得時の課税売上割合だけで控除税額を計算するのは、少し不合理な気がします。そのあとに課税売上割合が急増すると、仕入控除税額も増やしてもらいたいというのが事業者の心境でしょう。

これとは別に、固定資産の取得では、次のようなことも起こり得ます。個別対応方式で仕入控除税額を計算している場合です。建物や機械の取得という課税仕入が、非課税売上に対応するものとして処理したところ、そのあとに事業内容が変わったため、建物と機械をすべて課税売上のために使用することになった、という例です。

この場合、当初の消費税の申告では、仕入税額控除をまったく受けていないのですが、そのあとの状況の変化からみると、いくらかでも建物や機械の消費税を税額控除してもらいたい、という気持ちになるのが自然です。

このような問題に対応するため、消費税法は、一定の固定資産の取得に係る消費税について、事後的に仕入控除税額を調整する規定を設けています。

第6章●仕入税額控除のしくみと計算法

図6-19●仕入に係る対価の返還等があったときの控除税額の計算式

区　　　分	控除税額の計算方法
課税売上割合が 95%以上の場合	$\left(\text{課税仕入の対価の額} \times \dfrac{7.8}{110}\right) - \left(\text{課税仕入の返還等対価の額} \times \dfrac{7.8}{110}\right)$ ＝控除対象仕入税額
課税売上割合が95%未満の場合 — **個別対応方式によるとき**	①課税売上対応分 $\left(\text{課税売上に対応する課税仕入の対価の額} \times \dfrac{7.8}{110}\right) - \left(\text{課税売上に対応する課税仕入の返還等対価の額} \times \dfrac{7.8}{110}\right)=\text{A}$ ②課税売上・非課税売上共通分 $\left(\text{課税・非課税に共通する課税仕入の対価の額} \times \dfrac{7.8}{110} \times \text{課税売上割合}\right)$ $- \left(\text{課税・非課税に共通する課税仕入の返還等対価の額} \times \dfrac{7.8}{110} \times \text{課税売上割合}\right)=\text{B}$ ③控除対象仕入税額 A＋B
課税売上割合が95%未満の場合 — **一括比例配分方式によるとき**	$\left(\text{課税仕入の対価の額} \times \dfrac{7.8}{110} \times \text{課税売上割合}\right)$ $- \left(\text{課税仕入の返還等対価の額} \times \dfrac{7.8}{110} \times \text{課税売上割合}\right)$ ＝控除対象仕入税額

（注）軽減税率の対象資産について対価の返還等があったときは、上記の「110分の7.8」を
「108分の6.24」として計算します。

(171)

これを**調整対象固定資産に係る仕入控除税額の調整**といい、先の例は、課税売上割合が著しく変動した場合の調整、あとの例は、調整対象固定資産の転用の場合の調整です。

　この規定が適用される調整対象固定資産とは、棚卸資産以外の資産で、減価償却資産（建物、構築物、機械および装置、車両、工具、器具および備品など）、鉱業権などの無形固定資産、ゴルフ会員権、ノウハウ、書画・骨とう、その他これらに準ずるもので、一取引単位の価額が100万円（税抜価額）以上のものをいいます。

● 課税売上割合が著しく変動したとき

　調整対象固定資産の税額調整では、その資産を取得した年度を含めて３年間の課税売上割合の変動をみます。それが著しく変動したときは、３年目で税額調整をすることになります。

　この場合の著しい変動とは、３年間の率でみて50％以上、変動差で５％以上になったときをいいます。具体的な調整方法と調整計算の例を示しておきますので参考にしてください（**図6-20**）。

　なお、この調整は、一括比例配分方式のほか、個別対応方式で共通費用について課税売上割合（これに準ずる割合を含みます）を用いている場合に適用されます。

● 調整対象固定資産の転用の調整はこうする

　仕入税額控除の計算で個別対応方式によっている場合には、調整対象固定資産の転用による調整の問題があります。

　前述したように、課税業務用にだけ使用するものとして仕入に係る消費税額の計算を行なっていた場合で、それを取得から３年以内に非課税業務専用に転用したときです。また、その逆もあります。非課税業務専用から課税業務専用への転用という場合です。

　いずれのケースも３年目で仕入控除税額を調整するのですが、その方法を

図6-20 ●課税売上割合が著しく変動したときの調整方法と調整計算

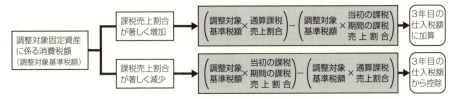

● 課税売上割合が著しく増加した場合とは…

$$\frac{通算課税売上割合 - 当初の課税期間の課税売上割合}{当初の課税期間の課税売上割合} \geq 50\%で、かつ\left(通算課税売上割合 - 当初の課税期間の課税売上割合\right) \geq 5\%$$

● 課税売上割合が著しく減少した場合とは…

$$\frac{当初の課税期間の課税売上割合 - 通算課税売上割合}{当初の課税期間の課税売上割合} \geq 50\%で、かつ\left(当初の課税期間の課税売上割合 - 通算課税売上割合\right) \geq 5\%$$

● 通算課税売上割合とは…

$$\frac{当初の課税期間から3年間の課税売上高の合計額}{当初の課税期間から3年間の非課税売上高を含めた売上高の合計額}$$

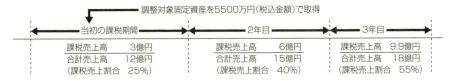

① 通算課税売上割合

$$\frac{3億円+6億円+9.9億円}{12億円+15億円+18億円} = 42\%$$

② 課税売上割合の著しい変動の判定

$$\frac{42\%-25\%}{25\%} \geq 50\%、(42\%-25\%) \geq 5\% \rightarrow 著しい変動あり$$

③ 調整対象基準税額

$$5500万円 \times \frac{7.8}{110} = 390万円$$

④ 調整額（3年目の仕入税額に加算する額）

（390万円×42％）－（390万円×25％）＝66万3000円

まとめると、図6-21のとおりです。

なお、この調整は、あくまで「専用」を他の「専用」とした場合に行なうものです。したがって、課税業務専用を課税と非課税の「共通用」に転用した場合、あるいは「共通用」をいずれかの「専用」に転用しても調整を行なう必要はありません。

● 免税事業者が課税事業者になったときは控除税額の調整を忘れずに

法人税や所得税は、費用収益対応の原則が働きますから、期間損益を正しく求めるために、期末には商品等の棚卸をしなければなりません。

これに対し、消費税にはそのような考え方はありません。したがって、期首や期末の棚卸は、消費税の計算にはまったく関係しないことになります。

ただ、そうすると、前期までは免税事業者、今期から課税事業者になったという場合は、不都合な問題が生じます。免税事業者には仕入税額控除ができませんから、前期中に仕入れた商品を今期に入って売り上げると、売上に係る消費税だけが算出されることになるからです。

そこで、免税事業者が課税事業者になった場合は、課税事業者となる課税期間の初日の前日（前期末）の棚卸資産に含まれる消費税額を、課税事業者となった課税期間の課税仕入とみなして仕入税額控除の対象としてよいこととされています。

この場合の控除税額は、その棚卸資産の取得費用の合計額に110分の7.8（その棚卸資産が軽減税率の対象資産である場合は108分の6.24）を掛けて求めます。

もっとも、これとは逆の場合もあります。今期は課税事業者、翌期からは免税事業者というケースです。この場合は、課税事業者である今期の仕入税額から、期末の棚卸資産に含まれる消費税額を差し引かなければなりません（図6-22）。

なお、課税事業者が簡易課税制度の適用を受ける（受けていた）場合は、このような調整は適用されません。

図6-21●調整対象固定資産の転用の調整

	課税仕入等の消費税額から控除する金額 （課税用→非課税用）	課税仕入等の消費税額に加算する金額 （非課税用→課税用）
1年以内の転用	控除済税額の全額	消費税額の全額
2年以内の転用	控除済税額の $\frac{2}{3}$	消費税額の $\frac{2}{3}$
3年以内の転用	控除済税額の $\frac{1}{3}$	消費税額の $\frac{1}{3}$

図6-22●免税事業者（課税事業者）が課税事業者（免税事業者）となったときは

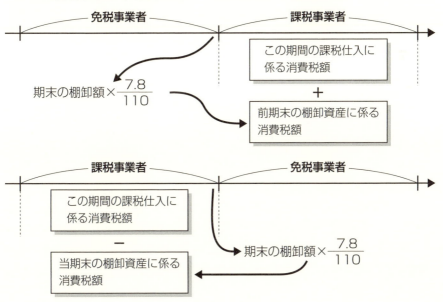

⑤ どんな仕入が 税額控除の対象になるか

課税仕入になる取引とは

　ここまでは、仕入控除税額の計算のしかたを中心に話を進めてきましたが、実務では、どんな仕入が税額控除の対象になるかということも重要な問題になります。

　もっとも、この問題については、第2章の課税対象となる取引や第5章の売上に係る消費税のところで、かなりの説明をしました。消費税の課税対象になる資産等を仕入れた場合に税額控除ができるということですし、また、相手方の課税売上がこちらの課税仕入になるのは当然のことです。

　したがって、仕入税額控除の対象となる取引を詳しく説明すると、話が重複してしまいます。以下、前に述べた内容と異なる点を中心に、そのポイントをみておくことにします。

　まず、仕入税額控除の対象は、大きく次の2つに分けることができます。

　①国内で行なった課税仕入

　②保税地域からの課税貨物の引き取り

　このうち②は、輸入取引で、輸入の際に課せられた消費税が控除対象になるということです。実務では、①がほとんどでしょうから、課税仕入になるものとならないものの判別が重要です。

　ところで、第2章の課税取引のところで、国内取引の課否判定を図で説明しました（**図2-2**、41ページ）。この図にならって、課税仕入の判定図を作ると、**図6-23**のようになります。

　41ページの判定図と比較してみてください。よくみると、2つの違いがあることに気付かれるでしょう。1つは、**図6-23**の課税仕入の判定図には、「給与等の支払いに当たるか」という部分があること、2つ目は、41ページの課税取引の判定図にあった「事業者が事業として行なう取引か」という問いがないことです。

図6-23●課税仕入の判定

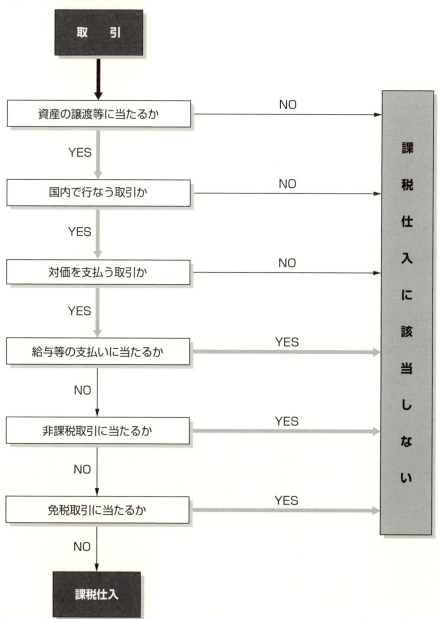

給与等の支払いは課税仕入にならない

消費税法は、課税仕入の意義について、「事業者が、事業として他の者から資産を譲り受け、もしくは借り受け、または役務の提供（所得税法に規定する給与等を対価とする役務の提供を除く）を受けることをいう」と規定しています。

この規定のカッコ書きで、役務提供の対価であっても、給与等（俸給、給料、賃金、歳費、賞与などのほか、退職金や退職年金も含みます）の支払いは課税仕入には該当せず、仕入税額控除の対象にならないことを明らかにしています。

給与所得者は、事業者でないことは当然ですし、給与や退職金は、もともと資産の譲渡等の対価ではありません。その意味では、当たり前のことを規定しているわけですが、ただ、あとから触れるように、出張旅費や通勤手当等は課税仕入となる部分がありますから、多少の注意は必要です。

通勤手当は課税仕入になる

給与の支払いは課税仕入にならないことは、前述のとおりですが、給与またはこれに類するものについて、その取扱いをまとめると、次ページ**図6-24**のとおりです。

これらのうち、通勤手当は、通勤に必要な交通機関の利用または交通用具の使用に充てるための費用で、その通勤に通常必要と認められるものが課税仕入となります。

注意していただきたいのは、所得税における通勤手当の非課税限度額とは関係ないことです。所得税の扱いでは、交通機関を利用する場合は最高15万円などという限度がありますが、これを超えて支給しても、実際に通勤費に充てられる限り、消費税では課税仕入です。したがって、新幹線通勤やグリーン車通勤の場合、所得税では給与課税されるかもしれませんが、消費税では仕入税額控除が可能です。

なお、自家用車やバイク、自転車などで通勤する従業員にも、一定の通勤

図6-24●給与等の取扱い

手当を支給するのが通常です。この場合は、所得税の非課税限度額をその通勤に通常必要と認められる金額として、仕入税額控除の対象とするのが実際的でしょう。

● 福利厚生費関係は？

　企業の従業員に対する福利厚生は、企業によってさまざまなものがあります。すべてのものには言及できませんが、消費税にかかわりそうなものを、図6-25にまとめておきました。

　なお、社会保険料や生命保険料の事業主負担分が課税仕入にならないことはいうまでもありません。

図6-25●福利厚生費の取扱い

	課税仕入になるもの	課税仕入にならないもの
慰安旅行の費用	• 国内で行なう慰安旅行の費用	• 国外での慰安旅行の費用
慶弔費（祝金、見舞金、香典等）	• 物品による支給（物品の購入が課税仕入になる）	• 金銭または物品切手（商品券等）で支給する祝金等
永年勤続者の表彰金品	• 記念品（物品）または物品切手（旅行券等）の支給	• 金銭による支給
食事代の補助	• 食券を無償交付または割引販売して、社内または社外の食堂等で食事をさせる場合の事業者負担分 • 社内の給食施設で食事させる場合のその施設に係る課税仕入の部分	• 金銭による補助金の支給
社員の通信教育費等の負担	• 従業員の支払った受講料の領収書の宛名が事業者名になっている場合の従業員に対する負担金の支出	• 左記以外の場合の金銭による支給
借上げ社宅	———	• 住宅家賃は非課税のため課税仕入にはならない（従業員からの徴収家賃は非課税売上となる）
従業員の発明、社内提案等の報償金	• 業務上有益な発明等をした従業員からその発明等に係る特許権等を継承したことにより支給するもの • 特許権等を取得した従業員にその実施権の対価として支給するもの • 事務・作業等の合理化等に寄与する工夫・考案（従業員の通常の職務範囲内の行為であるものを除く）をした従業員に支給するもの	———

●レジャー施設等の入会金も課税仕入になる

ゴルフクラブ、宿泊施設、フィットネスクラブなどに入会するのも福利厚生の一環といえるかもしれません。

これらは、入会した者にその施設を無償または一定の割引きをして利用させるのが目的です。したがって、これらに対する入会金は、役務の提供の対価となり、課税仕入に該当することになります。

もっとも、退会の際に返還される入会金等は、単なる預け金にすぎませんから、課税仕入には含まれません。

なお、同業者団体や同業者組合に対する入会金や会費の取扱いは、前述したとおりです（53ページ）。要するに、これらの支出については、その団体等の会員や構成員に対する役務提供との間に明白な対価関係があるか否かで判断するということです。同業者団体等の場合、通常は対価性がないものとして課税仕入に該当しない例が多いでしょう。

公共施設の分担金はどう扱われるか

会社の前面の道路に歩行者用の陸橋が設置されることになったため、設置者である地方公共団体に負担金を支払うことになりました。この負担金は、課税仕入として仕入税額控除の対象になるでしょうか。

事業者の支出費用が課税仕入になるかどうかの判断は、通常の場合、2つの面から考えればよいでしょう。1つは、対価性があるか否か、もう1つは、それを収受した相手方が課税売上としているか否かです。

会社の前に歩道橋ができれば、従業員に利便があるとすれば、その負担金に対価性がありそうです。しかし、歩道橋を利用するのはその会社の従業員だけではないと考えれば、明白な対価関係ありとはいえそうもありません。

一方、国や地方公共団体も課税資産の譲渡等をすれば、消費税の納税義務者となりますから、負担金の受入れを課税売上としていれば、支払い側は課税仕入とすることができます。もっとも、その場合は、負担金を支出した者にその旨の通知があるはずです。公共的施設の負担金は、課税仕入に該当し

ないと考えたほうがよさそうです。

なお、その負担金が、たとえば専用側線利用権、電気・ガス施設利用権、水道施設利用権等の設定の対価と認められるときは、それを支払う事業者の課税仕入とすることができます。

● 得意先への営業助成金はどう扱われるか

企業の支出する費用には、その性格があいまいなものが少なくありません。A社は、自社の製品を専門に取り扱う得意先B社が店舗拡張をすると聞き、"営業助成金"として100万円を支出しました。この費用は、課税仕入として仕入税額控除の対象になるのでしょうか。

といっても、これだけでは費用の性格があまりに不明確で、どう判断したらよいかはわかりません。とりあえずの考え方は、次の3つぐらいでしょう。

①得意先の購入する看板や陳列棚等に自社の製品名を表示してもらうといった目的のある助成金の場合……課税仕入として仕入税額控除の対象になる

②得意先の売上高等に応じた一種の割戻し金（リベート）に該当する場合……売上対価の返還等として税額控除の対象になる

③いずれにも該当しない単なる贈与の場合……対価性がなく税額控除の対象にはならない

これらのうち、どれに当たるかはケース・バイ・ケースです。要は、事業者が性格不明の支出をすると、法人税や所得税の面ばかりでなく、消費税の処理にも支障をきたすということです。対価関係が立証できない限り、課税仕入には該当しないと考えるべきです。

もっとも、保険会社などがその代理店の契約高に応じて支払う「助成金」は、課税仕入になります。

なお、政治団体が行なう「励ます会」のパーティー券の購入については、対価性がないものとして、仕入税額控除は認められていません。

また、いわゆる使途不明金は、どのような費用に充てられたのかが不明で

すから、課税仕入として扱うことはできません。

個人事業者は事業割合分が課税仕入になる

　個人事業者の事業用車両の購入は、課税仕入になるのですが、その車両を事業以外、つまり家事用とする部分は、仕入税額控除の対象にはなりません。

　したがって、事業用割合を算定しなければならないのですが、所得税の申告で、減価償却費を計算する際の「事業専用割合」と同様に処理すればよいでしょう。

　なお、このような場合、その車両を売却したときは、売却額のうち、事業割合分だけが課税売上にカウントされます。

免税事業者や一般消費者からの仕入も控除対象になる

　消費税が課税されるのは、「事業者が事業として行なう取引」ですから、一般消費者など事業者以外の者が課税資産の譲渡等をしても、消費税は課税されません。

　一方、課税仕入は、事業者が事業として仕入を行なうという点では同じですが、相手方は事業として行なったものでなくてもよいのです。つまり、事業者はもちろん、一般消費者からの仕入でも課税資産である限り、仕入税額控除の対象になるのです。

　また、事業者についても限定はありませんから、課税事業者はもちろん、相手方がいわゆる免税事業者でも仕入税額控除ができることとされています。

　一般消費者や免税事業者は、消費税を納税しているわけではありません。課税と税額控除は対応関係にあるのが本来の姿で、その意味では、これらの者からの仕入に控除を認めるのはおかしなことです。

　ただ、「インボイス方式」を採用していないわが国の消費税で、このあたりを峻別しようとすると、実務の混乱は避けられません。正確性を犠牲にし

て実務を優先させた取扱いです。

いずれにしても、図6-26のとおり、課税資産の仕入であれば、その相手方を問わず仕入税額控除が可能です。

もっとも、図6-26のように取り扱われるのは、2023（令和5）年9月30日までです。同年10月1日からは、適格請求書等保存方式（いわゆるインボイス方式）

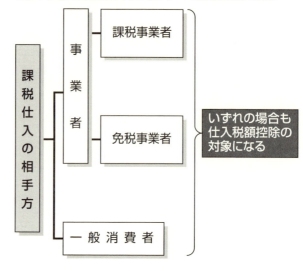

図6-26●課税資産の仕入はすべて税額控除できる

となり、適格請求書等が発行できない免税事業者や一般消費者からの課税仕入については、原則として仕入税額控除が適用できなくなります。
ただ、「原則として」といったのは、153ページで説明したとおり、次のような経過措置が講じられているからです。

　①2023（令和5）年10月1日から2026（令和8）年9月30日までの間の
　　課税仕入……仕入税額の80％相当額
　②2026（令和8）年10月1日から2029（令和11）年9月30日までの間の
　　課税仕入……仕入税額の50％相当額

いずれにしても、仕入税額控除の要件が厳格になることに注意してください。

仕入税額控除はどの時期に行なうか

●課税仕入を行なった日に控除する

　法人税や所得税では費用や損失の計上時期が問題となりますが、消費税でも同様に、仕入税額控除をどの時点で行なうかという問題があります。

　といって、特別な規定や取扱いがあるわけではありません。例外は少しありますが、基本的には、課税仕入を行なった日、つまり、課税仕入に係る資産の譲受け、借受け、または、役務の提供を受けた日となります。

　減価償却資産を購入した場合も、もちろんその購入時に仕入税額控除の対象となります。

　また、割賦で資産を購入しても、その引渡しを受けた年度で、その資産に係る消費税額の全額が控除対象とされます。

●郵便切手、物品切手等も購入時で控除対象になる

　郵便切手は、その譲渡は非課税で、実際に使用したときに課税されます。したがって、本来であれば、購入時ではなく、切手の使用時に課税仕入を行なったものとして、仕入税額控除の対象としなければなりません。

　また、入場券や旅行券などの物品切手も同様で、これらを実際に使用したときの課税仕入となるのが原則です。

　しかし、実務でそのように処理するのも面倒ですから、事業者が自ら使用する郵便切手や物品切手は、継続適用を条件に、その購入時で税額控除してよいことになっています。この点は第3章（74、76ページ）で説明したとおりです。

未成工事支出金や建設仮勘定の扱いは？

　建設工事等に伴うさまざまな費用は、法人税・所得税では収益費用対応の観点から、未成工事支出金として経理するのが通常です。

　課税仕入となるのは、資産の引渡しを受けた日とするのが原則ですから、本来であれば、未成工事支出金の中から実際に引渡しを受けた部分を抽出することになります。しかし、それも実務ではやっかいなことです。継続適用が条件とされていますが、目的物を引き渡した日、つまり、未成工事支出金勘定から完成工事原価に振替処理を行なうときに課税仕入があったものとしてよいこととされています。

　この取扱いは、いわゆる建設仮勘定も同じです。目的物の全部の引渡しを受けた日、つまり、建設仮勘定から本来の資産勘定に振り替えるときに課税仕入を行なったものとして処理することができます。

　もっとも、仕入税額控除の時期を早めたいのであれば、建設仮勘定の中から実際に引渡しを受けた部分を抽出すればよいわけです。

　なお工場や事務所建物の建設などに際して、消費税が上乗せされた建築費用の中間金を支払い、建設仮勘定に計上することがありますが、この場合、中間金の支払時には建物の引渡しを受けていません。したがって、その中間金に消費税が含まれていたとしても、その支払時に仕入税額控除をすることはできません。

割賦払いや延払いで購入した資産の消費税の控除の時期は？

　課税資産を割賦払いや延払いの方法で購入した場合でも、その課税資産についての仕入税額控除はその資産の引渡しの時となります。要するに、資産の引渡しを受ける前に割賦代金を支払っても、その支払時に税額控除を適用することはできないということです。

　なお、割賦販売等の手数料が割賦販売契約で明示されているときのその手数料は消費税法で非課税とされているので、仕入税額控除の対象にはなりません。

第6章●仕入税額控除のしくみと計算法

● 短期前払費用は損金計上時で控除対象になる

　本来は翌期の費用とすべきものでも、支払時の損金または必要経費に算入してよいとする法人税・所得税の取扱いがあります。いわゆる短期前払費用と呼ばれるものです。

　これについても、法人税・所得税と消費税の間で処理方法が違っては、実務がわずらわしくなるばかりです。そこで、法人税や所得税の計算上、損金や必要経費に算入したときは、消費税でも仕入税額控除をしてよいことに取り扱われています。

　短期前払費用としてではなく、発生主義によって原則的処理をする場合は、もちろん支出時で仕入税額控除はできません。

● 売手と買手で売上・仕入の計上時期が違ってもよいか

　一方の売上は、他方の仕入となるのは当然のことです。この場合、相手方の売上の計上時期と、こちらの仕入の計上時期、つまり仕入税額控除の時期がズレていてもよいのでしょうか。売上の計上時期については、前述（138ページ）しましたが、引渡し基準といっても、出荷基準や検収基準などさまざまです。

　そうなると、相手方は出荷日に売上計上、こちらは検収日に仕入計上ということも起こり得ます。この結果、課税売上とする時期と仕入税額控除を行なう時期が異なるケースもありそうですが、こうした問題はあまり気にしなくてけっこうです。

　どちらも合理的な基準であれば、継続適用している限り、それぞれの事業者の処理が認められることになっています。

　なお、売上税額の計算上の税率と仕入税額の計算上の税率は、売手と買手で同一でなければなりません。2019（令和元）年10月1日から8％の税率が10％（標準税率）に引き上げられましたが、同日の直前に売手が8％の税率で請求書を発行した場合には、買手の仕入の計上時期が同日後であっても、課税仕入に係る税率は10％ではなく、8％とするということです。

187

7 帳簿・請求書の保存がないと控除できない

● 課税仕入は帳簿と請求書で証明する

　消費税における仕入税額控除の制度は、商品等の流通過程で生じる課税の累積を排除するためのもので、これがないとすれば、消費税ではなく、いわゆる取引高税になってしまいます。

　その意味で、仕入税額控除は、消費税における最も重要な要素といえます。消費税法では、「事業者が国内において課税仕入を行なった場合には、課税標準額に対する消費税額から、課税仕入に係る消費税額を控除する」と明確に規定しています。

　しかし、事業者が課税仕入を行なった、つまり前段階の消費税を実際に負担したということは、事業者自身が証明しなければなりません。消費税法は、帳簿だけでなく、課税仕入の内容等を記載した請求書や領収書なども合わせて保存することを要求しています。

　いずれにしても、仕入税額控除は、無条件では認められません。消費税法は、「（仕入税額控除の規定は）事業者がその課税期間の課税仕入等の税額の控除に係る帳簿および請求書等を保存しない場合には、適用しない」と規定しています。

　その結果、帳簿と請求書等のいずれか一方しかないという場合は、原則として仕入税額控除は認められないことになります。そうなると、売上に対する消費税だけを納税させられるということになりかねません。帳簿および請求書等の保存という

図6-27●仕入税額控除が認められる要件

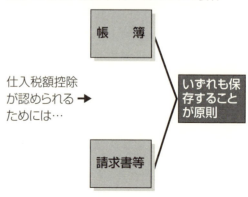

問題は、消費税の実務では、最も重要なことの1つといえるでしょう。

　なお、レアケースですが、災害等のために帳簿および請求書等が保存できないことを事業者が証明した場合は、これらがなくても仕入税額控除が認められます。また、簡易課税制度の適用事業者には、これらの保存要件はありません。

● 帳簿とは何か、請求書等には何が含まれるか

　まず、基本的なことですが、帳簿とはどのようなものをいうのでしょうか。と、あらたまって聞かれると適当な言葉がないのですが、要するに、日々の取引を継続的に記録し、それなりの体裁をもって編てつしたものといえるでしょう。したがって、単なるメモ書きや覚書のようなものは帳簿とはいえません。

　帳簿とは何か、について消費税法に明確な規定はないのですが、請求書等の範囲は、次のように定められています。すなわち、請求書等とは、請求書、納品書、領収書その他これらに類する書類をいうこととされ、また、次のような取扱いがあります。

①卸売市場のせり売りや入札などの場合は、仕入等の相手方ではなく、取次業者等が作成したものも請求書等に含まれる

②デパートなどのいわゆる消化仕入の場合は、「仕入明細書」や「仕入計算書」を作成し、これに相手方の確認を受けて保存すれば、請求書等として扱う

③建設工事などの元請業者が、下請業者の行なった工事等について検収を行ない、その検収内容および出来高に応じた金額等を記載した「出来高検収書」は、②の仕入明細書等に該当する

④前記②の「相手方の確認」を受けたものには、次のものも含まれる

　㋑仕入明細書等の記載内容について、通信回線を通じて課税仕入の相手方の端末機に出力し、確認の通信を受けたうえで自己の端末機から出力したもの

　㋺仕入明細書等の写しの交付を受けたのち、一定期間内に誤りのある旨

の連絡がない場合は、記載内容のとおり確認があったものとする基本契約を締結している場合のその一定期間を経過したもの

帳簿とは、事業者サイドで作成するもの、請求書等とは、取引の直接の相手方が作成するもの、というのが大前提で、両者があいまって証拠書類になるというのが原則です。

しかし、取引の形態によっては、直接の相手方から書類を受けられない、あるいはその相手方は請求書等を作成しないという場合もあります。先の①から④は、このような取引を勘案した取扱いです。

区分記載請求書等保存方式における法定記載事項とは

仕入税額控除を適用するためには、帳簿と請求書等に消費税法で定められた一定の事項が記載されていなければなりません。その内容は、**図6-28**のとおりで、これを**法定記載事項**といいます。

注意したいのは、2019（令和元）年９月30日までと同年10月１日以後では、記載事項が異なることです。前者は、請求書等保存方式といい、後者を**「区分記載請求書等保存方式」**といいます。

区分記載請求書等保存方式では、これまでの請求書等保存方式を基本的に維持したうえで、軽減税率の適用対象になる商品の仕入と標準税率の適用対象になる仕入とを区分するために、帳簿と請求書等に記載事項が追加されています。いずれについても、軽減税率の対象となる資産である場合にはその旨を記載し、また請求書等では、「税率ごとに区分した」課税資産の譲渡等の対価の額（税込価格）を記載する必要があるということです。

もっとも、法定記載事項のすべてが、１つの帳簿、あるいは１つの書類に記載されている必要はありません。２種類以上の帳簿や請求書等に分けて記載されていても、全体として法定記載事項を満たしていればいいわけです。

したがって、帳簿でいえば、総勘定元帳と補助簿の記載を合わせて４項目、書類でいえば、請求書、納品書、領収書の記載を合わせて５項目という場合には、それぞれを保存することで仕入税額控除の要件を満たすわけです。

第6章●仕入税額控除のしくみと計算法

　この場合に、標準税率が適用される仕入なのか、軽減税率の対象になる資産の購入なのかを明らかにしておく必要があることに注意してください。**図6-28**のように区分記載請求書等保存方式では、「軽減対象資産の譲渡等に係るものである旨」を帳簿に記載することとされています。帳簿の記載は「軽減対象」といった程度でかまいません。また、請求書等の具体的な記載方法は193ページで説明します。

　もっとも、区分記載請求書等保存方式においても、それ以前と同様に、たとえば３万円未満の取引に係る仕入税額控除については、請求書等の保存がなくても法定記載事項が記載された帳簿の保存のみで税額控除が適用できます。

図6-28●帳簿、請求書等の法定記載事項

	請求書等保存方式 （2019（令和元）年9月30日まで）	区分記載請求書等保存方式 （2019（令和元）年10月1日から2023（令和5）年9月30日まで）
帳簿	①課税仕入の相手方の氏名または名称 ②課税仕入を行なった年月日 ③課税仕入に係る資産または役務の内容 ④課税仕入に係る支払対価の額	①課税仕入の相手方の氏名または名称 ②課税仕入を行なった年月日 ③課税仕入に係る資産または役務の内容（課税仕入が軽減対象資産の譲渡等に係るものである場合には、資産の内容および<u>軽減対象資産の譲渡等に係るものである旨</u>） ④課税仕入に係る支払対価の額
請求書等	①請求書等の発行者の氏名または名称 ②課税資産の譲渡等を行なった年月日 ③課税資産の譲渡等に係る資産または役務の内容 ④課税資産の譲渡等の対価の額（税込価格） ⑤請求書等の交付を受ける事業者の氏名または名称	①区分記載請求書等の発行者の氏名または名称 ②課税資産の譲渡等を行なった年月日 ③課税資産の譲渡等に係る資産または役務の内容（課税資産の譲渡等が軽減対象資産の譲渡等である場合には、資産の内容および<u>軽減対象資産の譲渡等である旨</u>） ④<u>税率ごとに合計した</u>課税資産の譲渡等の対価の額（税込価格） ⑤区分記載請求書等の交付を受ける事業者の氏名または名称

（注）アンダーライン部分が区分記載請求書等保存方式において追加された記載事項です。

191

ただし、帳簿には、これまでの記載事項に加え、「軽減対象資産の譲渡等に係るものであるである旨」を記載することが仕入税額控除の要件になります。

　なお、「区分記載請求書等保存方式」は2023（令和5）年9月30日までで、同年10月1日以後は「適格請求書等保存方式」に変わりますが、その内容は後述（202ページ）します。

● 記載事項の不足分は追記できる

　2019（令和元）年10月1日からの区分記載請求書等保存方式では、それ以前に比べて記載事項が増えたのですが、その全部が記載されていないと、原則として仕入税額控除は適用できません。したがって、記載事項が不足している請求書等を受け取った場合には、相手方に再交付をしてもらうことになります。

　ただし、図6-28の請求書等の法定記載事項のうち、アンダーライン部分（記載事項が追加された部分）の記載のない請求書等の交付を受けた場合には、その交付を受けた買手が事実にもとづいて追記することができます。その追記をすることによって、法定記載事項の要件を満たすことにより仕入税額控除ができるようになるわけです。

　もっとも、請求書等の交付を受けた事業者において追記できるのは、図6-28の請求書等のアンダーライン部分だけです。それ以外の事項は追記することは認められませんので、ご注意ください。

　なお、区分記載請求書等における「税率の異なるごとに区分して合計した課税資産の譲渡等の対価の額（税込価格）」は、10％の税率が適用される商品等の価格の合計額と8％の税率が適用される商品等の価格の合計額を記載するということです。この場合、それぞれについての消費税額は記載してもしなくてもかまいません。

●「軽減対象資産の譲渡等である旨」はこうする

区分記載請求書等保存方式では、軽減税率の対象資産である場合には、請求書等に「軽減対象資産の譲渡等である旨」を記載しなければなりません。

その記載方法については、そのことが客観的に明らかであるといえる程度の表示がされていればよいこととされています。具体的には、個々の取引ごとに「10％」または「８％」の税率が記載されている場合のほか、次のような表示方法でもかまいません。

①同一の請求書等において、軽減税率の対象となる商品等に「※」や「☆」といった記号・番号等を表示し、これらの記号・番号等が「軽減対象資産の譲渡等である旨」を別途に「※（☆）は軽減対象」などと表示されている場合

②同一の請求書等において、軽減税率の対象となる商品等とそれ以外の商品等に区分し、軽減税率の対象となる商品等として区分されたものについて、その全体が軽減税率の対象であることが表示されている場合

③軽減税率の対象となる商品等に係る請求書等とそれ以外の商品等に係る請求書等に区分して作成し、軽減税率の対象となる商品等に係る請求書等において、その請求書等に記載された商品等が軽減税率の対象であることが表示されている場合

これらを表示した請求書等の記載例を示すと、**図6-29**のとおりですので参考にしてください。

なお、軽減税率の対象商品等がない場合には、「軽減対象資産の譲渡等である旨」の記載は必要ありません。ただし、取引された商品等の全部が軽減税率の対象である場合には、その旨を記載しなければなりません。

図6-29 ●「軽減対象資産の譲渡等である旨」の記載例

【記号・番号等を使用した場合の区分記載請求書等の記載例】

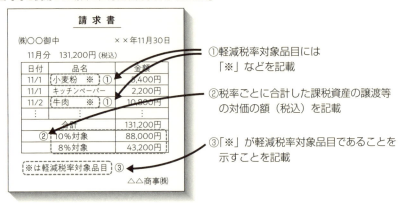

① 軽減税率対象品目には「※」などを記載
② 税率ごとに合計した課税資産の譲渡等の対価の額（税込）を記載
③ 「※」が軽減税率対象品目であることを示すことを記載

【同一請求書内で、税率ごとに商品を区分して区分記載請求書等を発行する場合の記載例】

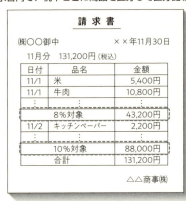

【税率ごとに区分記載請求書等を分けて発行する場合の記載例】

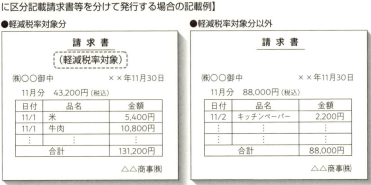

●商品はコード番号でもよい

　法定記載事項を満たした帳簿（図6-30）、請求書（図6-31）、領収書（図6-32）の具体例を示しておきましょう。このように、帳簿には4項目を、請求書等では5項目が明記されていれば、仕入税額控除に関する法律上の要件に該当するわけです。

　もっとも、ここに示したのは典型的な例で、帳簿の場合、総勘定元帳の摘要欄は「○○家具店」とのみ記載し、仕入帳や出納帳に「事務机2台」とあれば、合わせて法定記載事項を満たすことになります。また、帳簿に相手先だけが記載してあっても、いわゆる経理伝票に品名の記載があれば、それはそれでかまいません。

　請求書等の場合も同様です。前述したように、2つ以上の書類の記載で法定記載事項を満たせばよいわけですから、請求書には、単に「○月分商品代」などとあっても、納品書に具体的な品名の記載があれば、両方の書類を

図6-30●法定記載事項を満たす帳簿の例

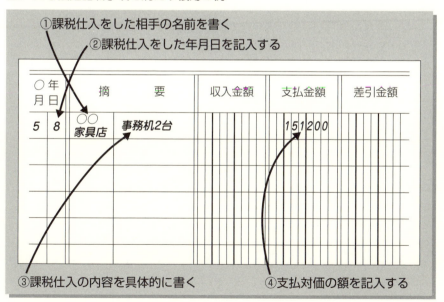

図6-31 ●法定記載事項を満たす請求書の例

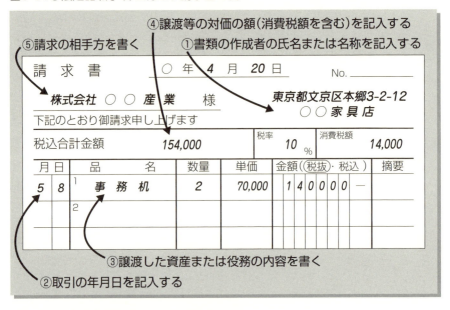

図6-32 ●法定記載事項を満たす領収書の例

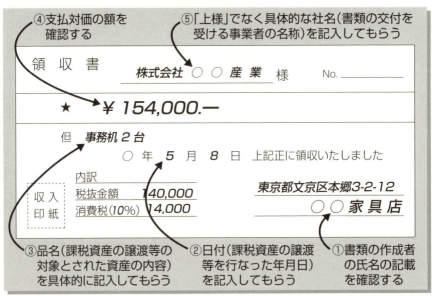

第6章●仕入税額控除のしくみと計算法

保存することで仕入税額控除の要件を満たします。

　ところで、多品種の商品等を扱う企業では、商品名をコード化し、記号や番号で表示する例があります。また、小売店等のレシートもそのようになっている例が多くみられます。

　商品名や取引先の名称等を記号や番号で記載することも、一向にかまいません。ただし、その内容が事業者において判別できなければ意味がありません。小売店等のレシートを請求書等として保存する場合は、レシートを受け取ったときに商品名をメモしておくほうがよいでしょう。

● 請求書等の内容をすべて帳簿に記載する必要はない

　消費税で仕入税額控除を行うためには、法定記載事項がすべて記載された帳簿と請求書等の両方を保存しなければなりません。

　しかし、この要件を厳格に解釈すると、実務が対応しきれないことも考えられます。たとえば、帳簿の記載事項には、「課税仕入を行なった年月日」があります。これは、実際に商品等の仕入をした日ということですから、継続的取引を行なっている取引先から、1か月に10回の仕入があれば、それぞれの仕入日を記帳すること、と解釈することができます。

　仮にそうだとすると、現実離れしたことが起こりかねません。たとえば、電気代や水道料金などです。これらは日々使用するものですから、毎日が「課税仕入を行なった年月日」です。

　このような場合、仕入日ごとに記帳することは、とうてい困難なことですし、実務に耐えられることではありません。したがって、1か月に1回、「○月分」というまとめ記載でかまわないことになっています。

　このような例は数え上げると切りがないのですが、商品名にしても、請求書や納品書に記載されている内容をそのまま帳簿に記録する必要はありません。一般的な総称でよいこととされていますし、また、スーパー等で、ボールペンとティッシュペーパーを購入したとすれば、「文具ほか」という記帳でもかまいません。

　ただし、課税資産の仕入なのか、非課税資産の購入なのかは明らかにして

おくことが必要です。デパート等で得意先への贈答品の購入に際し、物品とビール券の両方があるという場合は、それぞれ別にして記帳しておかなければなりません。

　また、飲食料品を購入した場合には、軽減税率の対象になる仕入であることがわかるように記帳しておく必要があります。

●「上様」領収書は認められるか

　仕入先と継続的な取引がない場合は、請求書はなく、仕入時の領収書だけが書類として残ることになります。この場合、いわゆる「上様」とされている領収書でもよいのでしょうか。

　他人がもらった領収書を悪用するという例があるようですが、請求書等の法定記載事項に「書類の交付を受ける事業者の氏名または名称」、つまり、買手の名前を記載させるのは、このような租税回避行為を防止するねらいがあるのです。したがって、領収書には、買手の名前が記載されていることが原則となっています。

　しかし、いちいち買手の名前を記入するのは不可能という取引形態も少なくありません。そこで、次の事業者に代金を支払った場合の領収書は、「上様」でもかまわないことになっています。

　　①小売業
　　②タクシー業
　　③飲食店業
　　④旅行業
　　⑤駐車場業
　　⑥写真業
　　⑦その他①から⑥に準ずる事業で、**不特定多数の者に商品等の販売を行な**
　　　う事業

　なお、⑤の駐車場業は、不特定多数の者に利用される時間貸駐車場のようなものをいいます。したがって、いわゆる月極駐車場は含まれませんので注意してください。

第6章●仕入税額控除のしくみと計算法

● 帳簿の保存だけで仕入税額控除ができる取引

電車の切符を買ったり、自動販売機でモノを購入しても、通常は領収書がなく、もちろん請求書、納品書もありません。

仕入税額控除の適用要件は、帳簿と請求書等の両方を保存することが原則ですが、請求書等がない取引も少なくありません。そこで、一定の事項を記載した帳簿の保存だけで仕入税額控除を受けられる特例が認められています。

帳簿の保存だけでよいのは、次の2つです。

㋑課税仕入の支払対価の額が3万円未満の場合

㋺課税仕入の支払対価の額が3万円以上の場合で、請求書等の交付を受けなかったことにつきやむを得ない理由があるとき

したがって、まず、1回の取引額が3万円未満であれば、請求書や領収書は不要です。帳簿の記録さえあればいいわけですが、もちろん法定事項は記載されていなければなりません。

なお、この場合の「3万円」は、1商品ごとではなく、1回の取引の合計額をいい、税込みの金額で判定することになっています。

実務で面倒なのは、㋺で、1回の支払額が3万円以上の場合です。請求書等がないときは、法定記載事項のほかに、請求書等の交付を受けなかったことについてのやむを得ない「理由」を記載し、さらに、仕入の相手方の「住所」も帳簿に書かなければならないのです。

この場合の「請求書等の交付を受けなかったことについてのやむを得ない理由」については、次のようなものをいうこととされています。

①自動販売機を利用して課税仕入を行なった場合

②入場券、乗車券、搭乗券のように証明となる書類が回収されることとなっている場合

③課税仕入の相手方に請求書等の交付を請求したが、交付を受けられなかった場合

④課税仕入を行なった課税期間の末日までにその支払対価の額が確定しない場合（この場合は、支払対価の額が確定したときに相手方から請求書

199

等の交付を受けて保存する）
⑤その他①から④に準ずる理由により請求書等の交付を受けられなかった場合

　以上の取扱いをまとめると図6-33のようになりますが、いずれにしても請求書も領収書もないという場合はやっかいです。とくに、3万円以上の場合に帳簿のみによるときは、記載方法に注意してください。
　もっとも、これらのうち、仕入の相手方が次の「国税庁長官が指定した者」であれば、「住所」の記載は省略することができることとされています。
①電車、バス、航空機等の旅客運賃に係る旅客運送事業者
②郵便役務の提供を受けた場合のその郵便役務の提供を行なった者（郵便局）
③出張旅費等を支払った場合のその出張旅費等を受領した使用人等
④再生資源卸売業等に係る課税仕入の相手方

　注意したいのは、帳簿の保存だけで仕入税額控除ができるものであっても、その課税仕入が軽減税率の対象になる商品等である場合には、「軽減対

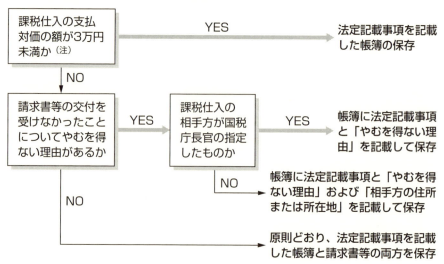

図6-33●帳簿の保存のみで仕入税額控除ができる場合とは

（注）「3万円」は1商品ごとではなく、1回の取引金額の税込対価の額をいう

象資産の譲渡等に係るものである旨」を記載しておく必要があることです。

帳簿、請求書等は7年間保存する

仕入税額控除を受けるための帳簿と請求書等は、消費税の確定申告期限から7年間保存しなければなりません。

ただし、帳簿を7年間保存する場合は請求書等は5年間、請求書等を7年間保存する場合は帳簿は5年間の保存とされています。要するに、6年目と7年目は、いずれか一方を保存すればよいわけです。

なお、保存期間が5年を経過したものは、所定の性能のあるハードディスクや磁気テープなどで保存することもできます。

輸入取引における法定記載事項とは

これまで説明した帳簿や請求書等の記載事項は、国内取引の場合です。輸入取引については、次のように帳簿は3項目、書類は5項目が法定記載事項とされています。これらは、請求書等保存方式の場合も区分記載請求書等保存方式の場合も同じです。

〔帳　簿〕

①課税貨物を保税地域から引き取った年月日

②課税貨物の内容

③課税貨物の引取りに係る消費税額および地方消費税額またはその合計額

〔書　類〕

①保税地域の所在地を所轄する税関長

②課税貨物を保税地域から引き取ることができることとなった年月日

③課税貨物の内容

④課税貨物に係る課税標準である金額、引取りに係る消費税額および地方消費税額

⑤書類の交付を受ける事業者の氏名または名称

2023年10月からは「適格請求書等保存方式」になる

● 適格請求書等の保存が仕入税額控除の要件になる

　消費税（付加価値税）の先進国であるヨーロッパ諸国では、従来からインボイス方式（税額票方式）が採用されており、税額等が記載されたインボイスの保存がある場合に限り、課税仕入に係る税額の控除ができることになっています。

　わが国では、インボイスの発行に伴う事業者の事務負担を考慮して、インボイス方式は採用されてきませんでしたが、2023（令和5）年10月1日から、この方式が導入されます。わが国では、「**適格請求書等保存方式**」といいます。このため、売手から交付を受けた適格請求書等を保存しておくことが仕入税額控除の適用要件になります。

　なお、適格請求書等とは、あとで説明する適格請求書発行事業者から交付を受けた「**適格請求書**」または「**適格簡易請求書**」をいいます。

● 適格請求書の記載事項とは

　まず、仕入税額控除の要件を満たす適格請求書の記載事項について、前述した区分記載請求書等と比較して示すと、**図6-34**のとおりです。

　適格請求書では、区分記載請求書等の記載事項のほかに、適格請求書発行事業者の登録番号、課税資産の譲渡等の税抜価格または税込価格、税率ごとに区分した消費税額等の記載が必要になります。

　この場合の「税率ごとに区分した消費税額等」とは、消費税額および地方消費税額の合計額をいい、次のいずれかによります。

①課税資産の譲渡等に係る税抜価格を税率ごとに区分して合計した金額に100分の10（軽減税率の対象資産の場合は100分の8）を掛けた金額
②課税資産の譲渡等に係る税込価格を税率ごとに区分して合計した金額に

第6章●仕入税額控除のしくみと計算法

110分の10（軽減税率の対象資産の場合は108分の８）を掛けた金額

また、この計算における消費税額等については、一の適格請求書について、税率ごとに１回の端数処理を行ないます。

なお、端数処理の方法（切り捨て、切り上げ、四捨五入）は任意です。ただし、一の適格請求書に記載されている個々の商品ごとに消費税額等を計算し、１円未満の端数処理を行ない、その合計額を消費税額等として記載することは認められません。

適格請求書の記載例と一定期間分をまとめて請求する場合の適格請求書の記載例を示すと、次ページ図6-35のようになります。

なお、適格請求書の交付に代えて、その記載事項の電磁的記録（電子インボイス）を提供することもできます。

図6-34●区分記載請求書と適格請求書の記載事項の比較

区分記載請求書 （2019（令和元）年10月１日から 2023（令和５）年９月30日まで）	適格請求書 （2023（令和５）年10月１日から）
①区分記載請求書の発行者の氏名または名称 ②課税資産の譲渡等を行なった年月日 ③課税資産の譲渡等に係る資産または役務の内容（課税資産の譲渡等が軽減対象資産の譲渡等である場合には、資産の内容および軽減対象資産の譲渡等である旨） ④税率ごとに合計した課税資産の譲渡等の対価の額（税込価格） ⑤区分記載請求書の交付を受ける事業者の氏名または名称	①適格請求書発行事業者の氏名または名称および登録番号 ②課税資産の譲渡等を行なった年月日 ③課税資産の譲渡等に係る資産または役務の内容（課税資産の譲渡等が軽減対象資産の譲渡等である場合には、資産の内容および軽減対象資産の譲渡等である旨） ④税率ごとに区分した課税資産の譲渡等の税抜価格または税込価格の合計額および適用税率 ⑤税率ごとに区分した消費税額等 ⑥適格請求書の交付を受ける事業者の氏名または名称

（注）適格請求書では、区分記載請求書等の記載事項にアンダーライン部分が追加されます。

図6-35 ● 法定記載事項を満たす適格請求書の例

【適格請求書の記載例】

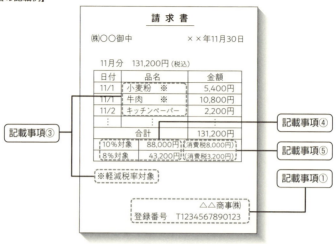

【一定期間の取引をまとめた請求書を適格請求書として交付する場合の記載例】

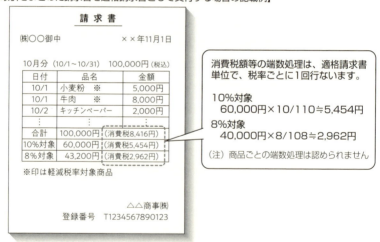

● 小売業や飲食業などは適格簡易請求書を交付できる

　事業の内容によっては、適格請求書の記載事項のすべてを記載した請求書を交付することが困難な場合があります。

第6章●仕入税額控除のしくみと計算法

　そこで、適格請求書発行事業者が、不特定かつ多数の者に商品等の販売を行なう次の事業の場合には、適格請求書の記載事項の一部を簡易なものとした「適格簡易請求書」を交付することができます。

①小売業

②飲食店業

③写真業

④旅行業

⑤タクシー業

⑥駐車場業（不特定かつ多数の者に対するものに限る）

⑦その他これらの事業に準ずる事業で不特定かつ多数の者に資産の譲渡等を行なう事業

　適格簡易請求書の記載事項について、適格請求書と比較すると、**図6-36**のとおりです。また、適格簡易請求書の例を示すと、次ページ**図6-37**のとおりです。

図6-36●適格請求書と適格簡易請求書の記載事項の比較

適格請求書	適格簡易請求書
①適格請求書発行事業者の氏名または名称および登録番号	①適格簡易請求書発行事業者の氏名または名称および登録番号
②課税資産の譲渡等を行なった年月日	②課税資産の譲渡等を行なった年月日
③課税資産の譲渡等に係る資産または役務の内容（課税資産の譲渡等が軽減対象資産の譲渡等である場合には、資産の内容および軽減対象資産の譲渡等である旨）	③課税資産の譲渡等に係る資産または役務の内容（課税資産の譲渡等が軽減対象資産の譲渡等である場合には、資産の内容および軽減対象資産の譲渡等である旨）
④<u>税率ごとに区分した課税資産の譲渡等の税抜価格または税込価格の合計額および適用税率</u>	④税率ごとに区分した課税資産の譲渡等の<u>税抜価格または税込価格の合計額</u>
⑤税率ごとに区分した消費税額等	⑤<u>税率ごとに区分した消費税額等または適用税率</u>
⑥<u>適格請求書の交付を受ける事業者の氏名または名称</u>	

（注）アンダーライン部分が適格請求書と適格簡易請求書で記載事項の異なる点です。

205

図6-37 ●適格簡易請求書の例

【適用税率のみを記載する場合】

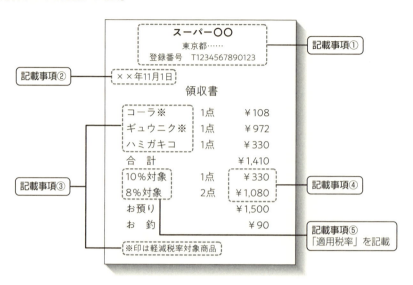

【税率ごとに区分した消費税額等のみを記載する場合】

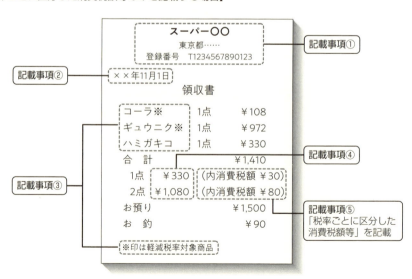

第6章●仕入税額控除のしくみと計算法

● 適格請求書発行事業者には適格請求書の交付義務がある

適格請求書発行事業者には、国内で課税資産の譲渡等を行なった場合に、相手方から求められたときは、適格請求書または適格簡易請求書を交付する義務が課せられています。

適格請求書保存方式は、標準税率と軽減税率という複数税率に対応するために導入されるものですが、その適用税率は関係ありませんので、標準税率の取引のみを行なっている場合にも、相手方から求められたときは、適格請求書等の交付義務があることに注意してください。

また、適格請求書発行事業者が、適格請求書または適格簡易請求書を交付した場合において、これらの書類に記載事項の誤りがあったときは、修正した適格請求書または適格簡易請求書を交付しなければなりません。記載事項の誤りがある書類を交付すると、買手の側で追記や修正はできませんから、仕入税額控除の適用に支障が生じることになります。

なお、適格請求書等は、その記載事項について電磁的記録（電子インボイス）を提供することができますが、書類によるにしろ電子インボイスによるにしろ、適格請求書発行事業者は、その写しまたは記録を保存しておく必要があります。

注意していただきたいのは、適格請求書等に類似するものを交付した場合には、1年以下の懲役または50万円以下の罰金という罰則規定が適用されることです。適格請求書等は、消費税を適正に運用・執行する要といえるものですから、厳しい規定が設けられているのです。

● 適格請求書等の交付が免除される取引もある

国内において課税資産の譲渡等をした場合には、原則として、すべて適格請求書等を交付しなければならないのですが、次のような取引は、その事業の性質上、適格請求書等の交付を行なうことが困難です。このため、その交付義務が免除されています。

①公共交通機関であるバス、鉄道または船舶等による旅客の運送として行

なわれるもので、３万円未満の切符等の販売

②出荷者が卸売市場において行なう生鮮食料品等の販売（出荷者が委託を受けた受託者が卸売の業務として行なうものに限る）

③生産者が農業協同組合、漁業協同組合または森林組合等に委託して行なう農林水産物の販売（無条件委託契約かつ共同計算方式により生産者を特定せずに行なうものに限る）

④３万円未満の自動販売機および自動サービス機により行なわれる商品の販売等

⑤郵便切手類のみを対価とする郵便・貨物サービス（郵便ポストに差し出されたものに限る）

このうち①の「３万円未満」であるかどうかは、１回の取引の税込価格で判定します。したがって、１商品（切符１枚）ごとの金額や月まとめの金額では判定しません。３人分の切符の場合には、３人分の金額で３万円未満かどうかを判定するということです。

また、上記の④は、代金の受領と資産の譲渡等が自動で行なわれる機械装置で、その機械装置のみで代金の受領と資産の譲渡等が完結するものをいいます。自動販売機による飲食料品の販売のほか、コインロッカーやコインランドリーなどが該当します。

適格請求書発行事業者の登録制度がある

国内において課税資産の譲渡を行なう事業者で、適格請求書等の交付をしようとするものは、納税地の所轄税務署長に申請書を提出し、登録を受ける必要があります。

要するに、登録を受けた事業者だけが適格請求書等の発行をすることができることとされ、その登録事業者からの課税仕入を行なった事業者について仕入税額控除が適用できるということです。

適格請求書発行事業者の登録制度について、その概要を図6-38に、また、登録申請のスケジュールを図6-39まとめておきますから、参考にしてください。

図6-38●適格請求書発行事業者の登録制度の概要

	制度の概要
適格請求書発行事業者の登録手続き	・適格請求書発行事業者の登録を受けようとする事業者は、一定の事項を記載した申請書を納税地の所轄税務署長に提出しなければならない ・適格請求書発行事業者の登録は、2021（令和3）年10月1日からその申請を受け付ける ・2023（令和5）年10月1日から適格請求書発行事業者になるためには、同年3月31日までに登録申請書を提出する必要がある
登録番号の構成	・適格請求書発行事業者の登録番号は、次のような構成になる ①法人番号を有する課税事業者 「T」（ローマ字）＋法人番号（数字13桁） ＜例＞T1234567890123 ②①以外の課税事業者（個人事業者等） 「T」（ローマ字）＋数字（数字13桁） （注）この場合の数字には、マイナンバーは用いず、法人番号とも重複しない事業者ごとの番号となる。
適格請求書発行事業者の登録事項の公表	・適格請求書発行事業者登録簿に登録されると、次の事項が国税庁のホームページにおいて公表される ①適格請求書発行事業者の氏名または名称および登録番号 ②登録年月日 ③登録取消年月日、登録失効年月日 ④法人の本店または主たる事務所の所在地
適格請求書発行事業者の登録の取消し	・適格請求書発行事業者が、登録の取消しを求める旨の届出書を納税地の所轄税務署長に提出した場合には、その登録が取り消される ・税務署長は、適格請求書発行事業者が1年以上所在不明であること、適格請求書発行事業者が事業を廃止したと認められるときは、その登録を取り消すことができる

図6-39●適格請求書発行事業者の登録申請スケジュール

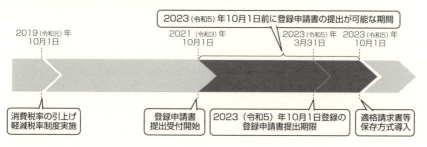

● 免税事業者でも適格請求書発行事業者の登録を受けることができる

　適格請求書等を交付できるのは、登録を受けた適格請求書発行事業者に限られますが、その登録を受けるかどうかは事業者の任意です。ただし、登録を受けなければ、適格請求書等を発行できませんので、取引の相手方が仕入税額控除を行なうことができません。

　一方で、取引の相手方が一般消費者や免税事業者など、課税事業者以外の者である場合には、適格請求書等の発行義務はありません。そもそもこれらの者は、仕入税額控除は関係ないからです。

　これらの点を勘案して適格請求書発行事業者の登録を受けるかどうかを判断する必要があります。

　ところで、その登録申請をするかどうかについて、悩ましいのは免税事業者です。免税事業者が免税事業者である限りは、消費税の申告も納税もありませんが、適格請求書等の交付をすることもできません。したがって、取引の相手方が課税事業者の場合に、免税事業者から課税仕入を行なっても、仕入税額控除が適用できないというデメリットが生じます。このため、免税事業者が取引から排除されてしまうという問題があるのです。

　一方、免税事業者であっても、登録の申請をして適格請求書発行事業者になることは可能です。登録をして適格請求書発行事業者になれば、適格請求書等を交付することができますから、課税事業者との取引が継続できるというメリットがあるわけです。

　ただし、免税事業者が適格請求書発行事業者になると、自動的に課税事業者になりますから、消費税の申告と納税は免れません。登録を受けるかどうか、悩ましいところですが、免税事業者の場合には、事業の内容や取引先が課税事業者であるかどうかなど、それぞれの状況を勘案して判断する必要があります。

　なお、適格請求書等保存方式が導入される2023（令和5）年10月1日から6年間について、免税事業者からの課税仕入に係る仕入税額控除に、次のような経過措置が設けられることは、前に説明したとおりです。

　①2023（令和5）年10月1日から2026（令和8）年9月30日までの課税

仕入……仕入税額の80％相当額

②2026（令和８）年10月１日から2029（令和11）年９月30日までの課税
仕入……仕入税額の50％相当額

帳簿の保存のみで仕入税額控除ができる取引もある

　帳簿の記載だけで仕入税額控除が適用できる取引については、前に説明し
たとおりです（199ページ）。適格請求書等保存方式においても、請求書等の
交付を受けることができない取引があることを考慮し、次の取引について
は、一定の事項を記載した帳簿の保存のみで仕入税額控除ができることとさ
れています。

①適格請求書の交付義務が免除される３万円未満の公共交通機関による旅
客の運送

②適格簡易請求書の記載事項が記載されている入場券等が使用の際に回収
される取引

③古物営業を営む者の適格請求書発行事業者でない者からの古物の購入

④質屋を営む者の適格請求書発行事業者でない者からの質物の取得

⑤宅地建物取引業を営む者の適格請求書発行事業者でない者からの建物の
購入

⑥適格請求書発行事業者でない者からの再生資源または再生部品の購入

⑦適格請求書の発行義務が免除される３万円未満の自動販売機および自動
サービス機からの商品等の購入

⑧適格請求書の発行義務が免除される郵便切手類のみを対価とする郵便・
貨物サービス（郵便ポストに差し出されたものに限る）

⑨従業員等に支給する通常必要と認められる出張旅費等（出張旅費、宿泊
費、日当および通勤手当）

　また、仕入の相手方の住所または所在地について、帳簿に記載する必要が
ない者は、次のとおりです。

　イ　適格請求書の交付義務が免除される３万円未満の公共交通機関（バ
ス、鉄道または船舶）による旅客の運送について、その運送を行なった

者

ロ　適格請求書の交付義務が免除される郵便役務の提供について、その郵便役務の提供を行なった者

ハ　課税仕入に該当する出張旅費等（出張旅費、宿泊費、日当および通勤手当）を支払った場合のその出張旅費等を受領した使用人等

ニ　上記の③から⑥を行なった場合のその課税仕入の相手方

● 適格請求書等保存方式における税額の計算方法は？

　消費税の売上税額と仕入税額の計算方法については、この本のいくつかの箇所で説明してきました。それぞれについて、次の2つの方法があるということです。

〔売上税額〕

①**割り戻し計算**……税率の異なるごとに区分した課税期間中の課税資産の譲渡等の税込対価の合計額に、110分の100または108分の100を掛けて税率ごとの課税標準額を算出し、それぞれの税率（7.8％または6.24％）を掛けた金額を売上税額とする

②**積み上げ計算**……相手方に交付した適格請求書または適格簡易請求書の写しを保存している場合に、これらの書類に記載した消費税額等の合計額に、100分の78を掛けた金額を売上税額とする

〔仕入税額〕

①**割り戻し計算**……税率の異なるごとに区分した課税期間中の課税仕入に係る税込支払対価の合計額に、110分の7.8または108分の6.24を掛けて算出した金額を仕入税額とする

②**積み上げ計算**……相手方から交付を受けた適格請求書または適格簡易請求書に記載されている消費税額等の合計額に、100分の78を掛けた金額を仕入税額とする

　適格請求書等保存方式においても、これらの計算方法によりますが、注意していただきたいのは、売上税額の計算では、上記の①が原則で、②が特例

とされていること、また、仕入税額の計算では、上記の②が原則で、①が特例とされていることです。これらの関係をまとめると、**図6-40**のようになります。

図6-40●売上税額と仕入税額の計算方法の関係

売上税額の計算	仕入税額の計算
【原則】割り戻し計算 　売上税額は、税率の異なるごとに区分した課税標準である金額に、それぞれの税率を掛けて計算する。 　この方法を採用する場合には、仕入税額は積み上げ計算（原則）または割り戻し計算（特例）のいずれかを選択することができる。	**【原則】積み上げ計算** 　仕入税額は、交付を受けた適格請求書等に記載された消費税額等を積み上げて計算する。 　売上税額の計算において積み上げ計算を選択した場合、仕入税額の計算では割り戻し計算を適用することはできない。
【特例】積み上げ計算 　相手方に交付した適格請求書等の写しを保存している場合には、その書類に記載した消費税額等を積み上げて売上税額を計算することができる。	**【特例】割り戻し計算** 　課税期間中に行なった課税仕入に係る支払対価の額を税率の異なるごとに区分し、その合計額について、それぞれの税率にもとづいて割戻し計算をすることができる。

第7章

国境を越えた役務の提供も課税対象になる

1　国境を越えた役務提供に対する課税とは
2　事業者向け電気通信利用役務の提供はリバースチャージ方式になる
3　消費者向け電気通信利用役務の提供は国外事業者に申告義務がある
4　特定役務の提供はリバースチャージ方式による

国境を越えた役務提供に対する課税とは

● 電子商取引と消費税の関係

　企業活動において、いまやインターネットは必要不可欠のものになっています。国外との取引も盛んになり、インターネットを利用した広告の配信、電子書籍の購入、クラウドサービス等の役務の提供など、国境を越えた取引も少なくありません。

　消費税の課税対象取引については、第2章で説明したとおり、原則として国内において事業者が行なう資産の譲渡や役務の提供とされています。しかしながら、これだけが消費税の課税対象であるとすると、国外の事業者からのインターネットを利用した役務の提供は国外取引となり、消費税が課税されないことになります。

　このため、国外事業者は、役務の提供に際して、その価格に消費税を乗せる必要がありません。そうなると、消費税を価格に転嫁する国内事業者との間で、消費税分だけ価格に差異が生じ、両者の間で競争条件の不均衡という問題が生じます。

　そこで、国内外の事業者間のこうした不均衡を是正するため、国外の事業者が国境を越えて行なう広告の配信や電子書籍等の販売など電子商取引について、消費税を課税することとされています。

　なお、後述するように、「事業者向け電気通信利用役務の提供」とそれ以外のもの（消費者向け電気通信利用役務の提供）では、課税方法が異なります。

● 電気通信利用役務とは

　この制度の対象になる「電気通信利用役務の提供」とは、資産の譲渡等のうち、電気通信回線を利用して行なわれる役務の提供をいいますが、他の資

第7章●国境を越えた役務の提供も課税対象になる

産の譲渡等の結果を通知するだけの付随的な役務提供は、「電気通信利用役務の提供」には該当しません。その区分は、**図7-1**のとおりです。

図7-1●電気通信利用役務の提供に該当するものと該当しないもの

電気通信利用役務の提供に該当する例	・インターネットを通じた電子書籍、電子新聞、音楽、映像、ソフトウェア（ゲームなどのアプリケーションを含む）などの配信 ・クラウド上のソフトウェアやデータベースなどを利用させるサービス ・インターネットを通じた広告の配信・掲載 ・インターネット上のショッピングサイト・オークションサイトを利用させるサービス ・インターネット上でゲームソフト等を販売する場所（WEBサイト）を利用させるサービス ・インターネットを介して行なう宿泊予約、飲食店予約サイト（宿泊施設、飲食店等を経営する事業者から掲載料等を徴収するもの） ・インターネットを介して行なう英会話教室 ・電話・電子メールによる継続的なコンサルティング
電気通信利用役務の提供に該当しない例	・電話、ファックス、電報、インターネット回線の利用など、本来の通信手段に該当するもの ・ソフトウェアの制作や請負 （注）ソフトウェアの制作を国外事業者に依頼し、そのソフトウェアの受領や制作の過程の指示をインターネットを介して行なう場合のそのソフトウェアの受領等の行為は、ソフトウェアの制作という役務提供に付随する行為であり、電気通信利用役務の提供には該当しない。 ・国外に所在する資産の管理・運用等（ネットバンキングを含む） （注）資産の運用、資金の移動等の指示、状況、結果報告等について、インターネットを介して連絡が行なわれたとしても、資産の運用・管理等に付随して行なわれるものであり、電気通信利用役務の提供には該当しない。ただし、クラウド上の資産運用ソフトの利用料金などを別途に受領している場合には、その部分については電気通信利用役務の提供に該当する。 ・国外事業者に依頼する情報の収集・分析等 （注）情報の収集・分析等を行なった後、その結果報告等について、インターネットを介して連絡が行なわれたとしても、情報の収集・分析等に付随して行なわれるものであり、電気通信利用役務の提供には該当しない。ただし、他の事業者の依頼によらずに自身が収集・分析した情報について対価を得て閲覧させたり、インターネットを通じて利用させるものは電気通信利用役務の提供に該当する。 ・国外の法務専門家等が行なう国外での訴訟等 （注）訴訟の状況報告やそれに伴う指示などがインターネットを介して連絡が行なわれたとしても、その役務の提供は、国外における訴訟遂行に付随して行なわれるものであり、電気通信利用役務の提供には該当しない。

217

事業者向け電気通信利用役務の提供はリバースチャージ方式になる

● 事業者向け電気通信利用役務の提供とは

　国外事業者が行なう電気通信利用役務の提供のうち、その役務の性質や役務の提供に係る取引条件などからみて、その役務の提供を受ける者が通常の場合、事業者に限られるものを「事業者向け電気通信利用役務の提供」といいます。

　これに該当するものとしては、たとえば、インターネット上での広告の配信やゲームをはじめとするアプリケーションソフトをインターネット上のWEBサイトで販売する場所を提供するサービスなどがあります。

　また、取引条件等から「事業者向け電気通信利用役務の提供」に該当するものとしては、たとえば、クラウドサービスの電気通信利用役務の提供のうち、取引当事者間で提供する役務の内容を個別に取り決めて当事者間で契約を結ぶものなどで、その契約において役務の提供を受ける事業者が事業として利用するものが明らかなものをいいます。

　なお、インターネットのWEBサイトのページから申込みを受け付けるようなクラウドサービス等において、「事業者向け」であることをそのWEBサイトのページに掲載していたとしても、事業者以外の消費者からの申込みがあった場合に、事実上その申込みを制限できないものは、「事業者向け電気通信利用役務の提供」には該当しません。このような取引は、後述する「消費者向け電気通信利用役務の提供」として取り扱います。

● 仕入側に課税されるリバースチャージ方式とは

　消費税は、役務の提供を行なった者、つまり売手に申告納税の義務があるのが原則ですが、事業者向け電気通信利用役務の提供については、国内において、その役務の提供を受けた事業者が納税義務者となり、役務の提供を行

なった事業者に申告納税の義務はありません。

　要するに、買手（仕入側）に申告と納税の義務が生ずるということです。これをリバースチャージ方式とよんでいます（図7-2）。

図7-2●事業者向け電子商取引の課税方法（リバースチャージ方式）

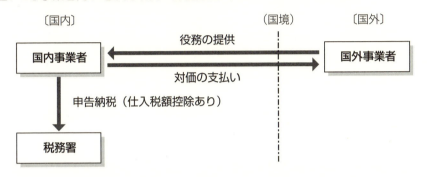

●リバースチャージ方式では支払額が課税標準になる

　課税標準に対する消費税額の計算方法は、第5章（102ページ）で説明したとおりですが、「事業者向け電気通信利用役務の提供」があった場合には、次のように、国外事業者に対する支払対価の額を国内での課税売上の額に加算して課税標準額とします。

$$課税標準額 = \begin{bmatrix}国内取引の課税売上高\\（税抜金額）\end{bmatrix} + \begin{bmatrix}事業者向け電気通信利用役務\\の提供に係る支払対価の額\end{bmatrix}$$

　なお、課税標準額の計算において、国内取引の課税売上高は、税抜きの金額としますから、税込みの課税売上高の場合には、その売上高に110分の100（軽減税率が適用される売上高の場合には108分の100）を掛けて課税標準額とします（102ページ）。これに対し、国内事業者が国外事業者に支払う役務提供の対価の額には消費税が含まれていません。したがって、支払った対価の額がそのまま課税標準額になります。

仕入税額控除も適用される

　国外事業者から事業者向け電気通信利用役務の提供を受けるということは、仕入を行なったということです。このため、上記によって、その支払対価の額は課税標準額に算入されるのですが、同時に仕入税額控除が適用されます。

　消費税の申告に際しては、その支払対価の額に110分の7.8を掛けた金額が課税標準に対する消費税額から控除することができます。

課税売上割合が95％以上の場合は経過措置がある

　ところで、「事業者向け電気通信利用役務の提供」を受けた場合のリバースチャージ方式は、次に該当する事業者の場合には、経過措置として当分の間、その課税期間中に行なった課税仕入（役務の提供）はなかったものとされています（課税売上割合については、第6章の156ページで説明したとおりです。なお、簡易課税制度については、第8章の246ページで説明します）。

　①課税売上割合が95％以上である事業者
　②簡易課税制度の適用事業者

　したがって、これらの事業者の場合には、国外事業者からの電気通信利用役務の提供があったとしても、その支払対価の額を課税標準額に加える必要はありませんし、また仕入税額控除も適用されないことになります。

　なお、課税売上割合が95％未満の事業者の場合には、上記で説明したリバースチャージ方式が適用されるのですが、国外事業者に対する支払対価の額に消費税が課税され、同時に仕入税額控除を適用すれば、差し引きゼロで、納税額に影響がないようにみえます。しかし、課税売上割合が95％未満の場合には、課税仕入に係る税額の全部が控除できませんので、リバースチャージ方式が適用される場合には、その適用がない場合に比べて最終的な納税額が増えることになります。

消費者向け電気通信利用役務の提供は国外事業者に申告義務がある

●国外事業者が申告と納税をする

　電気通信利用役務の提供のうち、事業者向けに該当しないものは「消費者向け電気通信利用役務の提供」となります。電子書籍、音楽、映像の配信などが該当します。

　これらは、広く消費者を対象に提供されているサービスですが、事業者がその提供を受けることもあります。事業者が「消費者向け電気通信利用役務の提供」を受けた場合には、リバースチャージ方式ではなく、図7-3のように、その役務の提供をする国外事業者に消費税の申告と納税の義務があります。

図7-3●消費者向け電子商取引の課税方法

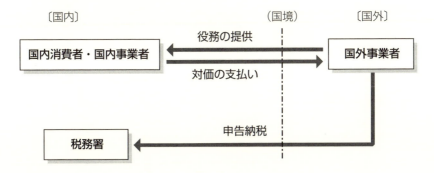

●原則として仕入税額控除は適用されない

　消費者向けの電子商取引の場合には、役務の提供者である国外事業者に申告と納税の義務があるのですが、わが国の課税権が及ばない国外の事業者が確実に納税してくれるとは限りません。国外事業者の納税がないにもかかわ

らず、役務の提供を受けた国内事業者に仕入税額控除を適用すると、「納税なきところに控除あり」となってしまします。

そこで、国内事業者が「消費者向け電気通信利用役務の提供」を受けた場合には、当分の間、その国内事業者には仕入税額控除を適用しないこととされています。

登録国外事業者の場合には仕入税額控除が適用できる

もっとも、国外事業者がきちんと納税をしてくれれば、役務の提供を受けた国内事業者に仕入税額控除を認めても問題はありません。そこで、国内事業者が「登録国外事業者」から「消費者向け電気通信利用役務の提供」を受けた場合には、消費税額の計算上、仕入税額控除を適用することとしています。

この場合の「登録国外事業者」とは、国税庁長官の承認・登録を受けた国外事業者で、登録の申請が認められると、国税庁長官は、次の事項を国外事業者登録簿に登載することとされています。

①登録番号および登録年月日

②登録国外事業者の氏名または名称

③登録国外事業者の住所・居所または本店もしくは主たる事務所の所在地

④国内において電気通信利用役務の提供を行なう事務所等を有する場合には、その所在地

なお、これらの登録事項は、国税庁のホームページで公表されていますから、相手方が登録国外事業者であるかどうかを確認することができます。

特定役務の提供はリバースチャージ方式による

●国外事業者が行なう芸能・スポーツ等の報酬に対する課税方法

　国内のイベント企画会社が国外から外国人音楽家を招聘して演奏会を開催し、その音楽家に報酬を支払ったとします。その報酬を受け取る音楽家は、事業者であり、国内で演奏活動をしたわけですから、本来は、その音楽家が日本の税務署に消費税の申告と納税をすべきです。

　ところが、国外からきた芸能人やスポーツ選手等は、国内に滞在する期間が短いことが多く、国外に出られてしまうと、わが国の課税権が及ばないため、確実に申告と納税をしてくれるとは限りません。

　そこで、前述したリバースチャージ方式です。国外から音楽家等を招聘し、報酬を支払った国内事業者に消費税の申告納税の義務があるということです。

　要するに、国内で役務の提供を受ける事業者は、外国人タレント等に対する報酬の支払いの際は、消費税相当分を上乗せする必要はなく、その代わり、報酬の支払者が納税する必要があるということです。

　なお、リバースチャージ方式によって納税義務が課される国内事業者については、前述した「事業者向け電気通信利用役務の提供」と同様に、その課税期間の課税売上高が95％以上の場合と簡易課税制度の適用を受ける課税期間は、国外の芸能人等に対する報酬の支払いはなかったものとして取り扱われます。したがって、仕入税額控除も適用できません。

●特定役務の提供とは

　上記によりリバースチャージ方式が適用されるのは、「特定役務の提供」です。国外からきた映画や演劇の俳優、音楽家その他の芸能人または職業運動家が行なう事業としての役務の提供のうち、国外事業者が他の事業者に対

して行なうものが「特定役務の提供」です。

　この制度は、外国人タレント等が日本国内で直接興行を行なう場合ではなく、日本の興行主である事業者に対して行なう役務の提供を対象としています。したがって、たとえば、国外の芸能人等が自身で公演会場を手配し、その芸能人等が自らチケットの販売をして公演を行なう場合のように、国内事業者であるイベント会社を介して行なわないものは「特定役務の提供」には該当しません。この場合には、事業者であるその芸能人等が消費税の申告と納税を行なう義務があります。

第8章

中小事業者にはこんな特例がある

1 小規模事業者は納税義務が免除される
2 新設法人は基準期間がなくても納税義務がある
3 簡易課税制度の税額計算
4 簡易課税制度の事業区分はどう判定するか

小規模事業者は納税義務が免除される

● 免税事業者になるのは？

　商品等の販売やサービスの提供に広く課税し、その流通段階で価格に転嫁する消費税の性格からみれば、流通過程にある事業者は、すべて納税義務者となるのが原則です。

　しかし、これまでにみたように、売上に係る消費税と仕入等に係る消費税を正確に計算して申告するのは、事業者にとって相当の事務負担になります。また、わが国の法人、個人事業者を含めたすべての事業者が消費税の申告をするとなると、税務署の事務量も大変なものになってしまいます。

　こうした点に配慮して、小規模事業者には納税義務を免除する措置が取られています。これを**事業者免税点制度**といい、その対象になる事業者を**免税事業者**と呼んでいます。

　免税事業者になるのは、その課税期間の基準期間における課税売上高が1000万円以下の事業者で、納税はもちろん、消費税の申告も免除されます（例外規定あり。237ページ）。

　なお、納税義務が免除されるのは、国内取引だけですから、免税事業者が輸入取引をした場合の消費税については、納税の義務を負うことになります。

● 基準期間とは2年前の課税期間をいう

　消費税法には、**課税期間**と**基準期間**という用語がよく出てきますが、前者は、法人税でいえば事業年度、個人事業者の場合は、暦年（1月1日から12月31日まで）をいいます。

　その課税期間について、免税事業者になるかどうかは基準期間の課税売上高で判定するのですが、基準期間とは、法人の場合は前々事業年度、個人事業者は前々年をいいます。

もっとも、法人の中には半年決算という例もあり、この場合は、2年前の2期分が基準期間になります。したがって、その2期分の課税売上高を合計して1000万円以下かどうかを判定します（**図8-1**）。

いずれにしても、基準期間の課税売上高が1000万円以下であれば、その課税期間の課税売上高が1億円でも免税事業者となります。

注意していただきたいのは、その逆のケースです。基準期間の課税売上高が1000万円を超えるときは、その課税期間に500万円の売上しかなくても、納税義務は免除されません。この場合は、500万円の課税売上に対する消費税額から控除税額を差し引いた金額について、消費税と地方消費税の申告と納税が必要です。

なお、納税義務の有無の判定をその課税期間ではなく、基準期間で行なうのは、消費税が転嫁を予定している税であるからです。つまり、事業者において、その課税期間が始まるときまでに、納税義務者になるかどうかを予知しておく必要があるというのがその理由になっているわけです。

図8-1●基準期間は課税期間の2年前

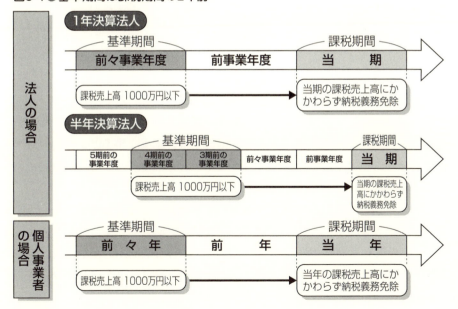

● 課税売上高はこう判定する

　中小事業者にとって、免税事業者になるかどうかは重要な問題です。そこで、基準期間の課税売上高の計算方法について、もう少し正確に説明しておきます。

　基準期間の課税売上高とは、基準期間中の課税資産の譲渡等の対価の額（税抜金額）から売上の値引き、返品、割戻しなどのいわゆる対価の返還等の金額（税抜金額）を控除した金額をいいます（**図8-2**）。

　この場合、輸出免税となる売上があれば、これに加えて1000万円以下かどうかを判定します。また、役員に対する資産の贈与など、いわゆるみなし譲渡があるときは、その資産の時価相当額（低廉譲渡の場合は時価と対価との差額）が課税売上高に含まれます。ただし基準期間において貸倒れが生じた場合でも、その対価の額は控除できないので注意してください。

　ところで、2年前に法人が設立された場合や個人事業者が新規開業したときなど、基準期間が1年未満のケースもあります。この場合は、**図8-3**のように課税売上高を計算し、免税事業者になるかどうかを判定します。この計算では法人と個人とで取扱いが違うことに注意してください。法人の場合は、実際の課税売上高を1年間に引き延ばして1000万円以下かどうかをみます。これに対し個人事業者の場合は、そうした引き延ばしをせず、実際の課税売上高で判定してよいことになっています。

　なお、課税売上高は、事業の種類や事業所ごとに分けるのではなく、事業者全体で判定します。たとえば、食料品の販売業者が、事務所の横の土地を利用して駐車場経営をしているような場合では、本来の事業と駐車場経営とを合わせた課税売上高で免税事業者になるかどうかを判定するということです。

　このようにして判定した結果、基準期間の課税売上高が1000万円を超えることとなった場合は、速やかに「**消費税課税事業者届出書**」（230ページ**図8-4**）を所轄税務署に提出してください。また、基準期間の課税売上高が1000万円以下となった課税事業者は、「**消費税の納税義務者でなくなった旨の届出書**」（231ページ**図8-5**）を提出する必要があります。

図8-2●課税売上高の判定

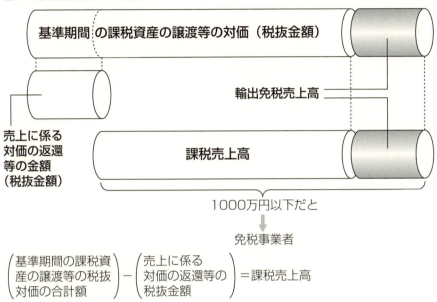

図8-3●免税事業者の判定

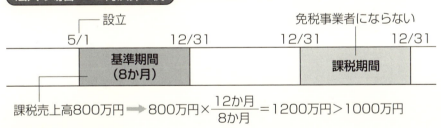

図8-4●消費税課税事業者届出書

第3-(1)号様式

基準期間用

消 費 税 課 税 事 業 者 届 出 書

収受印

令和○年 5 月10日

届出者		
	（フリガナ）	トウキョウト チュウオウク
	納税地	（〒 103-XXXX） 東京都中央区○○3-4-5 （電話番号　03-3242-XXXX）
	（フリガナ）	
	住所又は居所 （法人の場合） 本店又はまたる事務所の所在地	（〒　－　） 同上 （電話番号　－　－　）
	（フリガナ）	コウヤマサンギョウカブシキガイシャ
	名称（屋号）	甲山産業株式会社
	個人番号又は法人番号	↓個人番号の記載に当たっては、左端を空欄とし、ここから記載してください。 1 2 3 4 5 6 7 8 9 0 1 2 3
	（フリガナ）	コウヤマタロウ
	氏名 （法人の場合） 代表者氏名	甲山太郎　　　　　　印
	（フリガナ）	トウキョウト セタガヤク
	（法人の場合） 代表者住所	東京都世田谷区○○6-5-4 （電話番号　03-3702-XXXX）

日本橋税務署長殿

下記のとおり、基準期間における課税売上高が1,000万円を超えることとなったので、消費税法第57条第1項第1号の規定により届出します。

適用開始課税期間	自 平成・令和 ○年 4月 1日　至 平成・令和 ○年 3月31日		
上記期間の	自 平成・令和 ○年 4月 1日	左記期間の総売上高	11,947,500 円
基 準 期 間	至 平成・令和 ○年 3月31日	左記期間の課税売上高	11,675,370 円
事業内容等	生年月日（個人）又は設立年月日（法人） 1明治・2大正・3昭和・4平成・5令和 ○年 6月 10日	法人のみ記載 事業年度 自 4月 1日 至 3月31日 資本金 12,000,000 円	
	事業内容　自動車部品販売業	届出区分　相続・合併・分割等・その他	
参考事項		税理士署名押印　　　　　　印 （電話番号　－　－　）	

※税務署処理欄	整理番号		部門番号				
	届出年月日	年 月 日	入力処理	年 月 日	台帳整理	年 月 日	
	番号確認	身元確認 □済 □未済	確認書類	個人番号カード／通知カード・運転免許証 その他（　）			

注意　1．裏面の記載要領等に留意の上、記載してください。
　　　2．税務署処理欄は、記載しないでください。

第8章●中小事業者にはこんな特例がある

図8-5●消費税の納税義務者でなくなった旨の届出書

第5号様式

消費税の納税義務者でなくなった旨の届出書

収受印

令和○年 8 月 5 日	届出者	（フリガナ）	ヨコハマシ ニシク
		納税地	（〒220-XXXX） 横浜市西区○○ 6-5 （電話番号 045 - 324 -XXXX）
		（フリガナ）	オツヤマコウギョウカブシキガイシャ
		氏名又は 名称及び 代表者氏名	乙山工業株式会社 乙山次郎　印
横浜中 税務署長殿		個人番号 又は 法人番号	↓ 個人番号の記載に当たっては、左端を空欄とし、ここから記載してください。 2 3 4 5 6 7 8 9 0 1 2 3 4

下記のとおり、納税義務がなくなりましたので、消費税法第57条第1項第2号の規定により届出します。

①	この届出の適用 開始課税期間	自 平成／令和 ○年 7 月 1 日　至 平成／令和 ○年 6 月 30 日
②	①の基準期間	自 平成／令和 ○年 7 月 1 日　至 平成／令和 ○年 6 月 30 日
③	②の課税売上高	9,825,340 円

※1 この届出書を提出した場合であっても、特定期間（原則として、①の課税期間の前年の1月1日（法人の場合は前事業年度開始の日）から6か月間）の課税売上高が1千万円を超える場合には、①の課税期間の納税義務は免除されないこととなります。
2 高額特定資産の仕入れ等を行った場合に、消費税法第12条の4第1項の適用がある課税期間については、当該課税期間の基準期間の課税売上高が1千万円以下となった場合であっても、その課税期間の納税義務は免除されないこととなります。
（詳しくは、裏面をご覧ください。）

納税義務者 と な っ た 日	平成／令和 ○年 7 月 1 日
参 考 事 項	
税理士署名押印	（電話番号　－　－　）　印

※税務署処理欄	整理番号		部門番号					
	届出年月日	年 月 日	入力処理	年 月 日	台帳整理	年 月 日
	番号確認	身元確認 □済 □未済	確認書類	個人番号カード／通知カード・運転免許証 その他（　）				

注意　1．裏面の記載要領等に留意の上、記載してください。
　　　2．税務署処理欄は、記載しないでください。

● 基準期間の課税売上高の判定に注意する

　免税事業者である（と思っていた）A社に、税務署から突然に連絡があったのは、決算を終え、法人税の申告をしてから3か月目のことでした。税務署の指摘は、「貴社の申告年度の基準期間の課税売上高は1000万円を超えているから、消費税の納税義務者になる。消費税が未申告だから、早急に申告と納税をしていただきたい」というものです。

　A社の経理担当者は、心得たように回答しました。「わが社は、ずっと免税事業者で、たまたま前々期は1040万円の売上になりました。ただし、当社はいわゆる外税方式で消費税を転嫁していますから、税込金額の1040万円を税抜金額に直せば1000万円以下になるのです」

　だから、依然として免税事業者になるというものです。

　たしかに、1040万円の売上高に110分の100を掛ければ、

$$1040万円 \times \frac{100}{110} \fallingdotseq 945万円$$

となり、1000万円以下になります。

　とすると、A社の言い分が正しく、税務署の指摘は間違っているのでしょうか。結論からいうと、どうやらA社のほうが誤りのようです。

　消費税の取扱いでは、基準期間の課税売上高が1000万円以下かどうかは、次のように判定することとされています。

　①**基準期間が課税事業者であった場合**……いわゆる税抜きの課税売上高で**判定する**

　②**基準期間が免税事業者であった場合**……**課税売上高の総額**（いわゆる税込みの課税売上高）**で判定する**

　A社の場合は、②に該当するため、基準期間の課税売上高は1000万円超（1040万円）になるというわけです。したがって、税務署のいうとおりということになるのですが、A社の主張もまったく理解できないことではありません。免税事業者といえども、仕入や経費に係る消費税を負担しているため、商品等の売値に消費税を転嫁することは認められているからです。

　しかし、免税事業者の場合は、納税が免除されているため、売値に転嫁し

第8章●中小事業者にはこんな特例がある

た消費税と地方消費税は税そのものではなく、商品の価格の一部とみられるのです。つまり、事業者が消費税であると認識していても、免税事業者の場合は、課税資産の譲渡対価であるということです。

　基準期間の課税売上高は、税抜きの金額で判定するのですが、それは課税事業者の場合であり、免税事業者はこれと異なることに注意しなければなりません。

　これを確認すると、**図8-6**のようになります。

　この例の終わりの年度からみると、〔X＋6年度〕の基準期間は〔X＋4年度〕ですが、その基準期間は課税事業者でしたから、この場合は、税抜金額で課税売上高を計算します。したがって、その金額は945万円となり、〔X＋6年度〕は免税事業者です。

　同様に、〔X＋5年度〕をみると、こちらは、その基準期間である〔X＋3年度〕が免税事業者でしたから、課税売上の総額（税込金額1200万円）で判定することになり、この場合は課税事業者になるというわけです。

図8-6●基準期間の課税売上高の判定方法（標準税率の場合）

課税期間	課税売上高		免税事業者判定上の課税売上高	判定
	税込金額	税抜金額		
X年度	1000万円	$1000万円 \times \frac{100}{110}$ ≒909万円	──	（課税事業者であるとする）
X＋1年度	1030万円	$1030万円 \times \frac{100}{110}$ ≒936万円	──	（課税事業者であるとする）
X＋2年度	1040万円	$1040万円 \times \frac{100}{110}$ ≒945万円	909万円（X年度）	**免税事業者**
X＋3年度	1200万円	$1200万円 \times \frac{100}{110}$ ≒1090万円	936万円（X＋1年度）	**免税事業者**
X＋4年度	1040万円	$1040万円 \times \frac{100}{110}$ ≒945万円	1040万円（X＋2年度）	**課税事業者**
X＋5年度	──	──	1200万円（X＋3年度）	**課税事業者**
X＋6年度	──	──	945万円（X＋4年度）	**免税事業者**

この結果、各年度の課税売上高がそれほど変わらないにもかかわらず、課税事業者となったり、免税事業者と判定されたりすることが起こるのです。事業者免税点制度は、このようなやっかいな問題があることによく注意してください。

● 免税事業者でも課税事業者を選択できる

消費税の申告も納税も不要という意味で免税事業者はトクですが、免税事業者であるがゆえに、不利になることもあります。設備投資などの多額の課税仕入があるときと、輸出免税売上のある事業者で、申告ができれば、消費税が還付になるケースです。

そこで、基準期間の課税売上高が1000万円以下の事業者でも、「**消費税課税事業者選択届出書**」（図8-7）を納税地の所轄税務署長に提出すれば、課税事業者になることができるとされています。

この届出書の提出の際には、次の2点に注意が必要です。

①課税事業者を選択すると、2年間継続したあとでなければ免税事業者に戻れないこと

②届出書の効力は、原則として提出日の翌課税期間から生ずること

このうち①は、いったん課税事業者になると、2年間は強制適用されるということです。したがって、最初の課税期間で消費税の還付が受けられても、2年目は納税ということも少なくありません。

要するに、2年間を見通して、課税事業者を選択することが有利かどうかを判断する必要があるということです。

課税事業者の選択届出書に関する②は、課税事業者になろうとする課税期間の開始前に、その提出をしておかなければならないという意味です。

この場合、②で「原則として」といったのは、震災や風水害などのやむを得ない事情があるときは、例外的な取扱いがあるからです。また、法人を設立した場合など、新たに事業を開始した場合などは、届出書を提出した日の課税期間から課税事業者になれる特例もあります。

なお、課税事業者を選択して2年以上経過したときは、免税事業者に戻る

第8章●中小事業者にはこんな特例がある

図8-7●消費税課税事業者選択届出書

第1号様式

消費税課税事業者選択届出書

収受印

令和△年 9 月20日	届 出 者	（フリガナ）	オオサカシテンノウジク
		納 税 地	（〒543－XXXX） 大阪市天王寺区○○3-1-3 （電話番号　06-6772-XXXX ）
		（フリガナ）	
		住所又は居所 （法人の場合） 本 店 又 は 主たる事務所 の 所 在 地	（〒 　－ 　） 同 上 （電話番号　 － － ）
		（フリガナ）	カブシキガイシャコウノショウテン
		名称（屋号）	株式会社甲野商店
		個 人 番 号 又 は 法 人 番 号	↓ 個人番号の記載に当たっては、左端を空欄とし、ここから記載してください。 3 4 5 6 7 8 9 0 1 2 3 4 5
		（フリガナ）	コウノイチロウ
		氏 名 （法人の場合） 代表者氏名	甲野一郎　　　　　　　　印
天王寺税務署長殿		（フリガナ）	オオサカフ ハビキノシ
		（法人の場合） 代表者住所	大阪府羽曳野市○○5-6-7 （電話番号　0729-56 －XXXX）

　下記のとおり、納税義務の免除の規定の適用を受けないことについて、消費税法第9条第4項の規定により届出します。

適用開始課税期間	自 平成 令和 ○ 年 10月 1 日	至 平成 令和 ○ 年 9 月 30日	
上 記 期 間 の 基 準 期 間	自 平成 令和 ○年 10月 1 日	左記期間の 総売上高	9,872,675 円
	至 平成 令和 ○年 9 月 30日	左記期間の 課税売上高	9,704,870 円

事業内容等	生年月日（個人）又は設立年月日（法人）	1明治・2大正・3昭和・4平成・⑤令和 ○ 年 10 月 15 日	法人のみ記載	事業年度	自10月 1 日 至 9月30日
				資 本 金	10,000,000 円
	事業内容	化粧品小売業	届出区分	事業開始・設立・相続・合併・分割・特別会計・⑤その他	

参考事項		税理士 署名 押印	（電話番号　 － － ）　　　　印

※税務署処理欄	整理番号		部門番号			
	届出年月日	年 月 日	入力処理	年 月 日	台帳整理	年 月 日
	通信日付印 年 月 日	確認印	番号確認	身元確認 □ 済 □ 未済	確認書類	個人番号カード／通知カード・運転免許証 その他（ 　　）

注意　1．裏面の記載要領等に留意の上、記載してください。
　　　2．税務署処理欄は、記載しないでください。

図8-8●消費税課税事業者選択不適用届出書

第2号様式

消費税課税事業者選択不適用届出書

収受印

令和 ○年 12月15日	届出者	（フリガナ）	ナゴヤシ ニシク
		納税地	（〒451－XXXX） 名古屋市西区○○ 2-2-3 （電話番号 052－571－XXXX）
		（フリガナ）	ユウゲンガイシャ オツノショウテン
名古屋西 税務署長殿		氏名又は 名称及び 代表者氏名	有限会社乙野商店 乙野太郎 印
		個人番号 又は 法人番号	↓ 個人番号の記載に当たっては、左端を空欄とし、ここから記載してください。 4 5 6 7 8 9 0 1 2 3 4 6 5

　下記のとおり、課税事業者を選択することをやめたいので、消費税法第9条第5項の規定により届出します。

①	この届出の適用 開始課税期間	自 平成／令和 ○年 1月 1日	至 平成／令和 ○年 12月 31日
②	①の基準期間	自 平成／令和 ○年 1月 1日	至 平成／令和 ○年 12月 31日
③	②の課税売上高		8,625,300 円

※ この届出書を提出した場合であっても、特定期間（原則として、①の課税期間の前年の1月1日（法人の場合は前事業年度開始の日）から6か月間）の課税売上高が1千万円を超える場合には、①の課税期間の納税義務は免除されないこととなります。詳しくは、裏面をご覧ください。

課税事業者と なった日	平成／令和 ○年 1月 1日
事業を廃止した 場合の廃止した日	平成 令和 　年 　月 　日
提出要件の確認	課税事業者となった日から2年を経過する日までの間に開始した各課税期間中に調整対象固定資産の課税仕入れ等を行っていない。　はい □
	※ この届出書を提出した課税期間が、課税事業者となった日から2年を経過する日までに開始した各課税期間である場合、この届出書提出後、届出を行った課税期間中に調整対象固定資産の課税仕入れ等を行うと、原則としてこの届出書の提出はなかったものとみなされます。詳しくは、裏面をご確認ください。
参考事項	
税理士署名押印	印 （電話番号　 　－　 　－　 　）

※税務署処理欄	整理番号		部門番号			
	届出年月日	年 月 日	入力処理	年 月 日	台帳整理	年 月 日
	通信日付印 年 月 日	確認印	番号 確認	身元 □ 済 確認 □ 未済	確認 書類	個人番号カード／通知カード・運転免許証 その他（ 　　　　　）

注意　1．裏面の記載要領等に留意の上、記載してください。
　　　2．税務署処理欄は、記載しないでください。

ことができます。この場合は、「消費税課税事業者選択不適用届出書」（図8-8）を提出する必要がありますが、この届出書も提出日の翌課税期間からその効力が生じます。

● 特定期間の課税売上高が1000万円超の場合は課税事業者になる

その課税期間の基準期間の課税売上高が1000万円以下であれば免税事業者になるという事業者免税点制度には、3つの例外規定があります。1つは、**特定期間の課税売上高が1000万円を超える場合**であり、2つ目は、**免税事業者が課税事業者を選択した場合に調整対象固定資産を取得したとき**、3つ目は、**高額特定資産を取得したとき**です。

まず、**特定期間の課税売上高が1000万円を超える場合**です。基準期間の課税売上高が1000万円以下である場合は、本来は免税事業者の扱いを受けられるのですが、その事業者の特定期間の課税売上高が1000万円を超える場合には、その課税期間について事業者免税点制度は適用されません。

この場合の「特定期間」とは、原則として次の期間をいいます。

①法人の場合……その事業年度の前事業年度開始の日以後6か月の期間

②個人事業者の場合……その年の前年1月1日から6月30日までの期間

要するに、前事業年度または前年の上半期の6か月間をいうわけですが、その6か月間の課税売上高が1000万円を超える場合には、基準期間の課税売上高が1000万円以下であっても、その翌課税期間は課税事業者になることが強制されるということです。

なお、特定期間における「課税売上高」とは、免税事業者を判定する場合の基準期間の課税売上高と同じです（232ページ）。したがって、課税資産の譲渡等の税抜対価の合計額から返品等の売上対価の返還等の税抜金額を控除した課税売上高となります。

ところで、小規模な事業者の場合には、経理システムなどの関係から前期または前年の上半期6か月間の課税売上高が正確に算定できない場合があります。もっとも、小規模事業者といえども毎月の給与を従業員に支給しており、その際の源泉所得税は、毎月または6か月ごとに納付しているはずで

す。

そこで、特定期間の課税売上高の「1000万円」については、**その特定期間中に支払った給与や賞与の合計額で判定することができる**こととされています（**図8-9**）。

注意したいのは、「1000万円」については、課税売上高と支払給与等の合計額のいずれで判定してもよいことです。したがって、特定期間の課税売上高が1000万円を超えていることが明らかであっても、その間の支払給与等の合計額が1000万円以下であれば、基準期間の課税売上高が1000万円以下である限り、事業者免税点制度が適用されます。

なお、特定期間の課税売上高と支払給与等の合計額のいずれも1000万円を超えることとなった場合には、その旨の届出書を税務署に提出する必要がありますが、課税売上高または支払給与等の合計額のいずれかが1000万円以下であれば、届出等の手続きは必要ありません。

図8-9●特定期間の課税売上高が1000万円を超える場合の取扱い

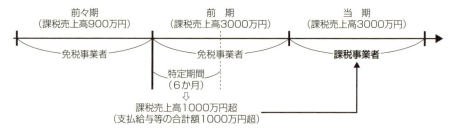

● 調整対象固定資産を取得すると免税事業者になれない

サラリーマンが年末近くに住宅用のアパートを5500万円（うち消費税500万円）で取得し、同時にアパートの脇に飲料の自動販売機を置いて5万円の売上があったとしましょう。

アパートの家賃は住宅用のため消費税は非課税ですが、年末近くに取得したため、その年の家賃収入はほとんどゼロです。一方、自動販売機の収入は、「事業」に該当するため課税売上ですが、その収入はごくわずかですか

ら、その年の「課税売上割合」は100％近くになります。この場合に課税事業者になる旨の届出書を提出しておけば、消費税の申告をするのですが、課税売上割合が100％近いため、いわゆる一括比例配分方式で控除税額を計算すると、アパートの取得時に負担した500万円の消費税のほとんどの還付を受けることができます。

　ところで、小規模事業者が課税事業者を選択すると、２年間は免税事業者になれないので、２年目も申告納税が必要ですが、課税売上は自動販売機収入しかありませんので、納税額はごくわずかです。そして、３年目に免税事業者になれば、以後は申告も納税もありません。そうなると、１年目にアパートの建築費に係る消費税の多額の還付を受けるという「利益」だけが得られます。こうした行為は、やや租税回避といえなくもありません。

　そこで、本来は事業者免税点制度の適用を受けられる小規模事業者が、課税事業者を選択した場合の強制適用期間（２年間）中に調整対象固定資産（170ページ）を取得した場合には、３年目に免税事業者となることはできないこととされています。要するに、調整対象固定資産を取得すると、３年間は課税事業者になることが強制されるということです。

　この取扱いは、新設法人（241ページ）または特定新規設立法人（243ページ）が設立当初の２年間中に調整対象固定資産を取得した場合も同様に適用され、設立から３年目も課税事業者になることが強制されます。

　なお、これらの取扱いにより課税事業者が強制適用される課税期間については、簡易課税制度を選択適用することもできません。

高額特定資産を取得した場合も免税事業者になれない

　上記の調整対象固定資産を取得した場合の取扱いは、事業者免税点制度や簡易課税制度を利用した租税回避的な行為に対する歯止め措置ですが、これと同様の趣旨で設けられているのが「高額特定資産」を取得した場合の取扱いです。

　すなわち、事業者が、事業者免税点制度および簡易課税制度の適用を受けない課税期間中に、高額特定資産の課税仕入を行なった場合には、その翌課

税期間から高額特定資産を取得した課税期間の初日以後３年を経過する日の属する課税期間までは、事業者免税点制度は適用されず、また新たに簡易課税制度の適用を受けることもできません。

　要するに、高額特定資産を取得すると、翌課税期間から２年間は、課税事業者になることが強制されるということです。また、高額特定資産を取得した課税期間を含めて３課税期間は、簡易課税制度の適用を受けることもできないということです（図8-10）。

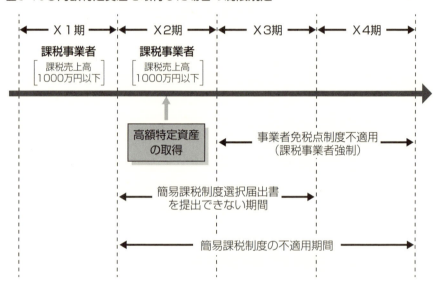

図8-10●高額特定資産を取得した場合の制限規定

　この場合の「高額特定資産」とは、棚卸資産および調整対象固定資産のうち、その取得価額が1000万円（税抜価格）以上のものをいいます。

　また、他の者との契約にもとづき、または事業者自身が建設または製造する棚卸資産および調整対象固定資産で、その建設等のために要した原材料費および経費の額の合計額が1000万円（税抜価格）以上の場合にも、上記と同様の規制措置が適用されます。

新設法人は基準期間がなくても納税義務がある

●新設法人とは

　消費税の納税義務の有無は基準期間の課税売上高で判定することとされているため、基準期間のない事業者は、初めから免税事業者になります。新たに設立された法人の第1期目と第2期目、新規に事業を開始した個人事業者の1年目と2年目は、その課税期間の課税売上高がいくらあっても免税事業者になるのが原則です。

　ただし、**新設法人**に該当するときは、基準期間のない事業年度でも納税義務は免除されないという特例規定が設けられています。したがって、設立第1期目から課税事業者の扱いを受けるわけです。

　この場合の「新設法人」とは、基準期間のない法人（社会福祉法人を除く）のうち、その事業年度開始の日における資本または出資の金額が1000万円以上の法人をいいます。

　この取扱いを具体的に確認しておきましょう。

　次ページ図8-11の〔**例1**〕が典型例で、第1期と第2期は基準期間がありませんが、納税義務は免除されません。

　もっとも、第3期になれば、第1期という基準期間ができますから、原則どおり基準期間の課税売上高が1000万円以下かどうかで納税義務の有無を判定します。〔**例1**〕の第3期における「第1期の課税売上高で判定」とは、その意味ですが、この場合、第1期の期間が1年未満のときは、前述（228ページ）した課税売上高の1年間分の引き延ばし計算があることに注意してください。

　〔**例2**〕は、当初の資本金は300万円とし、その後すぐに1000万円に増資したケースです。新設法人とは、前述のとおり、「基準期間のない法人のうち、その事業年度開始の日の資本または出資の金額が1000万円以上である法人」です。

図8-11 ●新設法人の取扱い

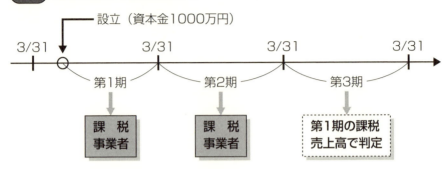

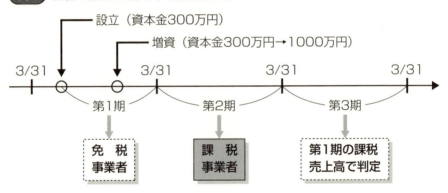

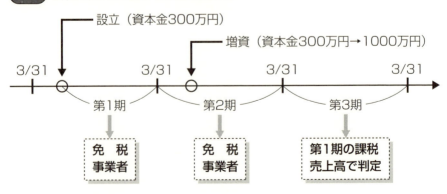

したがって、〔例２〕の場合は、第２期が「新設法人」に該当することになります。第１期は、基準期間のない事業者として、原則どおり免税事業者の扱いを受けられます。

このような取扱いからみれば、〔例３〕は、新設法人に該当することはありません。事業年度開始の日の資本金が1000万円以上となるのは第３期ですが、このときは第１期という基準期間ができますから、新設法人の特例規定は適用する余地がないわけです。

なお、新設法人に該当することとなった事業者は、「**消費税の新設法人に該当する旨の届出書**」（**図8-12**）を提出することとされています。

ただし、法人税法の規定による設立届出書に所定の記載があれば、その設立届出書をもって消費税の届出書に代えることができます。

● 特定新規設立法人は免税事業者になれない

新設法人の取扱いは上記のとおりであり、事業者免税点制度の適用を受けることができるのは、基準期間のない法人のうち、その事業年度開始の日における資本金が1000万円未満の法人です。

ただし、新たに設立した法人の資本金が1000万円未満であっても、**特定新規設立法人**に該当する場合には、その基準期間がない事業年度について、事業者免税点制度の適用を受けることはできません。上記の新設法人と同様に、設立当初の２年間は課税事業者になることが強制されるわけです。

この場合の「特定新規設立法人」とは、「５億円超の課税売上高を有する事業者が直接または間接に支配する法人（親族、関連会社等を含めた資本の持分比率が50％超の会社）」をいいます。簡単にいえば、課税売上高が５億円を超える大規模事業者が50％超を出資して設立した子会社ということです。

実際に特定新規設立法人に該当するかどうかは、資本関係で判定しますが、その判定方法は消費税法に詳細に定められていますから、これに該当しそうな場合には、あらためてご確認ください。

図8-12●　消費税の新設法人に該当する旨の届出書

第10‐(2)号様式

消費税の新設法人に該当する旨の届出書

収受印		（フリガナ）	トウキョウト シブヤク
令和○年 7月15日	届	納 税 地	（〒150‐XXXX） 東京都渋谷区○○ 6-7-8 （電話番号　03‐3477‐XXXX）
		（フリガナ）	
	出	本店又は主たる事務所の所在地	（〒　－　） 同上 （電話番号　－　－　）
		（フリガナ）	ヤマダコウギョウカブシキガイシャ
	者	名　称	山田工業株式会社
		法 人 番 号	5 6 7 8 9 0 1 2 3 4 5 6 7
		（フリガナ）	ヤマダサブロウ
		代表者氏名	山田三郎　　　　印
渋谷 税務署長殿		（フリガナ）	トウキョウト スミダク
		代表者住所	東京都墨田区○○ 7-8-9 （電話番号　03‐3846‐XXXX）

　下記のとおり、消費税法第12条の2第1項の規定による新設法人に該当することとなったので、消費税法第57条第2項の規定により届出します。

消費税の新設法人に該当することとなった事業年度開始の日	平成 (令和)　○年 6月10日
上記の日における資本金の額又は出資の金額	15,000,000円

事業内容等	設立年月日	平成 (令和)　○年 6月10日
	事業年度	自 4月 1日　至 3月31日
	事業内容	板金工事業

参 考 事 項	「消費税課税期間特例選択・変更届出書」の提出の有無【有（　・・　）・(無)】
税理士署名押印	印 （電話番号　－　－　）

※税務署処理欄	整理番号		部門番号		番号確認	
	届出年月日	年 月 日	入力処理	年 月 日	台帳整理	年 月 日

注意　1．裏面の記載要領等に留意の上、記載してください。
　　　2．税務署処理欄は、記載しないでください。

第8章●中小事業者にはこんな特例がある

●新設法人でも簡易課税制度の選択はできる

　新設法人に該当すれば、設立当初から納税義務者となるのですが、設立年度の売上高にかかわらず簡易課税制度の適用は受けることができます。

　その場合は、「**消費税簡易課税制度選択届出書**」（250ページ）を提出する必要がありますが、設立事業年度から新設法人に該当するときに、その設立事業年度の末日までに届出書を提出すれば、当初から簡易課税制度を適用することができます。また、設立2年目から簡易課税制度によりたいときは、その開始の日の前日までに選択届出書を提出しなければなりません。

　もっとも、このあと説明するように、簡易課税制度の適用事業者に消費税の還付ということは絶対にありません。企業の設立当初は、売上が少なく、仕入や設備の取得が多いというケースがよくみられます。課税仕入が多く、消費税の還付が見込まれるときに簡易課税制度を選択すると、大きな不利益になるおそれがあります。そのあたりをよく勘案して選択してください。

　なお、新設法人または特定新規設立法人が設立当初の2年間に、調整対象固定資産を取得した場合には、その取得時の課税期間を含めて3年間は事業者免税点制度を適用しないこととされており、また、その事業者免税点制度の適用を受けられない期間（基本的に3年間）については、簡易課税制度の適用を受けることができません。

245

簡易課税制度の税額計算

● 簡易課税制度とは

　中小事業者については、事業者免税点制度のほかに、**簡易課税制度**が設けられています。これは、仕入控除税額の計算の簡便化を目的としたもので、基準期間の課税売上高が5000万円以下の事業者が対象です。

　消費税は、売上に係る消費税額から課税仕入に係る消費税額を控除した残額を納付税額とするのが基本的なしくみですが、課税仕入に係る控除税額を正確に算定するのは、相当な事務負担になります。

　そこで、売上に係る消費税額だけを計算すれば、納付税額が算出できるようにしたのが簡易課税制度で、仕入控除税額は売上に係る消費税額に一定の**みなし仕入率**を掛けて求めます。みなし仕入率は事業区分(種類)に応じて図8-13のようになっています。

図8-13●みなし仕入率は6段階

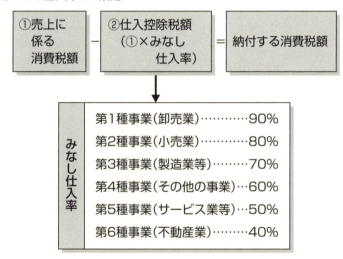

第8章●中小事業者にはこんな特例がある

● 簡易課税制度による納税額の目安は？

　では、簡易課税制度によれば、どのくらいの納税額になるのでしょうか。業種ごとのみなし仕入率が決まっていますから、課税売上高が確定すれば、**図8-14**のような計算で求められます。要するに、卸売業の場合は、地方消費税を含めて売上の１％が納税額となり、以下みていくと、

　小売業…２％

　製造業…３％

　その他の事業…４％

　サービス業等…５％

　不動産業…６％

　になるわけです（売上の値引き等や貸倒れがあると、税額は多少異なりま

図8-14●簡易課税の納税額の目安（標準税率の場合）

業種	消　費　税　額　①	地方消費税額②	課税売上高に対する税額(①＋②)の割合
卸売業	(課税売上高×7.8%)　ー(課税売上高×7.8%×90%)　=課税売上高×0.78%	(課税売上高×0.78%)×$\frac{22}{78}$　=課税売上高×0.22%	1%
小売業	(課税売上高×7.8%)　ー(課税売上高×7.8%×80%)　=課税売上高×1.56%	(課税売上高×1.56%)×$\frac{22}{78}$　=課税売上高×0.44%	2%
製造業	(課税売上高×7.8%)　ー(課税売上高×7.8%×70%)　=課税売上高×2.34%	(課税売上高×2.34%)×$\frac{22}{78}$　=課税売上高×0.66%	3%
その他の事業	(課税売上高×7.8%)　ー(課税売上高×7.8%×60%)　=課税売上高×3.12%	(課税売上高×3.12%)×$\frac{22}{78}$　=課税売上高×0.88%	4%
サービス業等	(課税売上高×7.8%)　ー(課税売上高×7.8%×50%)　=課税売上高×3.9%	(課税売上高×3.9%)×$\frac{22}{78}$　=課税売上高×1.1%	5%
不動産業	(課税売上高×7.8%)　ー(課税売上高×7.8%×40%)　=課税売上高×4.68%	(課税売上高×4.68%)×$\frac{22}{78}$　=課税売上高×1.32%	6%

247

す。正確な計算方法は後述します)。

いずれにしても、簡易課税制度を選択すると、売上に対するこの分の納税額は必ず算出されます。実際の課税仕入がいかに多くても消費税がこれより少ないことはなく、まして還付ということはあり得ないのです。

● 実額による仕入率を試算して選択する

そうなると、簡易課税制度の有利不利を見極めなければなりませんが、それには、課税売上に対する実際の課税仕入の割合を試算し、みなし仕入率と比較してみるより方法はありません。

実際の仕入率がみなし仕入率を超えるときは原則課税が有利、みなし仕入率以下であれば簡易課税を選択する、という判断です(**図8-15**)。

この場合、いったん簡易課税制度を選択すると、後述のように、その適用

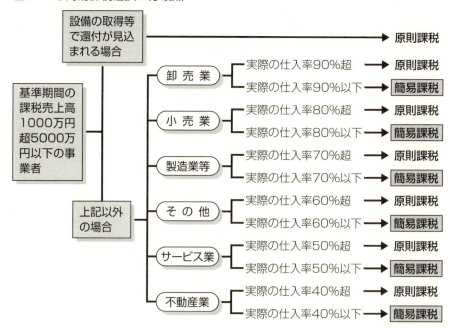

図8-15●簡易課税選択の分岐点

第8章●中小事業者にはこんな特例がある

が2年間強制されることを忘れてはいけません。仕入率の試算にあたっては、少なくとも今後2年間の予測が必要になるということで、この点は、免税事業者が課税事業者を選択する場合と同じです。

簡易課税制度の適用事業者とは

簡易課税制度の適用を受けられるのは、次の3つの要件を満たす事業者です。
①課税事業者であること
②基準期間の課税売上高が5000万円以下であること
③「消費税簡易課税制度選択届出書」を提出していること

この制度は、もともと消費税の納税義務のある事業者に対する特例です。したがって、課税事業者でなければならないのは当然なのですが、基準期間の課税売上高は5000万円以下の場合に限られます。要するに、基準期間の課税売上高が1000万円を超え5000万円以下の事業者に適用されることになります。

なお、この場合の基準期間の課税売上高とは、免税事業者のところで説明した内容と同じです（228ページ参照）。

選択の届出はこうする

実際に簡易課税制度を受けるためには、「**消費税簡易課税制度選択届出書**」（**図8-16**）を納税地の所轄税務署長に提出しなければなりません。

届出書の提出と適用関係は、前述した免税事業者が課税事業者を選択する場合の届出と同じです。すなわち、その選択の効力は、届出書を提出した日の翌課税期間から生じます。

このため、簡易課税制度の適用を受けたいときは、その課税期間の開始の日の前日までに、選択の届出書を提出する必要があります（やむを得ない事情がある場合や、新規に事業を開始した場合の特例も、課税事業者の選択届出書と同じです）。

図8-16●消費税簡易課税制度選択届出書

第1号様式

消費税簡易課税制度選択届出書

収受印

令和○年 8 月 20 日

届出者	（フリガナ）	トウキョウト スギナミク
	納 税 地	（〒167-XXXX）東京都杉並区○○5-6-7（電話番号 03-3220-XXXX）
	（フリガナ）	カワダショクヒンカブシキガイシャ
	氏 名 又 は 名 称 及 び 代 表 者 氏 名	川田食品株式会社 川田五郎 ㊞
	法 人 番 号	※個人の方は個人番号の記載は不要です。 6 7 8 9 0 1 2 3 4 5 6 7 8

荻窪 税務署長殿

下記のとおり、消費税法第37条第1項に規定する簡易課税制度の適用を受けたいので、届出します。

□ 所得税法等の一部を改正する法律（平成28年法律第15号）附則第40条第1項の規定により消費税法第37条第1項に規定する簡易課税制度の適用を受けたいので、届出します。

①	適用開始課税期間	自 平成・令和 ○年 9月 1日	至 平成・令和 ○年 8月 31日
②	①の基準期間	自 平成・令和 ○年 9月 1日	至 平成・令和 ○年 8月 31日
③	②の課税売上高		47,456,700 円

事 業 内 容 等	（事業の内容）食料品の小売	（事業区分）第 2 種事業

提出要件の確認

次のイ、ロ又はハの場合に該当する（「はい」の場合のみ、イ、ロ又はハの項目を記載してください。） はい □ いいえ ☑

			平成・令和			
イ	消費税法第9条第4項の規定により課税事業者を選択している場合	課税事業者となった日	平成・令和	年	月	日
		課税事業者となった日から2年を経過する日までの間に開始した各課税期間中に調整対象固定資産の課税仕入れ等を行っていない				はい □
ロ	消費税法第12条の2第1項に規定する「新設法人」又は同法第12条の3第1項に規定する「特定新規設立法人」に該当する（該当していた）場合	設立年月日	平成・令和	年	月	日
		基準期間がない事業年度に含まれる各課税期間中に調整対象固定資産の課税仕入れ等を行っていない				はい □
ハ	消費税法第12条の4第1項に規定する「高額特定資産の仕入れ等」を行っている場合	A	仕入れ等を行った課税期間の初日	平成・令和	年 月 日	
			この届出による①の「適用開始課税期間」は、高額特定資産の仕入れ等を行った課税期間の初日から、同日以後3年を経過する日の属する課税期間までの各課税期間に該当しない			はい □
	仕入れ等を行った資産が高額特定資産に該当する場合はAの欄を、自己建設高額特定資産に該当する場合は、Bの欄をそれぞれ記載してください。	B	仕入れ等を行った課税期間の初日	平成・令和	年 月 日	
			建設等が完了した課税期間の初日	平成・令和	年 月 日	
			この届出による①の「適用開始課税期間」は、自己建設高額特定資産の建設等に要した仕入れ等に係る支払対価の額の累計額が1千万円以上となった課税期間の初日から、自己建設高額特定資産の建設等が完了した日の属する課税期間の初日以後3年を経過する日の属する課税期間までの各課税期間に該当しない			はい □

※ この届出書を提出した課税期間が、上記イ、ロ又はハに記載の各課税期間である場合、この届出書提出後、届出を行った課税期間中に調整対象固定資産の課税仕入れ等又は高額特定資産の仕入れ等を行うと、原則としてこの届出書の提出はなかったものとみなされます。詳しくは、裏面をご覧ください。

次のニ又はホのうち、いずれかに該当する項目を記載してください。

所得税法等の一部を改正する法律（平成28年改正法）附則第40条第1項の規定による場合	ニ	平成28年改正法附則第40条第1項に規定する「困難な事情のある事業者」に該当する（ただし、上記イ又はロに記載の各課税期間に調整対象固定資産の課税仕入れ等を行っている場合又はハの届出書を提出した日を含む課税期間がハの各課税期間に該当する場合には、次の「ホ」により判定します。）	はい □
	ホ	平成28年改正法附則第40条第2項に規定する「著しく困難な事情があるとき」に該当する（該当する場合は、以下に「著しく困難な事情」を記載してください。）	はい □

参 考 事 項	

税 理 士 署 名 押 印	㊞ （電話番号 － － ）

※税務署処理欄	整理番号		部門番号		入力処理	年 月 日	台帳整理	年 月 日
	届出年月日	年 月 日						
	通信日付印 年 月 日	確認印	番号確認					

注意 1. 裏面の記載要領等に留意の上、記載してください。
2. 税務署処理欄は、記載しないでください。

※ この届出書を所得税法等の一部を改正する法律（平成二十八年法律第十五号）附則第四十条第一項の規定により提出しようとする場合には、令和元年七月一日以後提出することができます。

第8章●中小事業者にはこんな特例がある

図8-17●消費税簡易課税制度選択不適用届出書

第25号様式

消費税簡易課税制度選択不適用届出書

収受印

令和○年3月10日	届出者	（フリガナ）	チバケン フナバシシ
		納税地	（〒273-XXXX） 千葉県船橋市○○7-8-9 （電話番号 047-464-XXXX）
		（フリガナ）	コウムラキカイカブシキガイシャ
船橋 税務署長殿		氏名又は 名称及び 代表者氏名	甲村機械株式会社 甲村一郎 　印
		法人番号	※個人の方は個人番号の記載は不要です。 7 8 9 0 1 2 3 4 5 6 7 8 9

下記のとおり、簡易課税制度をやめたいので、消費税法第37条第5項の規定により届出します。

①	この届出の適用 開始課税期間	自 平成 令和 ○年 4月 1日 　　至 平成 令和 ○年 3月 31日
②	①の基準期間	自 平成 令和 ○年 4月 1日 　　至 平成 令和 ○年 3月 31日
③	②の課税売上高	42,430,975 　円

簡易課税制度の 適用開始日	平成 令和 ○ 年 4 月 1 日
事業を廃止した 場合の廃止した日	平成 令和 　年 　月 　日
	個人番号 ※ 事業を廃止した場合には記載 してください。	
参考事項	
税理士署名押印	印 （電話番号 　－　－　）

※ 税務署処理欄	整理番号		部門番号				
	届出年月日	年 月 日	入力処理	年 月 日	台帳整理	年 月 日	
	通信日付印 年 月 日	確認印	番号確認	身元確認 □済 □未済	確認書類	個人番号カード／通知カード・運転免許証 その他（ 　）	

注意　1．裏面の記載要領等に留意の上、記載してください。
　　　2．税務署処理欄は、記載しないでください。

251

ところで、基準期間の課税売上高が5000万円以下のため、簡易課税制度の選択をしたところ、その後の課税期間では基準期間の課税売上高が5000万円を超えるということもあります。
　この場合は、その課税期間について簡易課税制度は適用されず、いわゆる原則課税によらなければなりません。ただし、簡易課税制度の選択の効力は、「**消費税簡易課税制度選択不適用届出書**」（図8-17）を提出しない限り継続しています。
　したがって、原則課税に移行したあとに、再び基準期間の課税売上高が5000万円以下になったときは、自動的に簡易課税制度の適用となります。要するに、図8-18の場合、E課税期間について、改めて簡易課税制度の選択届出書を提出する必要はないということです（E課税期間が原則課税有利という場合でも、もちろん簡易課税制度が強制適用されます）。
　なお、簡易課税制度をやめたいという場合は、前記の「消費税簡易課税制度選択不適用届出書」を提出します。
　この届出書は、事業を廃止した場合を除き、簡易課税の最初の適用課税期

図8-18●簡易課税制度の適用と基準期間

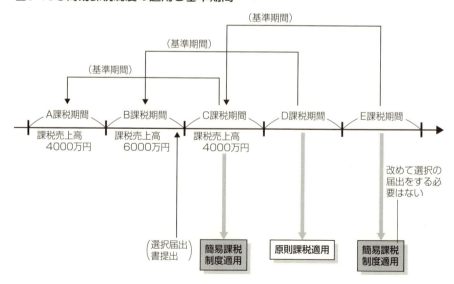

間の初日から2年を経過しないと提出できません。つまり、簡易課税制度は、いったん選択すると、最低2年間を継続しなければならないということです。

● 簡易課税における税額の計算方法は？

業種に応じてみなし仕入率が異なる簡易課税制度では、どんな事業がどの業種に区分されるかが気になるところですが、その前に、税額の計算方法について、もう少し詳しくみておきましょう。

消費税の計算構造を図でまとめ、みなし仕入率を使って計算する仕入に係る消費税との関係を示すと、図8-19のようになります。

要するに、みなし仕入率で計算するのは、控除税額のうち「控除対象仕入税額」の部分で、簡易課税制度を適用しても、売上の対価の返還等（値引き、返品、割戻しなど）に係る消費税と、貸倒れが生じた場合の消費税はこれとは別に控除されるということです。

また、みなし仕入率を掛ける金額（控除対象仕入税額の基礎となる消費税額）は、図の算式で示したように、課税標準額に対する消費税額に、過年度

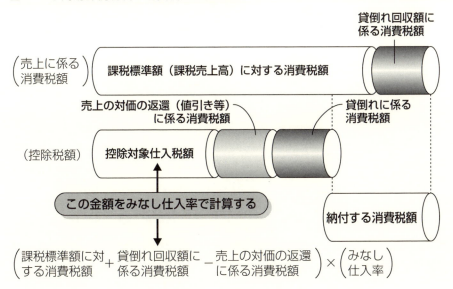

図8-19●簡易課税制度の消費税の計算構造

図8-20●みなし仕入率を適用した場合の納付税額の計算例（標準税率の場合）

設例

○製造業（みなし仕入率70％）

○当期の課税売上高（税込金額） 4780万円

○売上の値引き、返品額（税込金額） 225万円

○当期の貸倒れ金額（税込金額） 147万円

○過年度の貸倒れ債権の当期回収額（税込金額） 85万円

計算

①課税標準額に対する消費税額

・課税標準額

$$4780万円 \times \frac{100}{110} = 43,454,545円 \rightarrow 43,454,000円$$

（1000円未満切り捨て）

・消費税額

$$43,454,000円 \times 7.8\% = 3,389,412円$$

②控除対象仕入税額

・計算の基礎となる消費税額

$$3,389,412円 + \left(85万円 \times \frac{7.8}{110}\right) - \left(225万円 \times \frac{7.8}{110}\right) = 3,290,139円$$

・控除対象仕入税額

$$3,290,139円 \times 70\%（みなし仕入率）= 2,303,097円$$

③納付する消費税額

・控除税額

$$2,303,097円 + \left(225万円 \times \frac{7.8}{110}\right) + \left(147万円 \times \frac{7.8}{110}\right) = 2,566,878円$$

・納付税額

$$3,389,412円 + \left(85万円 \times \frac{7.8}{110}\right) - 2,566,878円 = 882,806円$$

$$\rightarrow 882,800円（100円未満切り捨て）$$

（納付する地方消費税額は、$882,800円 \times \dfrac{22}{78} = 248,994円 \rightarrow 248,900円$）

貸倒金の回収があれば、その税額を加算し、売上の対価の返還等があれば、その税額を差し引いた金額になります（図8-20）。

●兼業の場合は「簡易課税」ではない

このあたりまではそれほどむずかしくないのですが、卸売と小売を営んでいるとか、製造部門とサービス部門があるといった、いわゆる兼業の場合は、計算が面倒になってきます。

というと「ウチの会社は製造だけだから関係ない」と言われるかもしれませんが、事業の種類が1つだけという事業者のほうがむしろ少ないのです。

簡易課税制度の業種区分については、あとで説明しますが、その区分は事業者単位ではなく、事業者が行なう取引ごとに判定します。したがって、製造業そのものは第3種事業（みなし仕入率70％）ですが、製造用の機械を下取りに出したという場合のその機械の譲渡は第4種事業（みなし仕入率60％）になるのです。そうなると、立派な兼業ということになりますから、面

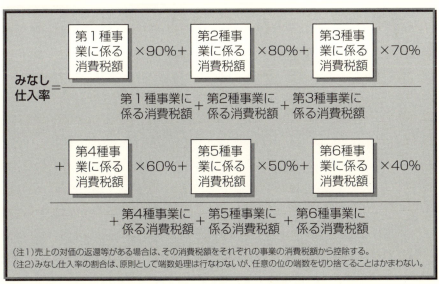

図8-21●兼業している場合のみなし仕入率の計算

図8-22●3つの事業がある場合の控除税額の計算例（標準税率の場合）

設例

第1種事業の課税売上高（税込価格）	1950万円
第2種事業の課税売上高（　〃　）	1630万円
第4種事業の課税売上高（　〃　）	1130万円
課税売上高合計	4710万円

計算

①各事業に係る消費税額

・第1種事業　　　$1950万円 \times \dfrac{7.8}{110} = 1,382,727円$

・第2種事業　　　$1630万円 \times \dfrac{7.8}{110} = 1,155,818円$

・第4種事業　　　$1130万円 \times \dfrac{7.8}{110} = 801,272円$

・合　　計　　　$4710万円 \times \dfrac{7.8}{110} = 3,339,817円$

②みなし仕入率

$$\frac{1,382,727円 \times 90\% + 1,155,818円 \times 80\% + 801,272 \times 60\%}{3,339,817円}$$

$$= \frac{2,649,871円}{3,339,817円}（約79.34\%）$$

この結果、控除対象仕入税額は次のようになる。

$$3,339,817円 \times \frac{2,649,871円}{3,339,817円} = 2,649,870円$$

倒でも以下の計算方法をみておいてください。

　2つ以上の業種を兼業している場合のみなし仕入率は、原則として、**図8-21**のように求めることとされています。

　図8-21の計算式は、第1種～第6種までの全業種兼業という場合で、このような事業者はほとんどないといってよいでしょう。3つぐらいの兼業はあるかもしれませんので、第1種、第2種、第4種の課税売上がある場合の計算例を前ページ**図8-22**に示しました。

　この計算は、**図8-21**に示したみなし仕入率の算式に従ったものですが、最終的な控除対象税額（264万9870円）は、要するに、それぞれの事業ごとに計算した消費税額の合計額です（端数の関係で1円の誤差が生じていますが、納付税額には影響しません）。

●「75％ルール」とは？

　こうしてみると、兼業事業者にとって、みなし仕入率の計算は必ずしも"簡易"であるとはいえません。ただ、実務的にみると、多くの事業者は「75％ルール」が適用できるでしょう。これは、みなし仕入率の特例で、次の2つがあります。

　特例1　2種類以上の事業を営む事業者で、そのうち1種類の事業の課税売上高が全体の課税売上高の75％以上になる場合……**全体の課税売上高について、その事業のみなし仕入率を適用**

　特例2　3種類以上の事業を営む事業者で、1種類の課税売上高だけでは75％以上にならないが、2種類の事業の課税売上高を合計すると、全体の課税売上高の75％以上になる場合……**その2種類の事業のうち、みなし仕入率の高い事業の課税売上高は、その事業のみなし仕入率を適用し、それ以外の事業には、一括してその2種類の事業のうち低いほうのみなし仕入率を適用**

　このように説明すると、かなり複雑に聞こえますが、**図8-23**のように考えればわかりやすいでしょう。もっとも、この特例によるか、前述した兼業の場合のみなし仕入率の原則によるかは事業者の任意なので、どちらか有利な

ほうを選択すればいいわけです。

図8-23とは逆に、第1種事業の課税売上高が800万円、第4種事業の課税売上高が3200万円（課税売上高合計4000万円）という場合、第4種事業の課税売上高だけで全体の75％以上です。といって、4000万円の全体について第4種事業のみなし仕入率を適用すると控除税額が少なくなってしまいます。こうした場合は、前述した原則（図8-21）に戻り、それぞれの事業ごとのみなし仕入率を算定すればよいのです。

図8-23●「75％ルール」とは

特例1
第1種事業の課税売上高………… 3200万円（総売上高の80％）
第4種事業の課税売上高………… 800万円（総売上高の20％）

↓

第1種事業の課税売上高だけで75％以上

↓

全体の課税売上高に第1種事業のみなし
仕入率（90％）を適用

特例2
第1種事業の課税売上高………… 2400万円（総売上高の60％）
第3種事業の課税売上高………… 1200万円（総売上高の30％）
第5種事業の課税売上高………… 400万円（総売上高の10％）

↓

第1種事業と第3種事業の課税売上高を合計すると75％以上

↓

第1種事業の課税売上高にはそのみなし仕入率（90％）を適用し、第3種事業
と第5種事業の課税売上高には、第3種事業のみなし仕入率（70％）を適用

●課税売上高が区分されていないと…

注意していただきたいのは、兼業の場合に、これまで述べたような計算ができるのは、各事業ごとに課税売上を区分している場合に限られるということです。

仮に、その区分がないと、その事業者が行なっている事業のうち、最も低

いみなし仕入率（図8-22の設例の場合は第４種事業の60％）が適用されてしまうのです。そうなると、当然、控除対象仕入税額が少なくなり、事業者には不利な結果が生じることになります。

この場合の課税売上の区分は、帳簿に事業の種類を記帳することが原則ですが、次の方法も区分しているものとして扱われます。

①納品書、請求書、売上伝票、レジペーパー等に事業の種類、またはその種類が区分できる取引の内容を記載する

②事業場ごとに１種類の事業のみを行なっている場合は、その事業場ごとに課税売上高を計算する

なお、第１種事業、第２種事業、第４種事業の３つの場合、第１種事業と第２種事業を区分しておき、区分していない残りを第４種事業の課税売上としていれば、その方法も認められます。

２種類以上の事業を営む場合のみなし仕入率の取扱いをまとめておくと、図8-24のようになります。

図8-24●２種類以上の事業を営む場合のみなし仕入率の取扱い

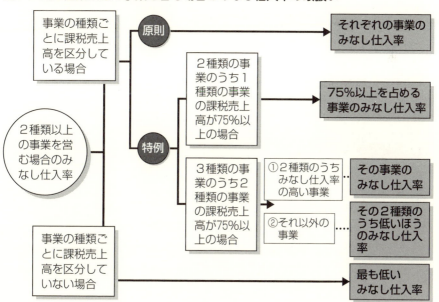

簡易課税制度の事業区分はどう判定するか

事業区分はこうなっている

簡易課税制度では、事業者の行なう事業が第1種事業から第6種事業までのいずれに該当するかが重要な問題です。そこで、まず事業の区分について、その全体をみてみましょう（**図8-25**）。

図8-25●簡易課税制度の事業区分

事業区分	みなし仕入率	該当する事業
第1種事業	90%	・卸売業（他の者から購入した商品をその性質および形状を変更しないで他の事業者に販売する事業）をいう。
第2種事業	80%	・小売業（他の者から購入した商品をその性質および形状を変更しないで販売する事業で第1種事業以外のもの）および農業、林業、漁業で飲食料品の譲渡を行なう事業をいう。
第3種事業	70%	・農業、林業、漁業、鉱業、建設業、製造業（製造した棚卸資産を小売りする事業を含む）、電気業、ガス業、熱供給業および水道業をいい、第1種事業または第2種事業に該当するものおよび加工賃その他これに類する料金を対価とする役務の提供を行なう事業を除く。
第4種事業	60%	・第1種事業、第2種事業、第3種事業、第5種事業および第6種事業以外の事業をいう。 （注）飲食店業が該当し第3種事業から除かれる加工賃その他これに類する料金を対価とする役務の提供を行なう事業も第4種事業となる
第5種事業	50%	・運輸・通信業、金融業、保険業、サービス業（飲食店業に該当するものを除く）をいい、第1種事業から第3種事業までの事業に該当する事業を除く。
第6種事業	40%	・不動産代理業、不動産仲介業、不動産賃貸業、不動産管理業、貸家業、貸間業、駐車場業をいう。

（注）第2種事業について、農業、林業、漁業で飲食料品の譲渡を行なう事業は、2019（令和元）年10月1日以後の期間から適用され、同日前の期間は第3種事業に区分される。

第8章●中小事業者にはこんな特例がある

　このうち第1種事業（卸売業）と第2種事業（小売業）の定義は、消費税法に定められているものですが、第3種事業以下は、具体的定義が設けられていません。

　この場合の事業区分は、おおむね「日本標準産業分類」（総務省）によっているようです。このため、第3種事業以下のものについて、個々の事業を判別するときは、日本標準産業分類をみる必要があるかもしれません。

　なお、事業の区分は、前述したとおり事業の全体をまとめて判定するのではなく、事業者の行なう課税資産の譲渡等ごとに区分することに注意する必要があります。

　あらゆる事業者の1つひとつの取引についてみていくのは、この本ではとてもできません。以下、事業区分の考え方やポイントを説明することにします。

● 取引の相手方で卸売業と小売業に分かれる

　まず、第1種事業となる卸売業は、「他の者から購入した商品をその性質および形状を変更しないで他の事業者に販売する事業」とされています。

　一方、第2種事業の小売業をみると、「他の者から購入した商品をその性質および形状を変更しないで販売する事業で第1種事業以外のもの」としています。

　この2つは、似たような内容ですが、その違いは、**図8-26**のように商品を販売する相手方にあります。

　たとえば酒屋や青果店がレストランなど事業者に酒や野菜を売れば卸売業となり、一般消費者に売ると小売業に区分されるわけです。

　このような区分からみると、次のようなものは、代表的な卸売業です。

①文房具店の会社に対する事務用品の販売

②プロパンガスの販売店の工場や飲食店等に対するプロパンガスの販売

③ガソリンスタンドの運送会社に対する軽油の販売

④農機具店の農家に対する農機具や肥料等の販売

　もっとも、卸売業に区分されるためには、事業者に販売したことが帳簿や

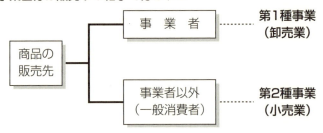

図8-26●事業区分は販売する相手で分かれる

伝票などで明らかにされていなければなりません。事業者に販売したのか、一般消費者に販売したのかわからないときは、小売業に区分することになっています。

●「性質および形状を変更しない」とは

　卸売業と小売業に共通しているのは、「他の者から購入した商品をその性質および形状を変更しないで」販売することです。

　この場合の「性質および形状を変更しない」とは、原則として、他の者から購入した商品をそのまま販売することをいいます。言い換えれば、商品に何らかの加工をして販売すると、卸売業や小売業ではなく、製造業（第3種事業）に該当するということです。

　もっとも、商品に次のような行為をして販売しても、性質および形状の変更には当たらないものとして取り扱われています。

①洋服などに商標やネーム等を貼付けまたは表示する行為
②単品でも販売する複数の商品をセット商品として詰め合わせる行為
③液状の商品を小売販売用の容器に詰め替える行為
④組立て式の家具を組み立てて販売するなど、運送のために分解されている商品を組み立てる行為

　まぎらわしいのは、食料品の小売店舗で行なう商品の加工です。仕入商品に軽微な加工をして販売する場合で、その加工が食料品の販売店舗において一般的に行なわれると認められるもので、その加工後の商品が加工前の商品

と同一店舗で販売されるものは、小売業（または卸売業）に該当するものとして取り扱われます。

問題は、「軽微な加工」の範囲です。仕入商品を切る、刻む、つぶす、挽く、たれに漬け込む、混ぜ合わせる、こねる、乾かすといった行為は、軽微な加工の範囲です。

これに対して、焼く、煮る、ゆでる等の加熱する行為は、軽微な加工とはいえず、この場合は、製造業（第3種事業）とされます。

消費税の取扱いはこのようになっていますが、現実問題とすると、どの程度の加工ならいいのか判断に迷うケースも少なくないでしょう。また、その判断ができたとしても、いちいち区分記帳するのは容易ではありません。このあたりも、簡易な課税制度とはいえないところです。

なお、農業、林業および漁業で、飲食料品の譲渡を行なう事業は、第2種事業とされ、みなし仕入率は80％とされます。これは、2019（令和元）年10月1日から飲食料品の譲渡に軽減税率制度が適用されるからですが、80％のみなし仕入率が適用されるのは同日以後の取引からであり、同日前の取引分に適用されるみなし仕入率は70％（第3種事業）であることに注意してください。

● 製造小売業は製造業に区分される

第3種事業は、製造業等とされていますが、具体的には、農業、林業、漁業、鉱業、建設業、製造業、電気業、ガス業、熱供給業および水道業をいいます。ただし、農業、林業および漁業については、第2種事業（飲食料品の譲渡）以外のものが第3種事業になります。

また、製造した商品を直接消費者に販売するいわゆる製造小売業は、日本標準産業分類では小売業とされていますが、簡易課税制度の事業区分では製造業とされます。次のような事業がこれに含まれます。

①洋服の仕立小売業

②菓子の製造小売業

③パンの製造小売業

④豆腐・かまぼこ等の加工食品製造小売業

⑤家具製造小売業

⑥建具製造小売業

⑦畳製造小売業

このほか、次のようなものも第3種事業とされます。

・自己の計算において原材料を購入し、これをあらかじめ指示した条件に従って下請加工させて完成品として販売する、いわゆる製造問屋

・自己が請け負った建設工事の全部を下請けに施工させる元請事業（いわゆる丸投げ工事）

・天然水を採取して瓶詰等にして販売する事業

・建設業、製造業等の事業に伴って生じた加工くず、副産物等の譲渡

●「加工賃その他これに類する料金を対価とする役務の提供」とは

第4種事業は、第1種事業から第3種事業および第5種事業と第6種事業以外の事業、とされているため、その他の事業と総称されますが、具体的には、飲食店業をいいます。

また、「加工賃その他これに類する料金を対価とする役務の提供」も第4種事業とされます。建設業などの下請けで、原材料の無償支給を受け、加工賃だけを収受する人的役務提供が代表的なものです。この場合、釘、針金、接着剤、道具など補助的な資材等を自ら調達していても、主要な原材料を無償支給されているとすれば、加工賃等を対価とする役務の提供です。これに該当する具体例としては、図8-27のような事業があります。

なお、車両、機械、器具や備品などの事業用固定資産を売却した場合の譲渡対価は、第4種事業に区分されることに注意してください。

●第5種事業の範囲は広い

第5種事業は、運輸通信業、金融業、保険業と飲食店業を除くサービス業です。

事業の種類が多種多様で、きわめて広範囲にわたるのが第5種事業です。

第8章●中小事業者にはこんな特例がある

図8-27●「加工賃その他これに類する料金を対価とする役務の提供」とされるもの

①食料品製造業者が原料となる食品の支給を受けて製品等に加工する事業
　（麦の支給を受けて行なう製粉、果物等の支給を受けて行なう缶詰加工等）

②食料品加工業者が貝、えびの支給を受けて行なうむき身の製造

③繊維製造業者が糸、生地の支給を受けて行なう巻取り、染色、織物製造、
　裁断、刺しゅうまたは縫製

④木製品製造業者が木材の支給を受けて行なう容器、家具等の製造・組立
　て、彫刻または塗装（漆塗りを含む）

⑤紙加工業者が紙の支給を受けて行なう紙製品の製造・加工

⑥印刷業者が紙の支給を受けて行なう印刷

⑦製本業者が印刷物の支給を受けて行なう製本

⑧なめし革製造業者が革の支給を受けて行なうなめし、調整、塗装または縫
　製

⑨めっき業者が金属の支給を受けて行なうめっき

⑩金属製品製造業者が金属の支給を受けて行なう打ち抜き、プレス、旋盤加
　工または彫刻

⑪機械等の製造業者が部品の支給を受けて行なう組立て

⑫指輪の支給を受けて行なうサイズ直しまたは宝石の支給を受けて行なう切
　断、研磨、取付け

日本標準産業分類について、一般の事業者にかかわりそうなものを抜き出す
と、267ページ**図8-28**のようになります。

このようにきわめて多岐にわたっていますから、個々の事業ごとには検討
しきれませんが、注意したいのは、これらの事業に該当しても、取引の内容
によっては第5種事業以外の事業に区分されることです。

たとえば、サービス業のうちの自動車整備業をみても、次のようになるの
です。

　①**自動車の修理……第5種事業**

　②**運送業者に対するタイヤなどの商品販売……第1種事業**

265

③消費者に対するタイヤなどの商品販売……第2種事業

④自動車損害保険の代理店手数料……第4種事業

⑤いわゆる代車料……第5種事業

　また、ホテルや旅館はサービス業として第5種事業ですが、客室内の冷蔵庫の酒やジュース類の販売は第4種事業（飲食店業）であり、土産物コーナーでの物品販売は第2種事業（小売業）になるのです（ただし、酒類を除く飲食料品の譲渡は、売上税額の計算において軽減税率が適用されます）。

　なお、加工賃等を対価とする役務の提供は、前述のとおり第4種事業ですが、サービス業に該当する場合は、第5種事業に分類されます。

　たとえば、クリーニング業や写真の現象・焼付業は、もともと加工賃を対価とする事業です。したがって、第4種事業になるという見方もできますが、これらはサービス業に属していますから、第5種事業として扱われるわけです。

みなし仕入率が最も低い不動産業の範囲は

　不動産業は、みなし仕入率が最も低く（40％）なるのですが、不動産業といっても、土地や建物の売買業、不動産の代理・仲介業、不動産の賃貸・管理業、駐車場業などさまざまです。これらについては、次のように区分されます。

①事業者が自ら建築施工した建物（建売住宅など）の販売……第3種事業（製造業等）

②建物を購入し、そのまま顧客に販売する場合……事業者への販売は第1種事業（卸売業）、事業者以外の者への販売は第2種事業（小売業）

③中古住宅をリメイクして販売する場合……第3種事業（製造業等）

④土地の販売……非課税

　したがって、不動産取引の代理・仲介行為と、賃貸・管理事業、貸家業、貸間業および駐車場業が第6種となります（ただし、土地と住宅の賃貸料は非課税です）。

第8章●中小事業者にはこんな特例がある

図8-28●第5種事業とされる日本標準産業分類の業種（抜粋）

大分類	中分類	小分類による業種
情報通信業	情報サービス業	ソフトウェア業、情報処理・提供サービス業
	インターネット付随サービス業	インターネット付随サービス業
サービス業	専門サービス業	法律事務所、特許事務所、公証人役場、司法書士事務所、公認会計士事務所、税理士事務所、獣医業、土木建築サービス業、デザイン・機械設計業、著述・芸術家業、写真業、その他の専門サービス業
	洗濯・理容・美容・浴場業	洗濯業、理容業、美容業、公衆浴場業、特殊浴場業、その他の洗濯・理容・美容・浴場業
	その他の生活関連サービス業	旅行業、家事サービス業、衣類裁縫修理業、物品預り業、火葬・墓地管理業、冠婚葬祭業、他に分類されない生活関連サービス業
	娯楽業	映画館、興行場、興行団、競輪・競馬等の競争場、競技団、スポーツ施設提供業、公園、遊園地、その他の娯楽業
	廃棄物処理業	一般廃棄物処理業、産業廃棄物処理業、その他の廃棄物処理業
	自動車整備業	自動車整備業
	機械・家具等修理業	機械修理業、電気機械器具修理業、表具業、その他の修理業
	物品賃貸業	各種物品賃貸業、産業用機械器具賃貸業、事務用機械器具賃貸業、自動車賃貸業、スポーツ・娯楽用品賃貸業、その他の物品賃貸業
	広告業	広告代理業、その他の広告業
	その他の事務サービス業	速記・ワープロ入力・複写業、商品検査業、計量証明業、建物サービス業、民営職業紹介業、警備業、他に分類されない事務サービス業
	その他のサービス業	集会場、と畜場、他に分類されないサービス業

267

第 **9** 章

日々の取引の実務処理のポイント

1　消費税の会計処理
2　税込経理と税抜経理はどちらがトクか
3　日々の処理はこんな点に注意する

消費税の会計処理

● 経理処理の方法は2通りある

　消費税のしくみや計算方法が理解できたとしても、日々の取引について、きちんと経理処理をしていないと、的確な計算や申告はできません。そこで、消費税の会計処理のしかたをみていくことにしましょう。
　まず、会計処理の方法については、次の2通りがあります。
　①税込経理方式……消費税額等とその消費税額等に係る取引の対価とを区分しないで経理する方法
　②税抜経理方式……消費税額等とその消費税額等に係る取引の対価とを区分して経理する方法
　したがって、図9-1のようになるのですが、消費税等あるいは消費税額等といっているのは、消費税と地方消費税の両方を指しているという意味です。
　これらの方式について、代表的な取引を仕訳で示すと、272ページ図9-2のようになります。なお、税抜経理方式において、売上に係る消費税等は、「仮受消費税等」とし、仕入、経費、資産の取得に係る消費税等は「仮払消費税等」で処理していますが、勘定科目は、「仮受消費税」あるいは「仮払消費税」でも、もちろんかまいません。勘定科目の設定にあたり、「仮受消費税」「仮受地方消費税」のように、両者を区別する必要はないということです。

● 経理方法は事業者の選択による

　税込経理方式と税抜経理方式のいずれによるかは、事業者の任意です。どちらによっても納付する消費税の額は変わりません（ただし、後述するように法人税や所得税には影響があります）。

図9-1 ●税込経理方式と税抜経理方式の違い

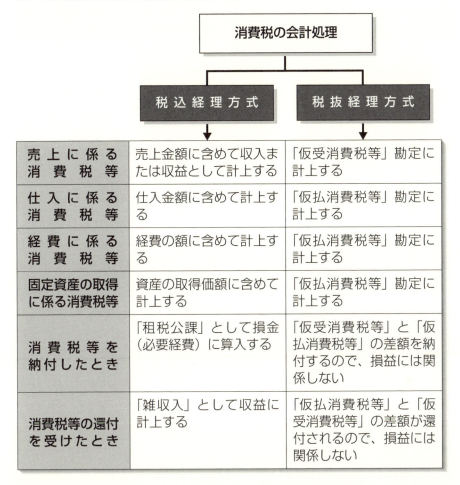

　この場合、たとえば売上など収益についてだけ税抜経理をし、棚卸資産の取得（仕入）や経費の支出は税込経理を行なうという方法も選択できます。
　ただし、税抜経理を行なう際は、次のルールを守らなければなりません。
①売上などの収益については、必ず税抜経理をしなければならない
②固定資産の取得および繰延資産の取得に係る取引、棚卸資産の取得（仕入）または経費に係る取引のいずれかについて、税抜経理によらなけれ

図9-2●税込経理方式と税抜経理方式の仕訳

	税込経理方式	税抜経理方式
売 上 時	（売掛金）8,800,000 　　（売　上）8,800,000	（売掛金）8,800,000 　　（売　上）8,000,000 　　（仮受消費税等）800,000
仕 入 時	（仕　入）2,200,000 　　（買掛金）2,200,000	（仕　入）2,000,000 （仮払消費税等）200,000 　　（買掛金）2,200,000
経費支払時	（諸経費）550,000 　　（現金預金）550,000	（諸経費）500,000 （仮払消費税等）50,000 　　（現金預金）550,000
固定資産 取得時	（機械装置）3,300,000 　　（現金預金）3,300,000	（機械装置）3,000,000 （仮払消費税等）300,000 　　（現金預金）3,300,000
売上返品時	（売　上）220,000 　　（売掛金）220,000	（売　上）200,000 （仮受消費税等）20,000 　　（売掛金）220,000
仕入返品等	（買掛金）110,000 　　（仕　入）110,000	（買掛金）110,000 　　（仕　入）100,000 　　（仮払消費税等）10,000
貸倒損失 発生時	（貸倒損失）88,000 　　（売掛金）88,000	（貸倒損失）80,000 （仮受消費税等）8,000 　　（売掛金）88,000
期 末 時	（租税公課）232,000 　　（未払消費税等）232,000	（仮受消費税等）772,000 　　（仮払消費税等）540,000 　　（未払消費税等）232,000
納 付 時	（未払消費税等）232,000 　　（現金預金）232,000	（未払消費税等）232,000 　　（現金預金）232,000

（注）すべて標準税率が適用される取引とし、非課税取引はないものとしている。

第9章●日々の取引の実務処理のポイント

ばならない

これにもとづいて、経理処理の選択方法をまとめると、**図9-3**のようになります。もっとも、これらのうち第2法から第7法によると、経理事務が複雑になるでしょう。実際問題とすると、すべての取引について、税込経理とするか税抜経理とするかのいずれかを選択することになると思われます。

なお、経理方法が選択できるのは、課税事業者に限られており、免税事業者の場合は、税込経理方式が強制されます。課税事業者であれば、簡易課税制度の適用事業者でも税抜経理方式によることができます。

図9-3●経理処理には8通りある

	売　上 （収　益）	固定資産・ 繰延資産の取得	仕　入 （棚卸資産の取得）	経　費
第1法	税　　抜　　経　　理　　方　　式			
第2法	税　　抜　　経　　理　　方　　式			税込経理方式
第3法	税抜経理方式		税込経理方式	
第4法	税抜経理方式	税込経理方式		税抜経理方式
第5法	税抜経理方式	税込経理方式	税抜経理方式	
第6法	税抜経理方式	税込経理方式	税抜経理方式	税込経理方式
第7法	税抜経理方式		税込経理方式	税抜経理方式
第8法	税込経理方式			

(注) 個々の固定資産や個々の経費ごとに異なる経理方式（たとえば経費のうち交際費だけを税抜経理とし、他の経費は税込経理を行なう方法）をとることはできない。

● 税抜経理方式は期末に清算処理をする

図9-2の仕訳例は、取引金額に端数がありませんが、通常は1円単位までの金額となり、税抜経理方式では、仮受消費税等勘定の金額も仮払消費税等

273

勘定の金額も1円の位までの数値が算出されます。

これに対し、消費税の申告で納付する税額は、消費税も地方消費税も100円未満は切り捨てです。このため、仮受消費税等勘定と仮払消費税等勘定を反対仕訳する期末時では、納付すべき消費税額（地方消費税額を含みます）を計算したあと、端数金額を清算する処理が必要になります。

これを仕訳例で示すと、**図9-4**のとおりです。なお、簡易課税制度の適用事業者が税抜経理方式を採用している場合も同様の処理が必要です。仕入控除税額をみなし仕入率で計算するため、仮受消費税等の金額と仮払消費税等の金額の差額は、当然のことながら納付税額には一致しません。実際の仕入率がみなし仕入率より下回れば「雑収入」が、逆に上回れば「雑損失」が計上されます。

控除対象外消費税等とは

消費税の会計処理を税抜方式とした場合は仮払消費税等勘定が設けられますが、その全額が税額控除の対象となるのは、課税売上割合が95％以上で、その課税期間の課税売上高が5億円以下のときです。

問題は、課税売上割合が95％未満または課税売上高が5億円超の場合に生じます。たとえば、課税売上割合70％、仕入税額控除を一括比例配分方式とすると、**図9-5**のようになります。

この場合の清算仕訳における180万円を**控除対象外消費税等**というのですが、これを「雑損失」として処理していいかどうかです。これについては、**図9-6**のように処理することとされています。

この場合、注意が必要なのは、経費分の控除対象外消費税等のうち、交際費にかかる分は法人税の交際費課税の対象になることです。つまり、支出交際費の額は、税抜金額による交際費の額と控除対象外消費税等の額の合計額になるわけです。

なお、繰延消費税等として償却対象になる額は、その資産の取得価額に含めて、通常の減価償却の対象とすることもできます。

図9-4 ● 端数金額の清算処理

- 仮受消費税等の残高　　　　　　　　　　　12,620,873円
- 仮払消費税等の残高　　　　　　　　　　　10,142,695円
- 中間納付額（地方消費税を含む）　　　　　　　957,700円
  （注）中間納付額は、「仮払金」で経理してある。
- 確定申告納付額（地方消費税を含む）　　　　 1,520,400円

↓ 期末の仕訳

（仮受消費税等）　12,620,873円　　（仮払消費税等）　10,142,695円
　　　　　　　　　　　　　　　　　（仮　払　金）　　　957,700円
　　　　　　　　　　　　　　　　　（未払消費税等）　 1,520,400円
　　　　　　　　　　　　　　　　　（雑　収　入）　　　　　 78円

図9-5 ● 課税売上割合70%のときの計算例

・仮受消費税等の残高	1000万円
・仮払消費税等の残高	600万円
・課税売上割合	70%

↓

仕入税額控除額 …………………… 600万円×70%＝420万円
納付する税額　 …………………… 1000万円－420万円＝580万円

↓

〈清算仕訳〉　仮受消費税等　1000万円　／　仮払消費税等　600万円
　　　　　　　　　　？　　　　180万円　／　未払消費税等　580万円

図9-6 ● 控除対象外消費税等の扱い

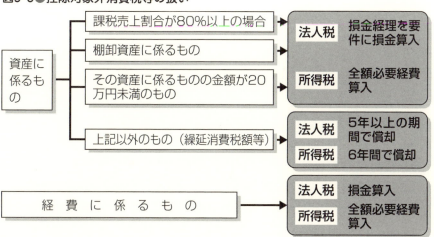

② 税込経理と税抜経理はどちらがトクか

● 税抜経理のほうが法人税が少なくなる

　ところで、2つの経理方法について、実務からみれば、税抜経理より税込経理のほうが手間がかかりません。事務負担を軽減したいということであれば、税込経理方法を選択すべきであり、中小事業者の多くは、この方法によっているようです。

　しかし、損得という面からみると、税抜経理方式に軍配が上がりそうです。その理由は、法人税または所得税の取扱いが次のようになっているからです。

①交際費課税

　法人税では、いわゆる交際費課税が行なわれており、資本金1億円超の法人では支出交際費のうち飲食費の50％分を除いた金額が、また資本金が1億円以下の法人では、定額控除額（800万円）を超える分が損金不算入とされています（中小法人の場合は、定額控除と飲食交際費の50％損金算入との選択適用が可能です）。

　この場合の支出交際費の額は、その法人が税抜経理をしていれば税抜きの金額となり、税込経理をしていれば税込みの金額とされます。

　したがって、税抜経理のほうが損金不算入額が少額になるというメリットが生じます。

②少額減価償却資産

　少額減価償却資産とは、その取得価額が10万円未満のものをいい、取得時に一時損金算入が可能です。また、資本金1億円以下の中小企業者が取得した減価償却資産で2020（令和2）年3月末までに事業の用に供したものは、取得価額が30万円未満であれば資産計上を要しません（10万円以上20万円未満の資産は、一事業年分をまとめて3年間で償却することも可能です）。

　この取扱いにおける10万円または30万円（3年償却の対象資産は20万円）

という基準も税抜経理の場合は税抜きの金額、税込経理の場合は税込みの金額で判定します。

したがって、税抜経理によっているときは、本体価格でそのまま10万円未満（30万円未満）となりますが、税込経理では、本体価格が9万909円以下（27万2727円以下）でないと、少額減価償却資産にならないわけです。

③棚卸資産の期末評価

棚卸資産について、期末評価を行なう際も、その事業者が選択した消費税の経理方法に従うこととされています。

このため、税込経理方式によると、期末棚卸高が消費税分だけふくらむことになり、その期の利益の増加と法人税や所得税の負担増につながります。したがって、この面でも税抜経理のほうがトクになるといえます（ただし、翌期の原価となる期首棚卸高は税込経理のほうが大きくなります）。

このほか、法人税における寄附金課税の時価や、資産の評価損計上の場合の時価も、消費税の経理方式に従うこととされています。税抜経理のほうが時価が低く算定されて有利になるのです。

税込経理がトクな場合もある

このようにみてくると、税込経理にトクな面はなさそうですが、資産について取得価額基準のある特別償却制度では、税込経理のほうが有利になることがあります。

たとえば、中小企業者の機械等の特別償却という特例があり、初年度に30％の償却費が認められることになっています。この特例の対象となる機械等とは、1台当たり160万円以上とされています。

したがって、税込経理の場合は、本体価格が145万4546円以上であれば、160万円基準を満たし、特例を受けられます。これ対し、税抜経理では、本体価格が160万円以上でなければ、特別償却の対象にならないわけです。

なお、通常の減価償却費の計算基礎となる資産の取得価額も、それぞれの経理方式によって算定した価額です。このため、税込経理方式での消費税分は、減価償却費を通じてしか損金に算入できません。この点では、やはり税

抜経理のほうが有利でしょう。

　もっとも、償却の基礎価額が膨らむ税込経理では、翌期以降の償却費は多くなります。もちろん、償却の全期間を通じてみれば、どちらの経理方式でも損得はありません。

期末に税抜経理に修正することもできる

　いろいろな面から総合的にみると、税込経理方式より税抜経理方式のほうが勝っているといえるでしょう。法人税や所得税でトクになる点が多いということのほか、税込経理方式では、的確な経営分析ができないという問題もあります。

　そうはいっても日々の経理を税抜きで行なうのは大変だ、という事業者も少なくないと思われます。税込経理の簡便性を利用しながら、税抜経理のメリットも享受したいところですが、その場合は、期末に一括して税抜経理に直すという方法が考えられます。

　この方法は、要するに、日々の仕訳は税込みで行なっておいて、期末に消費税分だけを抜き出して、仮受消費税と仮払消費税を一括して計上するものです。

　この例を示すと**図9-7**のとおりですが、期末に限らず、半年ごとや月単位で修正処理を行なってもかまいません。もっとも前述したように、経費のうち交際費だけを税抜きに直すという方法は認められません。

　なお、**図9-7**は、すべて標準税率が適用される取引を前提としたものですが、軽減税率が適用される取引がある場合には、標準税率の適用分とは区分して集計・計算をする必要があります。

税込経理方式の納付税額は未払計上できる

　課税期間の終了とともに、納付すべき消費税額（または還付される消費税額）が計算できるのですが、その事業者が税抜経理方式によっている場合の納付税額（または還付税額）は、前述のとおり、経理面で清算されます。

第9章●日々の取引の実務処理のポイント

図9-7●期末に税抜経理に修正する場合

税込経理による勘定残高	
仕　入　高　　58,036,480円	売　上　高　　97,637,590円
諸　経　費　　15,699,722円 （消費税が課税されるもの）	受　取　利　息　　495,800円
諸　経　費　　11,178,960円 （消費税が課税されないもの）	
機械の取得価額　　4,012,800円	
支　払　利　息　　3,229,670円	

●**消費税額等の計算**

・売上高 ………………… $97,637,590円 \times \dfrac{10}{110} = 8,876,144円$

・仕入高 ………………… $58,036,480円 \times \dfrac{10}{110} = 5,276,043円$

・諸経費 ………………… $15,699,722円 \times \dfrac{10}{110} = 1,427,247円$

・機械の原価 …………… $4,012,800円 \times \dfrac{10}{110} = 364,800円$

●**期末修正仕訳**

（売　上　高）	8,876,144円	（仕　入　高）	5,276,043円
（仮払消費税等）	7,068,090円	（諸　経　費）	1,427,247円
		（機　　　械）	364,800円
		（仮受消費税等）	8,876,144円

（注）納付税額を確定したあとの清算仕訳は、別途に行なう。

図9-8●納付税額（還付税額）の計上時期

一方、税込経理方式では、納付税額は「租税公課」で、還付税額は「雑収入」でそれぞれ処理することになります。この場合の租税公課または雑収入の計上時期は、**図**9-8のように決められています。原則は、申告書提出時の損金または益金となるのですが、期末に未払金または未収入金として計上することもできるということです。

　もっとも、納付税額が少なすぎるとして、更正や決定の処分を受けたときの加算税や延滞税は、損金または必要経費とすることはできません。

日々の処理はこんな点に注意する

● 消費税の課否を経理に反映させる

　商品の仕入に際して、次のような内訳で128万円を支出したとしましょう。
　①商品代金……120万円
　②引取りの運賃……6万円
　③運送保険料……2万円
　これらのうち、商品代金は、「仕入」科目で経理処理するのは当然ですが、②と③の費用は、どう処理すべきでしょうか。②を「運賃」、③を「保険料」として販売費や一般管理費で処理する、という方法もありそうですが、正しくは、これらも「仕入」とすべきなのです。
　法人税の扱いでは、棚卸資産の取得価額には、商品等の購入代金のほか、購入に伴う付随費用も含めることとされています。この商品が期末に残っていたとすると、120万円ではなく、128万円を棚卸高としなければならないのです。
　このため、仕入のための付随費用も仕入勘定に入れて、

仕入　1,280,000円　／　現金預金　1,280,000円

と処理するほうが都合がよいわけです。
　しかし、このような処理で注意を要するのは消費税です。この中には、保険料という消費税の非課税項目が含まれているのですが、決算や申告の際に、うっかりすると、128万円を課税仕入として税額控除をしてしまうという誤りを犯しそうです。
　こうした問題に対処するためには、日々の処理の段階で、消費税の課否区分を経理面に反映させておくことが得策です。
　この場合、最もよい方法は、税抜経理方式を採用し、

| 仕　　入 | 1,165,455円 | 現金預金 | 1,280,000円 |
| 仮払消費税等 | 114,545円 | | |

のように経理しておくことです（仮払消費税等の11万4545円は、126万円の110分の10相当額です）。こうしておけば、処理の段階で消費税の課否判定を間違わない限り、仕入税額控除も正しくできるでしょう。

といっても、現実にこうした処理を行なっていくことはなかなかむずかしい問題です。たとえば、「交際費」という勘定科目1つをみても、図9-9のように4通りもの取扱いに分かれるのです。これらについては、すでに説明してきたところですから改めて解説はしませんが、それにしても複雑です。

消費税に対応するための経理処理をするには、相当な事務負担になるのですが、消費税の取扱いをよく理解し、日々の処理を的確に行なっていくことが大切です。

図9-9●交際費の取扱いは4通りに分けられる

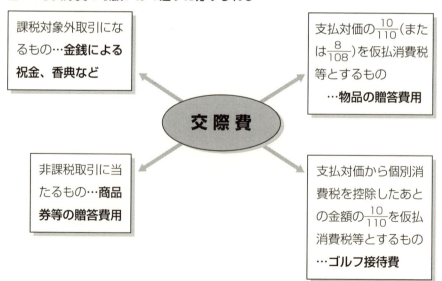

第9章●日々の取引の実務処理のポイント

● 税込経理方式は記帳のしかたに注意する

　日々の経理を税抜きで行なうほうがよいことはわかっても、事務能力から
みて税込経理でいきたいという事業者も多いでしょう。ただ、消費税の申告
で誤りが多いのは、税込経理の場合です。

　税込経理では、消費税の申告時に課税取引、非課税取引を区分することに
なるのですが、1年間のすべての取引を短時間で区分するのはかなり困難で
す。このため非課税取引を課税仕入として計算してしまう例が少なくありま
せん。また、その逆に課税仕入を仕入税額控除から除外してしまうおそれも
あります。

　こうした問題に対処するには、日々の記帳をしっかり行なうことがポイン
トです。申告時に1年間の取引の課否区分をするにしても、帳簿の記載内容
でそれが判別できるようにしておくのです。

　たとえば、通信費勘定です。「〇月分電話代」としか記載がないと、国内
電話料か国際電話料かの判別ができません。旅費交通費勘定では、単に「出
張旅費」とすると、国内使用分（課税仕入）か海外出張分（課税対象外）か
の区別が困難になります。

　前述の交際費勘定も同じです。単に「得意先贈答費用」では、課税物品な
のか非課税物品を贈答したのかはわかりません。また、標準税率が適用され
るものか、軽減税率が適用されるものかの区分も明らかになるようにしてお
かなければなりません。

　そこで、帳簿の記載方法を工夫して、課否いずれのものであるかを明確に
しておくわけです。もっとも、第6章で説明したように、仕入税額控除の適
用要件として、帳簿の保存があり、また4項目の記載事項が法定されていま
す。したがって、取引の内容が明らかでない記帳では、仕入税額控除そのも
のが否認されるおそれもあります。

　いずれにしても、税込経理の場合は、決算時にかなりの手数がかかるとみ
てよいのですが、誤った申告をしないためには、次ページ図9-10のような集
計表を作成すべきです。

　これは、勘定科目ごとに、年間の取引内容を確認して、消費税の課否区分

(283)

図9-10●税込経理の課否判定集計表

勘定科目	決算額	課否区分による決算額の内訳				備　考
		課税取引		非課税取引	課税対象外取引	
		標準税率分	軽減税率分			
期首商品棚卸高	×××				×××	
商 品 仕 入 高	××××	××××	××	××		
期末商品棚卸高	×××	×××			×××	
給 料 手 当	××××				××××	
福 利 厚 生 費	×××	×××	××	××		
合　　　　計	××××	××××	×××		××××	

を集計するものです。このような集計を行なうことで、ほとんどのミスが防止できると思われます。この場合、年間の取引量が多いときは、月単位または半年単位で、集計表を作成することがベターでしょう。

● 簡易課税は収益科目を区分する

　これまで述べたことは、いわゆる原則課税の事業者の注意点です。簡易課税制度の適用を受けている場合は、みなし仕入率で仕入控除税額を計算するため、仕入や経費等の支出についての課否判定は必要ありません。

　売上や雑収入などの収益科目に注意して経理処理をすればよいわけです。この場合、とくに気をつけたいのは、2種類以上の事業を営むときの経理方法です。258ページで説明したとおり、2種類以上の事業の売上がある場合に、その売上を区分経理していないときは、それぞれの事業のうち、低いほうのみなし仕入率が適用されてしまいます。

　このため、たとえば、卸売部門の売上と小売部門の売上があるときは、勘定科目を「卸売売上高」と「小売売上高」に分けることも考えられます。また、売上伝票やレジペーパーなどに事業区分ができる記号等を付ける方法もあります。いずれにしても、区分経理ができるように工夫してください。

第 10 章

申告・納税はこうすれば間違いなし

1　申告と納税の期限
2　申告書はこうして作成する
3　申告後には税務調査がある

申告と納税の期限

●法人は2か月以内、個人は3月31日までに確定申告

　これまでの説明で、消費税のしくみや計算方法、会計処理などはおわかりいただけたと思いますが、申告や納税という大切な実務が残っています。これらの手続きについて、みておきましょう。

　まず、**確定申告**です。消費税の確定申告書の提出期限は、**図10-1**のようになっており、また、その申告書に記載した納税額は、これらの申告期限までに納付することとされています。

　図中の「課税期間の特例の適用がある場合」とは、3か月間または1か月間を一課税期間とする短縮の特例のことで、あらかじめ「消費税課税期間特

図10-1●消費税の確定申告期限

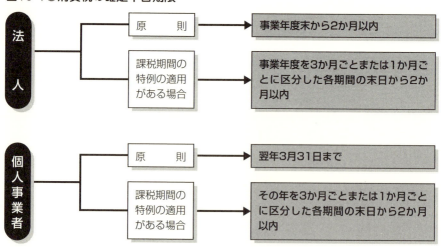

（注1）個人事業者について、課税期間の特例の適用がある場合でも、12月31日の属する課税期間の確定申告期限は、翌年3月31日になる。
（注2）申告期限が日曜日、国民の休日、その他一般の休日または土曜日に当たるときは、これらの日の翌日となる。

例選択（変更）届出書」を税務署に提出している事業者の申告期限です。

　これは、輸出業者のように恒常的に消費税が還付となる場合に選択されるもので、この特例を受ければ、それだけ早く還付金を受け取れるわけです。

　確定申告期限について、法人税との違いは、消費税には申告期限の延長制度がないことです。法人税では、会計監査人等の監査等の理由で、事業年度終了後3か月以内の申告が認められています。しかし、消費税にはその制度がありませんので、すべて2か月以内です。

　もっとも、個人事業者の所得税の確定申告は、翌年3月15日とされていますから、3月31日までとされている消費税のほうが半月間延長されています。

　なお、現在のところ、地方消費税の申告事務は国に移管されています。このため、消費税の申告と地方消費税の申告は、1つの申告書を税務署に提出して行ない、納税も一括して行なうこととされています。

● 中間申告と納税が必要な事業者の範囲は？

　課税期間の特例を受けている事業者や、設立1期目の法人、その年に新規開業した個人事業者は、**中間申告**は必要ありません。

　これ以外の事業者で、前課税期間の税額が一定額を超える場合は、消費税と地方消費税の中間申告と納税が必要です。その基準は、次ページ**図10-2**のとおりです。

　要するに、前課税期間の消費税額（年税額）が4800万円を超えるときは毎月（11回）の中間申告が、400万円を超えるときは3か月ごとに年3回の中間申告が、また、48万円超400万円以下の場合は年1回の中間申告をするということです。

　注意していただきたいのは、基準となるこれらの税額で、地方消費税額を含まない税額、つまり国税としての消費税額だけをいうことです。この場合、消費税について中間申告を要するときは、自動的に地方消費税の中間申告も行なうことになります。

　ところで、これらの基準により中間申告をすべき事業者は、仮決算にもと

図10-2●中間申告の税額と申告・納付期限

前課税期間の 確定消費税額	中間申 告回数	中間申告税額	申告・納付の期限
4800万円超	11回	前課税期間の 確定消費税額 $\times \dfrac{1}{12}$	（毎　　月）
400万円超 4800万円以下	3回	前課税期間の 確定消費税額 $\times \dfrac{3}{\text{前課税期間の月数}}$	その課税期間開始後3 か月、6か月および9 か月を経過した日から 2か月以内
48万円超 400万円以下	1回	前課税期間の 確定消費税額 $\times \dfrac{6}{\text{前課税期間の月数}}$	その課税期間開始後6 か月を経過した日から 2か月以内
48万円以下	中間申告不要（任意の中間申告が可能）		

(注) 1. 中間申告税額の計算の基礎となる「前課税期間の確定消費税額」とは、それぞれの中間申告対象期間の末日までに確定した税額をいう。
　　 2. 中間申告により納付する地方消費税額は、その中間申告により納付する消費税額に78分の22を乗じて計算した金額となる。
　　 3. 課税期間の短縮の特例の適用を受けている事業者は、中間申告をする必要はない。

づく中間申告と納税をすることも認められます。前課税期間よりも売上が減少すると見込まれるときや課税仕入が増加すると見込まれるときに活用できます。

　この場合、年11回または年3回の中間申告を要する事業者について、たとえば、第1回目は前課税期間の確定消費税額をもとに計算した税額を申告納付し、第2回目は仮決算にもとづいて行なうという方法も可能です。

　なお、仮決算による中間申告で、売上に係る消費税額よりも仕入控除税額が多くても、還付は受けられないことに注意してください。この場合は、中間申告税額がゼロになるだけです。

●中間申告義務がない場合でも任意の申告ができる

　ところで、前課税期間の消費税の年額が48万円以下（地方消費税を含めると61万5300円以下）であるため、本来は中間申告義務がない場合であっても、資金繰りの観点から中間で納税をしておきたいという事業者もあります。

　そこで、中間申告義務のない事業者が、「任意の中間申告書を提出する旨

第10章●申告・納税はこうすれば間違いなし

の届出書」を税務署に提出した場合には、年1回の中間申告を行ない、納税することもできるようになっています。**図10-2**の「任意の中間申告が可能」とは、このような意味です。

　注意したいのは、任意の中間申告であっても、その届出書を提出した限りは、申告と納税が義務になることです。したがって、中間申告期限までに納税しなかった場合には、延滞税が課されることになります。

　もっとも、その届出書を提出しても、資金繰り等の事情から実際には納税ができないということもあり得ます。この場合には、任意の中間申告を取りやめる旨の届出書を提出すれば、その申告義務はなくなります。また、任意の中間申告を行なう旨の届出をしたにもかかわらず、中間申告書を提出しなかった場合には、任意の中間申告を取りやめる旨の届出書が提出されたものとみなされますから、この場合にも中間申告義務が解除されます。

　なお、前課税期間が還付申告だったため、当期の中間申告税額がゼロという場合でも、納付税額をゼロとした中間申告書を提出しなければなりません。仮に、その中間申告書を提出しなかったときは、任意の中間申告を取りやめたものとみなされます。

　また、いったん任意の中間申告を行なう旨の届出をすると、取りやめをしない限り、半永久的にその届出の効力が生じます。したがって、課税事業者が免税事業者となった場合に、免税事業者である間は中間申告の必要はありませんが、再び課税事業者となったときは、あらためて届出をする必要はなく、任意の中間申告を行なうことができます。

申告書はこうして作成する

● 申告書には付表を添付する

　消費税および地方消費税の申告書は、「一般用」（いわゆる原則課税の場合）と「簡易課税用」があり、それぞれ「第一表」と「第二表」があります。このうち「第二表」は、税率の異なる場合の課税標準額や消費税額について、それぞれに区分した金額を記載するものです。
　また、申告書に添付する「付表」は、次のものがあります。

●いわゆる原則課税の場合
　・付表１−１
　　税率別消費税額計算表兼地方消費税の課税標準となる消費税額計算表
　・付表１−２
　　税率別消費税額計算表兼地方消費税の課税標準となる消費税額計算表（経過措置対象課税資産の譲渡等を含む課税期間用）
　・付表２−１
　　課税売上割合・控除対象仕入税額等の計算表
　・付表２−２
　　課税売上割合・控除対象仕入税額等の計算表（経過措置対象課税資産の譲渡等を含む課税期間用）

●簡易課税制度適用の場合
　・付表４−１
　　税率別消費税額計算表兼地方消費税の課税標準となる消費税額計算表
　・付表４−２
　　税率別消費税額計算表兼地方消費税の課税標準となる消費税額計算表（経過措置対象課税資産の譲渡等を含む課税期間用）
　・付表５−１
　　控除対象仕入税額等の計算表

第10章●申告・納税はこうすれば間違いなし

・付表５−２

控除対象仕入税額等の計算表（経過措置対象課税資産の譲渡等を含む課税期間用）

これらのうち、原則課税の場合の付表１−２と付表２−２、簡易課税制度適用の場合の付表４−２と付表５−２は、いずれも「経過措置対象課税資産の譲渡等を含む課税期間用」となっており、申告をする課税期間において、現行の消費税率（標準税率10％、軽減税率８％）が適用される前の消費税率が適用される課税売上や課税仕入がある場合に使用します。

したがって、申告をする課税期間中の取引が現行の消費税率が適用されるもののみである場合には、原則課税では付表１−１と付表２−１を、簡易課税では付表４−１と付表５−１を申告書に添付することになります。

●申告書、付表の記載のしかた

それでは、消費税の申告に必要な主な計算式とともに、具体的な設例にもとづいて、申告書と付表を作成してみましょう。なお、294ページ以下の設例は、売上と仕入とも現行の消費税率が適用されるもののみとしています。

(291)

消費税の申告に必要な主な計算式

■課税標準額に対する消費税額の計算（原則課税・簡易課税共通）

・課税標準額（1000円未満の端数切捨て）

税抜経理の場合……（税抜課税売上高＋仮受消費税勘定の残高）$\times \dfrac{100}{110}$

税込経理の場合……税込課税売上高$\times \dfrac{100}{110}$

（注）軽減税率の適用対象となる課税売上高の場合には、「110分の100」を「108分の100」とする。

・課税標準に対する消費税額

原則……課税標準額×7.8％（軽減税率適用分は6.24％）

積み上げ計算の特例……仮受消費税勘定の残高×78％

■控除税額の計算

◎原則課税の場合

控除税額＝控除対象仕入税額＋（返還等対価に係る税額）＋（貸倒れに係る税額）

（注）（　）内の項目は該当する場合のみ

・課税売上割合（％）＝ $\dfrac{\text{税抜課税売上高}}{\text{税抜課税売上高＋免税売上高＋非課税売上高}}$ ×100

・返還等対価に係る税額＝課税売上の値引・返品に係る税込対価の額$\times \dfrac{7.8}{110}$

・貸倒れに係る税額＝課税売上に係る税込貸倒れの額$\times \dfrac{7.8}{110}$

（注）軽減税率の適用対象分は「110分の7.8」を「108分の6.24」とする。

①課税売上割合が95％以上で、課税売上高が5億円以下の場合

・控除対象仕入税額＝課税仕入に係る消費税額＋輸入課税貨物に係る消費税額

　→課税仕入に係る消費税額＝税込課税仕入の合計額$\times \dfrac{7.8}{110}$

（注）軽減税率の適用対象分は「110分の7.8」を「108分の6.24」とする。

②課税売上割合が95％未満または課税売上高が5億円超の場合

・控除対象仕入税額

　→一括比例配分方式＝$\left[\begin{array}{c}\text{課税仕入} \\ \text{に係る} \\ \text{消費税額}\end{array} + \begin{array}{c}\text{輸入課税} \\ \text{貨物に係る} \\ \text{消費税額}\end{array}\right]$×課税売上割合

第10章●申告・納税はこうすれば間違いなし

$$
→個別対応方式 = \left[\begin{array}{c}課税売上に対応\\する課税仕入に\\係る消費税額\end{array}\right] + \left[\begin{array}{c}課税売上と非課税売上\\に共通する課税仕入に\\係る消費税額\end{array}\right] × 課税売上割合
$$

◎簡易課税の場合

控除税額＝控除対象仕入税額＋（返還等対価に係る税額）＋（貸倒れに係る税額）

（注）（ ）内の項目は該当する場合のみ

・控除対象仕入税額＝控除対象仕入税額の計算の基礎となる税額×みなし仕入率

$$
→\begin{array}{c}控除対象仕入\\税額計算の基\\礎となる税額\end{array} = \left[\begin{array}{c}課税標準額\\に対する\\消費税額\end{array}\right] + \left[\begin{array}{c}貸倒回収額\\に対する\\消費税額\end{array}\right] - \left[\begin{array}{c}売上対価の\\返還等に係\\る消費税額\end{array}\right]
$$

$$
→みなし仕入率 = \frac{\begin{array}{c}第1種事業から第6種事業の事業区分\\別の課税売上高に対する消費税額\end{array}}{\begin{array}{c}課税売上高に対する消費税額\\（課税売上高×7.8\%または6.24\%）\end{array}}
$$

（注1）1種類の事業で75％以上の特例……75％以上を占める事業に係るみなし仕入率

（注2）2種類の事業で75％以上の特例……2種類のうち、みなし仕入率の高い事業はそのみなし仕入率、その他の事業はその2種類の事業のうち低いほうのみなし仕入率

設例1 ●原則課税方式（課税売上割合95％以上で課税売上高5億円以下の場合）

1. 課税事業者

- 名称………………………………………日本橋産業株式会社
- 課税期間………………………………令和○年10月1日〜令和△年9月30日
- 消費税の課税方式……………………原則課税
- 消費税の会計処理方式………………税込経理方式
- 基準期間の課税売上高………………283,816,800円（税抜金額）
- 当課税期間の中間申告税額…………消費税　　　　4,876,300円
  地方消費税額　1,315,800円

2. 当期の売上高

課税売上高（税込金額・標準税率適用分）	329,820,870円
非課税売上高	3,653,700円

3. 当期の課税仕入

標準税率適用分	171,087,513円
軽減税率適用分	1,335,540円

［消費税の計算］

項　目	計　算	申告書・付表の転記欄
課税資産の譲渡等の対価の額	（税込課税売上高） $329,820,870円 \times \dfrac{100}{110} = 299,837,154円$	付表1-1①-1、申告書第二表⑥⑦、第一表⑮
課税標準額	299,837,000円（1000円未満の端数切捨て）	付表1-1①、申告書第二表①、第一表①
課税標準額に対する消費税額	$299,837,000円 \times 7.8\% = 23,387,286円$	付表1-1②、申告書第二表⑪⑯、第一表②
控除対象	・課税売上割合 $\dfrac{\overset{\text{（税抜課税売上高）}}{299,837,154円}}{\underset{\text{（税抜課税売上高）　　（非課税売上高）}}{299,837,154円+3,653,700円}} \fallingdotseq 98\%$ ・控除対象仕入税額 （標準税率適用分） $171,087,513円 \times \dfrac{7.8}{110} = 12,131,660円$	付表2-1①④、申告書第一表⑮⑯、付表2-1⑤⑦⑧ 付表2-1⑨⑩⑮⑯㉓

294

第 10 章●申告・納税はこうすれば間違いなし

税 額	仕 入 税 額	（軽減税率適用分） $1,335,540円 \times \dfrac{6.24}{108} = 77,164円$ （課税仕入に係る消費税額） $12,131,660円 + 77,164円$ $= 12,208,824円$	付表2-1⑨⑩⑮ ⑯㉓ 付表2-1⑨⑩⑮ ⑯㉓、 付表1-1④、 申告書第一表④
	控除税額計	$12,208,824円$	付表1-1⑦、 申告書第一表⑦
納 付 税 額	差 引 税 額	（課税標準額に対する消費税額）　（控除税額） $23,387,286円 - 12,208,824円$ $= 11,178,462円 \rightarrow 11,178,400円$ （100円未満の端数切捨て）	申告書第一表⑨
	中 間 申 告 税 　 額	$4,876,300円$	申告書第一表⑩
	確 定 申 告 税 　 額	（差引税額）　　（中間申告税額） $11,178,400円 - 4,876,300円$ $= 6,302,100円$	申告書第一表⑪

［地方消費税の計算］

項　　目		計　　　　算	申告書・付表の転記欄
課 税 標 準 額		（消費税の差引金額） $11,178,462円 \rightarrow 11,178,400円$ （100円未満の端数切捨て）	付表1-1⑬、 申告書第一表⑱、 第二表⑳㉓
納 付 税 額	地 方 消 費 税 　 額	$11,178,400円 \times \dfrac{22}{78} = 3,152,882円$ $\rightarrow 3,152,800円$（100円未満の端数切捨て）	付表1-1⑯、 申告書第一表⑳
	中 間 申 告 税 　 額	$1,315,800円$	申告書第一表㉑
	確 定 申 告 税 　 額	$3,152,800円 - 1,315,800円 = 1,837,000円$	申告書第一表㉒

消費税と地方消 費税の合計納付 税 　 　 額	$6,302,100円 + 1,837,000円 = 8,139,100円$	申告書第一表㉖

295

設例1 ●日本橋産業(株)の申告書

第3-(1)号様式

令和 △ 年 11 月 28 日

日本橋 税務署長殿

納税地 東京都中央区日本橋○○ 4-2-9
（電話番号 03-3242-XXXX）

（フリガナ）ニホンバシサンギョウカブシキガイシャ
名称又は屋号 日本橋産業株式会社

個人番号又は法人番号 ×××××××××××××

（フリガナ）コウノ タロウ
代表者氏名又は氏名 甲野 太郎 ㊞

第一表

令和元年十月一日以後終了課税期間分（一般用）

自平成(令和) ○ 年 10 月 1 日
至令和 △ 年 9 月 30 日

課税期間分の消費税及び地方消費税の（ 確定 ）申告書

中間申告の場合の対象期間
自平成 令和 　 年 　 月 　 日
至令和 　 年 　 月 　 日

この申告書による消費税の税額の計算

		金額
課税標準額	①	2 9 9 8 3 7 0 0 0
消費税額	②	2 3 3 8 7 2 8 6
控除過大調整税額	③	
控除対象仕入税額	④	1 2 2 0 8 8 2 4
返還等対価に係る税額	⑤	
貸倒れに係る税額	⑥	
控除税額小計（④＋⑤＋⑥）	⑦	1 2 2 0 8 8 2 4
控除不足還付税額（⑦－②－③）	⑧	
差引税額（②＋③－⑦）	⑨	1 1 1 7 8 4 0 0
中間納付税額	⑩	4 8 7 6 3 0 0
納付税額（⑨－⑩）	⑪	6 3 0 2 1 0 0
中間納付還付税額（⑩－⑨）	⑫	0 0
この申告書が修正申告である場合 既確定税額	⑬	
差引納付税額	⑭	0 0
課税売上割合 課税資産の譲渡等の対価の額	⑮	2 9 9 8 3 7 1 5 4
資産の譲渡等の対価の額	⑯	3 0 3 4 9 0 8 5 4

この申告書による地方消費税の税額の計算

地方消費税の課税標準となる消費税額 控除不足還付税額	⑰	
差引税額	⑱	1 1 1 7 8 4 0 0
譲渡割額 還付額	⑲	
納税額	⑳	3 1 5 2 8 0 0
中間納付譲渡割額	㉑	1 3 1 5 8 0 0
納付譲渡割額（⑳－㉑）	㉒	1 8 3 7 0 0 0
中間納付還付譲渡割額（㉑－⑳）	㉓	0 0
この申告書が修正申告である場合 既確定譲渡割額	㉔	
差引納付譲渡割額	㉕	0 0
消費税及び地方消費税の合計（納付又は還付）税額	㉖	8 1 3 9 1 0 0

付記事項・参考事項

割賦基準の適用	有	○無
延払基準等の適用	有	○無
工事進行基準の適用	有	○無
現金主義会計の適用	有	○無
課税標準額に対する消費税額の計算の特例の適用	有	○無
課税売上高5億円超又は課税売上割合95%未満	個別対応方式 / 一括比例配分方式	
上記以外	○全額控除	

上記以外の課税期間の課税売上高 283,816 千円

銀行・本店・支店
金庫・組合・出張所
農協・漁協・本所・支店
預金 口座番号
ゆうちょ銀行の貯金記号番号
郵便局名等
※税務署整理欄

税理士署名押印 ㊞
（電話番号 　－　－　）

税理士法第30条の書面提出有
税理士法第33条の2の書面提出有

第10章●申告・納税はこうすれば間違いなし

第3-(2)号様式

課税標準額等の内訳書

整理番号 [　　　　　　　　]

納　税　地	東京都中央区日本橋○○ 4-2-9 （電話番号　03 - 3242 -XXXX）
（フリガナ） 名　称 又 は 屋 号	ニホンバシサンギョウカブシキガイシャ **日本橋産業株式会社**
（フリガナ） 代表者氏名 又 は 氏 名	コウノ　タロウ **甲野 太郎**

改 正 法 附 則 に よ る 税 額 の 特 例 計 算			
軽 減 売 上 割 合（10営業日）	○	附則38①	51
小 売 等 軽 減 仕 入 割 合	○	附則38②	52
小 売 等 軽 減 売 上 割 合	○	附則39①	53

第二表

令和元年十月一日以後終了課税期間分（一般用）

自 平成 ○ 年 10 月 1 日
至 令和 △ 年 9 月 30 日

課税期間分の消費税及び地方
消費税の（ 確定 ）申告書

中間申告　自平成・令和 □□ 年 □□ 月 □□ 日
の場合の
対象期間　至令和 □□ 年 □□ 月 □□ 日

課 税 標 準 額 ※申告書（第一表）の①欄へ	①	十兆千百十億千百十万千百十一円 　　　2 9 9 8 3 7 0 0 0	01

課税資産の 譲 渡 等 の 対 価 の 額 の 合 計 額	3 ％ 適 用 分	②		02
	4 ％ 適 用 分	③		03
	6.3 ％ 適 用 分	④		04
	6.24 ％ 適 用 分	⑤		05
	7.8 ％ 適 用 分	⑥	2 9 9 8 3 7 1 5 4	06
		⑦	2 9 9 8 3 7 1 5 4	07
特定課税仕入れ に係る支払対価 の額の合計額 (注1)	6.3 ％ 適 用 分	⑧		11
	7.8 ％ 適 用 分	⑨		12
		⑩		13

消 費 税 額 ※申告書（第一表）の②欄へ	⑪	2 3 3 8 7 2 8 6	21
⑪ の 内 訳	3 ％ 適 用 分	⑫		22
	4 ％ 適 用 分	⑬		23
	6.3 ％ 適 用 分	⑭		24
	6.24 ％ 適 用 分	⑮		25
	7.8 ％ 適 用 分	⑯	2 3 3 8 7 2 8 6	26

返 還 等 対 価 に 係 る 税 額 ※申告書（第一表）の⑤欄へ	⑰		31
⑰の内訳	売 上 げ の 返 還 等 対 価 に 係 る 税 額	⑱		32
	特定課税仕入れの返還等対価に係る税額 (注1)	⑲		33

地方消費税の 課税標準となる 消 費 税 額		⑳	1 1 1 7 8 4 6 2	41
	4 ％ 適 用 分	㉑		42
	6.3 ％ 適 用 分	㉒		43
	6.24%及び7.8% 適 用 分	㉓	1 1 1 7 8 4 6 2	44

(注1) ⑧～⑩及び⑲欄は、一般課税により申告する場合で、課税売上割合が95％未満、かつ、特定課税仕入れがある事業者のみ記載します。
(注2) ⑳～㉓欄が還付税額となる場合はマイナス「-」を付してください。

297

●日本橋産業(株)の付表1-1

第4-(1)号様式

付表1-1　税率別消費税額計算表 兼 地方消費税の課税標準となる消費税額計算表　　　　[一　般]

課税期間	○・10・1～△・9・30	氏名又は名称	日本橋産業株式会社

区　　分	旧税率分小計 X	税率6.24%適用分 D	税率7.8%適用分 E	合　計　F (X+D+E)
課税標準額 ①	(付表1-2の①X欄の金額) 000 円	000 円	299,837,000 円	※第二表の①欄へ 299,837,000 円
①の内訳 ①-1 課税資産の譲渡等の対価の額	(付表1-2の①-1X欄の金額)	※第二表の⑤欄へ	※第二表の⑥欄へ 299,837,154	※第二表の⑦欄へ 299,837,154
①-2 特定課税仕入れに係る支払対価の額	(付表1-2の①-2X欄の金額)	※①-2欄は、課税売上割合が95%未満、かつ、特定課税仕入れがある事業者のみ記載する。		※第二表の⑧欄へ
消費税額 ②	(付表1-2の②X欄の金額)	※第二表の⑮欄へ	※第二表の⑯欄へ 23,387,286	※第二表の⑪欄へ 23,387,286
控除過大調整税額 ③	(付表1-2の③X欄の金額)	(付表2-1の②・②D欄の合計金額)	(付表2-1の②・②E欄の合計金額)	※第一表の③欄へ
控除税額 ④ 控除対象仕入税額	(付表1-2の④X欄の金額)	(付表2-1の②D欄の金額) 77,164	(付表2-1の②E欄の金額) 12,131,660	※第一表の④欄へ 12,208,824
⑤ 返還等対価に係る税額	(付表1-2の⑤X欄の金額)			※第二表の⑰欄へ
⑤の内訳 ⑤-1 売上げの返還等の対価に係る税額	(付表1-2の⑤-1X欄の金額)			※第二表の⑱欄へ
⑤-2 特定課税仕入れの返還等対価に係る税額	(付表1-2の⑤-2X欄の金額)	※⑤-2欄は、課税売上割合が95%未満、かつ、特定課税仕入れがある事業者のみ記載する。		※第二表の⑲欄へ
⑥ 貸倒れに係る税額	(付表1-2の⑥X欄の金額)			※第一表の⑥欄へ
⑦ 控除税額小計 (④+⑤+⑥)	(付表1-2の⑦X欄の金額)	77,164	12,131,660	※第一表の⑦欄へ 12,208,824
控除不足還付税額 ⑧ (⑦-②-③)	(付表1-2の⑧X欄の金額)	※⑪E欄へ	※⑬E欄へ	77,164
差引税額 ⑨ (②+③-⑦)	(付表1-2の⑨X欄の金額)	※⑪E欄へ	※⑬E欄へ 11,255,626	11,255,626
合計差引税額 ⑩ (⑨-⑧)				※マイナスの場合は第一表の⑧欄へ ※プラスの場合は第一表の⑨欄へ 11,178,462
地方消費税の課税標準となる消費税額 控除不足還付税額 ⑪	(付表1-2の⑪X欄の金額)		⑧D欄と⑧E欄の合計金額 77,164	77,164
差引税額 ⑫	(付表1-2の⑫X欄の金額)		⑨D欄と⑨E欄の合計金額 11,255,626	11,255,626
合計差引地方消費税の課税標準となる消費税額 ⑬ (⑫-⑪)	(付表1-2の⑬X欄の金額)		※第二表の㉑欄へ 11,178,462	※マイナスの場合は第一表の⑰欄へ ※プラスの場合は第一表の⑱欄へ ※第二表の㉑欄へ 11,178,462
譲渡割額 還付額 ⑭	(付表1-2の⑭X欄の金額)		⑪E欄×22/78 21,764	21,764
納税額 ⑮	(付表1-2の⑮X欄の金額)		⑫E欄×22/78 3,174,663	3,174,663
合計差引譲渡割額 ⑯ (⑮-⑭)				※マイナスの場合は第一表の㉒欄へ ※プラスの場合は第一表の㉑欄へ 3,152,899

注意　1　金額の計算においては、1円未満の端数を切り捨てる。
　　　2　旧税率が適用された取引がある場合は、付表1-2を作成してから当該付表を作成する。

(H31.10.1以後終了課税期間用)

第10章●申告・納税はこうすれば間違いなし

●日本橋産業(株)の付表2-1

第4-(2)号様式

付表2-1　課税売上割合・控除対象仕入税額等の計算表　　　　　　　　　一般

| 課税期間 | ○・10・1 ～ △・9・30 | 氏名又は名称 | 日本橋産業株式会社 |

項　目	旧税率分小計 X	税率6.24％適用分 D	税率7.8％適用分 E	合　計 F (X+D+E)
課 税 売 上 額 （ 税 抜 き ） ①	(付表2-2の①X欄の金額) 円	円	299,837,154 円	299,837,154 円
免 税 売 上 額 ②				
非課税資産の輸出等の金額、海外支店等へ移送した資産の価額 ③				
課税資産の譲渡等の対価の額（①＋②＋③）④				※第一表の「計」欄へ ※付表2-2の④X欄へ 299,837,154
課税資産の譲渡等の対価の額（④の金額）⑤				299,837,154
非 課 税 売 上 額 ⑥				3,653,700
資産の譲渡等の対価の額（⑤＋⑥）⑦				※第一表の「計」欄へ ※付表2-2の⑦X欄へ 303,490,854
課 税 売 上 割 合 （ ④ ／ ⑦ ）⑧				※付表2-2の⑧X欄へ [98 %] ※端数切捨て
課税仕入れに係る支払対価の額（税込み）⑨	(付表2-2の⑨X欄の金額)	1,335,540	171,087,513	172,423,053
課税仕入れに係る消費税額 ⑩	(付表2-2の⑩X欄の金額)	(⑨D欄×6.24/108) 77,164	(⑨E欄×7.8/110) 12,131,660	12,208,824
特定課税仕入れに係る支払対価の額 ⑪	(付表2-2の⑪X欄の金額)	⑪欄及び⑫欄は、課税売上割合が95％未満、かつ、特定課税仕入れがある事業者のみ記載する。		
特定課税仕入れに係る消費税額 ⑫	(付表2-2の⑫X欄の金額)		(⑪E欄×7.8/100)	
課 税 貨 物 に 係 る 消 費 税 額 ⑬	(付表2-2の⑬X欄の金額)			
納税義務の免除を受けない（受ける）こととなった場合における消費税額の調整（加算又は減算）額 ⑭	(付表2-2の⑭X欄の金額)			
課税仕入れ等の税額の合計額（⑩＋⑫＋⑬±⑭）⑮	(付表2-2の⑮X欄の金額)	77,164	12,131,660	12,208,824
課税売上高が5億円以下、かつ、課税売上割合が95％以上の場合（⑮の金額）⑯	(付表2-2の⑯X欄の金額)	77,164	12,131,660	12,208,824
課税売上高が5億円超又は課税売上割合が95％未満の場合　個別対応方式　⑮のうち、課税売上げにのみ要するもの ⑰	(付表2-2の⑰X欄の金額)			
⑮のうち、課税売上げと非課税売上げに共通して要するもの ⑱	(付表2-2の⑱X欄の金額)			
個別対応方式により控除する課税仕入れ等の税額（⑰＋（⑱×④／⑦））⑲	(付表2-2の⑲X欄の金額)			
一括比例配分方式により控除する課税仕入れ等の税額（⑮×④／⑦）⑳	(付表2-2の⑳X欄の金額)			
控除税額調整　課税売上割合変動時の調整対象固定資産に係る消費税額の調整（加算又は減算）額 ㉑	(付表2-2の㉑X欄の金額)			
調整対象固定資産を課税業務用（非課税業務用）に転用した場合の調整（加算又は減算）額 ㉒	(付表2-2の㉒X欄の金額)			
差引　控 除 対 象 仕 入 税 額〔（⑯、⑲又は⑳の金額）±㉑±㉒〕がプラスの時 ㉓	(付表2-2の㉓X欄の金額)	※付表1-1の④D欄へ 77,164	※付表1-1の④E欄へ 12,131,660	12,208,824
控 除 過 大 調 整 税 額〔（⑯、⑲又は⑳の金額）±㉑±㉒〕がマイナスの時 ㉔	(付表2-2の㉔X欄の金額)	※付表1-1の③D欄へ	※付表1-1の③E欄へ	
貸 倒 回 収 に 係 る 消 費 税 額 ㉕	(付表2-2の㉕X欄の金額)	※付表1-1の③D欄へ	※付表1-1の③E欄へ	

注意　1　金額の計算においては、1円未満の端数を切り捨てる。
　　　2　旧税率が適用された取引がある場合は、付表2-2を作成してから当該付表を作成する。
　　　3　⑨及び⑩欄には、値引き、割戻し、割引きなど仕入対価の返還等の金額がある場合（仕入対価の返還等の金額を仕入金額から直接減額している場合を除く。）には、その金額を控除した後の金額を記載する。

（R01.10.1以後終了課税期間用）

299

設例2 ●原則課税方式 (課税売上高95%未満または)
(課税売上高5億円超の場合)

1. 課税事業者
- ・名称…………………………………中央興業株式会社
- ・課税期間…………………………令和○年4月1日～令和△年3月31日
- ・消費税の課税方式………………原則課税
- ・消費税の会計処理方式…………税抜経理方式
- ・基準期間の課税売上高…………783,816,800円（税抜金額）
- ・当課税期間の中間申告税額………消費税　　　　9,826,700円
　　　　　　　　　　　　　　　　　地方消費税　　2,651,600円

2. 当期の売上高
課税売上高（税抜金額・標準税率適用分）	869,581,270円
免税売上高	38,112,800円
非課税売上高	13,347,600円

3. 課税売上の値引・返品額
当期中の課税売上に係る返品額（税抜金額）	3,567,900円

4. 当期の課税仕入
標準税率適用分（税抜金額）	599,632,158円
軽減税率適用分（税抜金額）	2,456,560円

5. 仮受消費税等勘定の残高
課税売上高分の仮受消費税等	86,956,432円
売上返品分の仮受消費税等	356,790円

6. 仮払消費税等勘定の残高
標準税率適用分	59,962,021円
軽減税率適用分	196,478円

7. 仕入税額控除の方式
	一括比例配分方式

［消費税の計算］

項　　目	計　　　算	申告書・付表の転記欄
課 税 資 産 の 譲 渡 等 の 対 価 の 額	（税抜課税売上高）　　（左の仮受消費税等） （869,581,270円＋86,956,432円）×$\frac{100}{110}$ ＝869,579,729円	付表1-1①-1、 申告書第二表⑥ ⑦
課 税 標 準 額	869,579,729円 → 869,579,000円 （1000円未満の端数切捨て）	付表1-1①、 申告書第二表①、 第一表①
課 税 標 準 額 に 対 す る 消 費 税 額	869,579,000円×7.8％＝67,827,162円	付表1-1②、 申告書第二表⑪ ⑯、第一表②

第 10 章 ●申告・納税はこうすれば間違いなし

控除税額	控除対象仕入税額	・課税売上割合 （税抜課税売上高）　（課税売上の返品額） 869,581,270円－3,567,900円 　　　　　　　　　　　＝866,013,370円 （課税売上高）　　（免税売上高） 866,013,370円＋38,112,800円 ―――――――――――――――――――――――― 866,013,370円＋38,112,800円＋13,347,600円 （課税売上高）　（免税売上高）　（非課税売上高） 　　　　　　　　　　　　　　　　＝98% ・課税仕入に係る消費税額 〈標準税率適用分〉 （標準税率分の課税仕入）　（左の仮払消費税等） (599,632,158円＋59,962,021円)×$\frac{7.8}{110}$ 　　　　　　　　　　　　　＝46,771,223円 〈軽減税率適用分〉 （左の仮払消費税等） (2,456,560円＋196,478円)×$\frac{6.24}{108}$ 　　　　　　　　　　　＝153,286円 （標準税率分）　（軽減税率分） 46,771,223円＋153,286円＝46,924,509円 ・一括比例配分方式による控除税額 〈標準税率適用分〉 46,771,223円× 866,013,370円＋38,112,800円 ―――――――――――――――――――――――― 866,013,370円＋38,112,800円＋13,347,600円 　　　　　　　　　　　　　　　　＝46,090,785円 〈軽減税率適用分〉 153,286円× 866,013,370円＋38,112,800円 ―――――――――――――――――――――――― 866,013,370円＋38,112,800円＋13,347,600円 　　　　　　　　　　　　　　　　＝151,055円 （標準税率分）　　（軽減税率分） 46,090,785円＋151,055円 　　　　　　　　　＝46,241,840円	付表2-1①②④、 申告書第一表⑮ ⑯、付表2-1⑤ ⑥⑦⑧ 付表2-1⑨⑩⑮ 付表2-1⑨⑩⑮ ㉓ 付表2-1⑳㉓、 付表1-1④ 付表2-1⑳㉓、 付表1-1④ 付表1-1④、 申告書第一表④
	返還等対価に係る税額	（課税売上の返品額）（左の仮払消費税等） (3,567,900円＋356,790円)×$\frac{7.8}{110}$ 　　　　　　　　　　　＝278,296円	付表1-1⑤-Ⅰ、 ⑤、申告書第二 表⑰⑱、第一表 ⑤
	控除税額計	46,241,840円＋278,296円 　　　　　　　　＝46,520,136円	付表1-1⑦、 申告書第一表⑦

		計　　算	申告書・付表の転記欄
納付税額	差引税額	(課税標準額に対する消費税額)　(控除税額) 67,827,162円−46,520,136円 ＝21,307,026円 ➡ 21,307,000円 （100円未満の端数切捨て）	申告書第一表⑨
	中間申告税額	9,826,700円	申告書第一表⑩
	確定申告税額	（差引納付税額）　　（中間申告税額） 21,307,000円−9,826,700円 ＝11,480,300円	申告書第一表⑪

［地方消費税の計算］

	項　　目	計　　算	申告書・付表の転記欄
	課　税　標　準　額	(消費税の差引税額) 21,307,000円	付表1-1⑬、 申告書第一表⑱、 第二表⑳㉓
納付税額	地　方消費税額	$21,307,000円 \times \dfrac{22}{78} = 6,009,666円$ → 6,009,600円（100円未満の端数切捨て）	付表1-1⑯、 申告書第一表⑳
	中間申告税額	2,651,600円	申告書第一表㉑
	確定申告税額	6,009,600円−2,651,600円 ＝3,358,000円	申告書第一表㉒

消費税と地方消費税の合計納付税額	11,480,300円＋3,358,000円 ＝14,838,300円	申告書第一表㉖

第10章●申告・納税はこうすれば間違いなし

設例2●中央興業(株)の申告書

第3-(1)号様式

令和 △年 5月 29日　　　　北 税務署長殿

納税地	大阪市西区○○8-6-1　（電話番号 06-6362-XXXX）
（フリガナ）	チュウオウコウギョウカブシキガイシャ
名称又は屋号	**中央興業株式会社**
個人番号又は法人番号	××××××××××××
（フリガナ）	コウヤマ イチロウ
代表者氏名又は氏名	**甲山 一郎** ㊞

自 平成/令和 ○年 4月 1日
至 令和 △年 3月 31日

課税期間分の消費税及び地方消費税の（確定）申告書

第一表　令和元年十月一日以後終了課税期間分（一般用）

この申告書による消費税の税額の計算

課税標準額	①	869579000
消費税額	②	67827162
控除過大調整税額	③	
控除対象仕入税額	④	46241840
返還等対価に係る税額	⑤	278296
貸倒れに係る税額	⑥	
控除税額小計（④+⑤+⑥）	⑦	46520136
控除不足還付税額（⑦-②-③）	⑧	
差引税額（②+③-⑦）	⑨	21307000
中間納付税額	⑩	9826700
納付税額（⑨-⑩）	⑪	11480300
中間納付還付税額	⑫	00
既確定税額	⑬	
差引納付税額	⑭	00
課税売上割合 課税資産の譲渡等の対価の額	⑮	904147266170
資産の譲渡等の対価の額	⑯	917473770

この申告書による地方消費税の税額の計算

控除不足還付税額	⑰	
差引税額	⑱	21307000
還付額	⑲	
納税額	⑳	6009600
中間納付譲渡割額	㉑	2651600
納付譲渡割額	㉒	3358000
中間納付還付譲渡割額	㉓	00
既確定譲渡割額	㉔	
差引納付譲渡割額	㉕	00
消費税及び地方消費税の合計税額（納付又は還付税額）	㉖	14838300

付記事項

項目	有	無
割賦基準の適用		○
延払基準等の適用		○
工事進行基準の適用		○
現金主義会計の適用		○
課税標準額に対する消費税額の計算の特例の適用		○

控除税額の計算方法
課税売上高5億円超又は課税売上割合95%未満：個別対応方式／一括比例配分方式
上記以外：全額控除 ○

基準期間の課税売上高　783,816 千円

税理士署名押印　　（電話番号　　－　　－　　）

□ 税理士法第30条の書面提出有
□ 税理士法第33条の2の書面提出有

303

●中央興業(株)の申告書

第3-(2)号様式

課税標準額等の内訳書

整理番号 □□□□□□□□

納税地	大阪市西区○○8-6-1 （電話番号 06 - 6362 -XXXX）
（フリガナ） 名称又は屋号	チュウオウコウギョウカブシキガイシャ 中央興業株式会社
（フリガナ） 代表者氏名又は氏名	コウヤマ イチロウ 甲山 一郎

第二表 令和元年十月一日以後終了課税期間分（一般用）

改正法附則による税額の特例計算

軽減売上割合（10営業日）		□	附則38①
小売等軽減仕入割合		□	附則38②
小売等軽減売上割合		□	附則39①

自 平成・令和 ○年10月 1日
至 令和 △年 9月30日

課税期間分の消費税及び地方消費税の（ 確定 ）申告書

中間申告の場合の対象期間
自 平成・令和 □□年□□月□□日
至 令和 □□年□□月□□日

課 税 標 準 額 ※申告書（第一表）の①欄へ	①	8 6 9 5 7 9 0 0 0

課税資産の譲渡等の対価の額の合計額	3 ％ 適用分	②	
	4 ％ 適用分	③	
	6.3 ％ 適用分	④	
	6.24 ％ 適用分	⑤	
	7.8 ％ 適用分	⑥	8 6 9 5 7 9 7 2 9
		⑦	8 6 9 5 7 9 7 2 9
特定課税仕入れに係る支払対価の額の合計額(注1)	6.3 ％ 適用分	⑧	
	7.8 ％ 適用分	⑨	
		⑩	

消 費 税 額 ※申告書（第一表）の②欄へ	⑪	6 7 8 2 7 1 6 2
⑪ の 内 訳	3 ％ 適用分 ⑫	
	4 ％ 適用分 ⑬	
	6.3 ％ 適用分 ⑭	
	6.24 ％ 適用分 ⑮	
	7.8 ％ 適用分 ⑯	6 7 8 2 7 1 6 2

返 還 等 対 価 に 係 る 税 額 ※申告書（第一表）の⑤欄へ	⑰	2 7 8 2 9 6
⑰の内訳 売上げの返還等対価に係る税額	⑱	2 7 8 2 9 6
特定課税仕入れの返還等対価に係る税額（注1）	⑲	

地方消費税の課税標準となる消費税額 (注2)		⑳	2 1 3 0 7 0 2 6
	4 ％ 適用分	㉑	
	6.3 ％ 適用分	㉒	
	6.24％及び7.8％ 適用分	㉓	2 1 3 0 7 0 2 6

(注1) ⑧～⑩及び⑲欄は、一般課税により申告する場合で、課税売上割合が95％未満、かつ、特定課税仕入れがある事業者のみ記載します。

(注2) ⑳～㉓欄が還付税額となる場合はマイナス「－」を付してください。

第10章●申告・納税はこうすれば間違いなし

●中央興業(株)の付表1-1

第4-(1)号様式

付表1-1　税率別消費税額計算表　兼　地方消費税の課税標準となる消費税額計算表

一 般

課　税　期　間	○・4・1～△・3・31	氏名又は名称	中央興業株式会社

区　　　　分		旧税率分小計 X （付表1-2の①X欄の金額）	税率6.24％適用分 D	税率7.8％適用分 E	合　　計　F (X+D+E) 第二表の①欄へ
課　税　標　準　額	①	000	000	869,579,000	869,579,000
①の内訳	課税資産の譲渡等の対価の額 ①-1	（付表1-2の①-1X欄の金額）	※第二表の⑤欄へ	※第二表の⑥欄へ 869,579,729	※第二表の⑦欄へ 869,579,729
	特定課税仕入れに係る支払対価の額 ①-2	（付表1-2の①-2X欄の金額）	※①-2欄は、課税売上割合が95％未満、かつ、特定課税仕入れがある事業者のみ記載する。	※第二表の⑨欄へ	※第二表の⑩欄へ
消　　費　　税　　額	②	（付表1-2の②X欄の金額）	※第二表の⑮欄へ	※第二表の⑯欄へ 67,827,162	※第二表の⑪欄へ 67,827,162
控　除　過　大　調　整　税　額	③	（付表1-2の③X欄の金額）	（付表2-1の⑤・㉕D欄の合計金額）	（付表2-1の⑤・㉕E欄の合計金額）	※第一表の③欄へ
控除税額	控除対象仕入税額 ④	（付表1-2の④X欄の金額） 151,055	（付表2-1の㉔D欄の金額） 46,090,785	（付表2-1の㉔E欄の金額） 46,241,840	※第一表の④欄へ
	返還等対価に係る税額 ⑤	（付表1-2の⑤X欄の金額）		278,296	※第二表の⑰欄へ 278,296
⑤の内訳	売上げの返還等の対価に係る税額 ⑤-1	（付表1-2の⑤-1X欄の金額）		278,296	※第二表の⑱欄へ 278,296
	特定課税仕入れの返還等対価に係る税額 ⑤-2	（付表1-2の⑤-2X欄の金額）	※⑤-2欄は、課税売上割合が95％未満、かつ、特定課税仕入れがある事業者のみ記載する。		※第二表の⑲欄へ
	貸倒れに係る税額 ⑥	（付表1-2の⑥X欄の金額）			※第一表の⑥欄へ
	控除税額小計 (④+⑤+⑥) ⑦	（付表1-2の⑦X欄の金額） 151,055		46,369,081	※第一表の⑦欄へ 46,520,136
控除不足還付税額 (⑦-②-③)	⑧	（付表1-2の⑧X欄の金額） ※⑪E欄へ 151,055	※⑪E欄へ	※⑪E欄へ	151,055
差　引　税　額 (②+③-⑦)	⑨	（付表1-2の⑨X欄の金額） ※⑫E欄へ	※⑫E欄へ	※⑫E欄へ 21,458,081	21,458,081
合　計　差　引　税　額 (⑨-⑧)	⑩				※マイナスの場合は第一表の⑧欄へ ※プラスの場合は第一表の⑨欄へ 21,307,026
地方消費税の課税標準となる消費税額	控除不足還付税額 ⑪	（付表1-2の⑪X欄の金額）		（⑧D欄と⑧E欄の合計金額） 151,055	151,055
	差　引　税　額 ⑫	（付表1-2の⑫X欄の金額）		（⑨D欄と⑨E欄の合計金額） 21,458,081	21,458,081
合計差引地方消費税の課税標準となる消費税額 (⑫-⑪)	⑬	（付表1-2の⑬X欄の金額）		※第二表の㉑欄へ 21,307,026	※マイナスの場合は第一表の⑰欄へ ※プラスの場合は第一表の⑱欄へ ※第二表の㉑欄へ 21,307,026
譲渡割額	還　付　額 ⑭	（付表1-2の⑭X欄の金額）		（⑪E欄×22/78） 42,605	42,605
	納　税　額 ⑮	（付表1-2の⑮X欄の金額）		（⑫E欄×22/78） 6,052,279	6,052,279
合　計　差　引　譲　渡　割　額 (⑮-⑭)	⑯				※マイナスの場合は第一表の⑲欄へ ※プラスの場合は第一表の⑳欄へ 6,009,674

注意　1　金額の計算においては、1円未満の端数を切り捨てる。
　　　2　旧税率が適用された取引がある場合は、付表1-2を作成してから当該付表を作成する。

(H31.10.1以後終了課税期間用)

305

●中央興業(株)の付表2-1

第4-(2)号様式

付表2-1　課税売上割合・控除対象仕入税額等の計算表　　　　一般

課税期間	○・4・1～△・3・31	氏名又は名称	中央興業株式会社

項目	旧税率分小計 X	税率6.24％適用分 D	税率7.8％適用分 E	合計 F (X+D+E)
課税売上額（税抜き）①			866,013,370	866,013,370
免税売上額 ②				38,112,800
非課税資産の輸出等の金額、海外支店等へ移送した資産の価額 ③				
課税資産の譲渡等の対価の額（①+②+③）④				904,126,170
課税資産の譲渡等の対価の額（④の金額）⑤				904,126,170
非課税売上額 ⑥				13,347,600
資産の譲渡等の対価の額（⑤+⑥）⑦				917,473,770
課税売上割合（④／⑦）⑧				[98％]
課税仕入れに係る支払対価の額（税込み）⑨		2,653,038	659,594,179	662,247,217
課税仕入れに係る消費税額 ⑩		153,286	46,771,223	46,924,509
特定課税仕入れに係る支払対価の額 ⑪				
特定課税仕入れに係る消費税額 ⑫				
課税貨物に係る消費税額 ⑬				
納税義務の免除を受けない（受ける）こととなった場合における消費税額の調整（加算又は減算）額 ⑭				
課税仕入れ等の税額の合計額（⑩+⑫+⑬±⑭）⑮		153,286	46,771,223	46,924,509
課税売上高が5億円以下、かつ、課税売上割合が95％以上の場合（⑮の金額）⑯				
⑮のうち、課税売上げにのみ要するもの ⑰				
⑮のうち、課税売上げと非課税売上げに共通して要するもの ⑱				
個別対応方式により控除する課税仕入れ等の税額（⑰+（⑱×④／⑦））⑲				
一括比例配分方式により控除する課税仕入れ等の税額（⑮×④／⑦）⑳		151,055	46,090,785	46,241,840
課税売上割合変動時の調整対象固定資産に係る消費税額の調整（加算又は減算）㉑				
調整対象固定資産を課税業務用（非課税業務用）に転用した場合の調整（加算又は減算）㉒				
控除対象仕入税額 〔（⑯、⑲又は⑳の金額）±㉑±㉒〕がプラスの時 ㉓		151,055	46,090,785	46,241,840
控除過大調整税額 〔（⑯、⑲又は⑳の金額）±㉑±㉒〕がマイナスの時 ㉔				
貸倒回収に係る消費税額 ㉕				

注意
1　金額の計算においては、1円未満の端数を切り捨てる。
2　旧税率が適用された取引がある場合は、付表2-2を作成してから当該付表を作成する。
3　⑨及び⑩欄には、値引き、割戻し、割引きなど仕入対価の返還等の金額がある場合（仕入対価の返還等の金額を仕入金額から直接減額している場合を除く。）には、その金額を控除した後の金額を記載する。

(H31.10.1以後終了課税期間用)

第 10 章●申告・納税はこうすれば間違いなし

設例3●簡易課税方式

1. 課税事業者

- ・名称………………………………株式会社本郷商店
- ・課税期間………………………令和○年1月1日～令和○年12月31日
- ・消費税の課税方式………………簡易課税
- ・消費税の会計処理方式……………税込経理方式
- ・基準期間の課税売上高……………44,328,850円（税抜金額）
- ・当課税期間の中間申告税額…………なし

2. 当期の課税売上高（税込金額）

	標準税率適用分	軽減税率適用分	合　　計
第2種事業 (小売り)	30,127,600円	9,452,500円	39,580,100円
第4種事業 (その他)	8,345,500円		8,345,500円
合計	38,473,100円	9,452,500円	47,925,600円

［消費税の計算］

項　　目	計　　　算	申告書・付表の転記欄
課税資産の譲渡等の対価の額	〈標準税率適用分〉 （第2種事業） $30,127,600円 \times \dfrac{100}{110} = 27,388,727円$ （第4種事業） $8,345,500円 \times \dfrac{100}{110} = 7,586,818円$ $27,388,727円 + 7,586,818円$ 　　　　　　　　$= 34,975,545円$ 〈軽減税率適用分〉 （第2種事業） $9,452,500円 \times \dfrac{100}{108} = 8,752,314円$ （合計） $34,975,545円 + 8,752,314円$ 　　　　　　　　$= 43,727,859円$	 付表4-1①-1 付表4-1①-1 付表4-1①-1

307

課 税 標 準 額	〈標準税率適用分〉 　34,975,545円 → 34,975,000円 　　　　　　　　　　（1000円未満端数切捨て）	付表4-1①、 申告書第二表⑥
	〈軽減税率適用分〉 　8,752,314円→8,752,000円 　　　　　　　　　　（1000円未満端数切捨て）	付表4-1①、 申告書第二表⑤
	34,975,000円＋8,752,000円 　　　　　　　　＝43,727,000円	申告書第二表①、 申告書第一表①
課税標準額に 対する消費税額	〈標準税率適用分〉 　34,975,000円×7.8％＝2,728,050円	付表4-1②
	〈軽減税率適用分〉 　8,752,000円×6.24％＝546,124円	付表5-1①
	（合　計） 　2,728,050円＋546,124円＝3,274,174円	申告書第二表⑪ ⑮⑯、 申告書第一表②
控　除　対　象 仕　入　税　額	・2種類以上の事業を営む場合の仕入税額 　①事業区分別の課税売上高（税抜金額） 　　　（標準税率分）　　　　（軽減税率分） 　　34,975,545円＋8,752,314円 　　　　　　　　　＝43,727,859円	付表5-1⑥
	（第2種事業） 　　　（標準税率分）　　　　（軽減税率分） 　　27,388,727円＋8,752,314円 　　　　　　　　　＝36,141,041円	申告書第一表 「事業区分」
	（売上割合）$\dfrac{36,141,041円}{43,727,859円}$＝82.6％	付表5-1⑧
	（82.6％≧75％→特例計算適用可） 　（第4種事業） 　　7,586,818円（標準税率分）	
	（売上割合）$\dfrac{7,586,818円}{43,727,859円}$＝17.3％	申告書第一表 「事業区分」 付表5-1⑩
	②①の事業区分別の課税売上高に係る消費税額 　（第2種事業） 　　30,127,600円×$\dfrac{7.8}{110}$＝2,136,320円	
	9,452,500円×$\dfrac{6.24}{108}$＝546,144円	
	2,136,320円＋546,144円 　　　　　　　　＝2,682,464円	付表5-1⑮

第10章●申告・納税はこうすれば間違いなし

		（第4種事業） 　8,345,500円×$\dfrac{7.8}{110}$＝591,771円	付表5-1 ⑰
		（標準税率分） 　2,136,320円＋591,771円 　　　　　　　　　＝2,728,091円	付表5-1 ⑬
		（軽減税率分） 　546,144円	付表5-1 ⑬
		（合計） 　2,728,091円＋546,144円 　　　　　　　　　＝3,274,235円	付表5-1 ⑬
		・控除対象仕入税額の計算式 　イ　原則計算を適用する場合 （標準税率適用分） 2,728,050円×	
		$\dfrac{\overset{（第2種事業）}{2,136,320円×80\%}+\overset{（第4種事業）}{591,771円×60\%}}{2,728,091円}$ 　　　　　　　　　＝2,064,087円	付表5-1 ⑳
		（軽減税率適用分） 546,124円×$\dfrac{\overset{（第2種事業）}{546,144×80\%}}{546,144円}$ 　　　　　　　　　＝436,899円 2,064,087円＋436,899円＝2,500,986円	付表5-1 ⑳
		ロ　特例計算を適用する場合（1種類の事業で 　　75％以上） （標準税率適用分） 2,728,050円×80％＝2,182,440円	付表5-1 ㉑㊲
		（軽減税率適用分） 546,124円×80％＝436,899円 2,182,440円＋436,899円＝2,619,339円	付表5-1 ㉑㊲、 付表4-1 ④、 申告書第一表④
納付税額	差引税額	（課税標準額に対する消費税額）　（控除税額） 　3,274,174円　−　2,619,339円 　　　　　　＝654,835円→654,800円 　　　　　　　　　（100円未満切り捨て）	付表4-1 ⑨⑩⑫ ⑬、申告書第二 表⑳㉓、第一表 ⑨
	確定申告 税　　額	654,800円	申告書第一表⑪

309

[地方消費税の計算]

項　　　目	計　　　算	申告書・付表の転記欄
課 税 標 準 額	（消費税の差引税額） 654,800円	申告書第一表⑱
納付税額　地方消費税額	$654,800円 \times \dfrac{22}{78} = 184,687円$ →184,600円（100円未満の端数切捨て）	付表4-1⑮⑯、 申告書第一表⑳
確定申告税額	184,600円	申告書第一表㉒

消費税と地方消費税の合計納付税額	654,800円＋184,600円＝839,400円	申告書第一表㉖

設例3●(株)本郷商店の申告書

第3-(3)号様式

令和 △年 2月26日

本郷 税務署長殿

納税地 東京都文京区○○7-2-20
（電話番号 03-3814-XXXX）

（フリガナ）カブシキガイシャホンゴウショウテン
名称又は屋号 株式会社本郷商店

個人番号又は法人番号 ×××××××××××××

（フリガナ）ヤマダ タロウ
代表者氏名又は氏名 山田 太郎 ㊞

第一表

令和元年十月一日以後終了課税期間分（一般用）

※税務署処理欄

一 連 番 号		翌年以降送付不要
申告年月日	平成	年 月 日
申告区分	指導等 庁指定 局指定	
通信日付印 確認印	個人番号カード 通知カード・運転免許証 その他（ ）	身元確認
年 月 日	指導年月日	相談 区分1 区分2 区分3
平成		

自 令和 ○年 1月 1日
至 令和 ○年 12月 31日

課税期間分の消費税及び地方消費税の（ 確定 ）申告書

中間申告の場合の対象期間　自 平成・令和 年 月 日　至 令和 年 月 日

この申告書による消費税の税額の計算

		千 百 十 億 千 百 十 万 千 百 十 一 円	
課税標準額	①	437 270 00	03
消費税額	②	32 741 74	06
貸倒回収に係る消費税額	③		07
控除税額	控除対象仕入税額	④	26 619 339
	返還等対価に係る税額	⑤	
	貸倒れに係る税額	⑥	
	控除税額小計（④＋⑤＋⑥）	⑦	26 619 339
控除不足還付税額（⑦－②－③）	⑧		13
差引税額（②＋③－⑦）	⑨	6 548 00	15
中間納付税額	⑩	0 0	16
納付税額（⑨－⑩）	⑪	6 548 00	17
中間納付還付税額（⑩－⑨）	⑫	0 0	18
この申告書が修正申告である場合	既確定税額	⑬	
	差引納付税額	⑭	0 0
この課税期間の課税売上高	⑮	437 27 859	
基準期間の課税売上高	⑯	443 28 850	

この申告書による地方消費税の税額の計算

地方消費税の課税標準となる消費税額	控除不足還付税額	⑰	51
	差引税額	⑱	6 548 00
譲渡割額	還付額	⑲	53
	納税額	⑳	1 846 00
中間納付譲渡割額	㉑	0 0	55
納付譲渡割額（⑳－㉑）	㉒	1 846 00	56
中間納付還付譲渡割額（㉑－⑳）	㉓	0 0	57
この申告書が修正申告である場合	既確定譲渡割額	㉔	
	差引納付譲渡割額	㉕	0 0
消費税及び地方消費税の合計（納付又は還付）税額	㉖	839 400	60

㉖＝⑪＋⑫＋⑭＋㉒＋㉓－㉕、修正申告の場合㉖＝⑭＋㉕
㉖が還付税額となる場合はマイナス「−」を付してください。

付記事項・参考事項

		有	無	
割賦基準の適用		○ 有	○ 無	31
延払基準等の適用		○ 有	○ 無	32
工事進行基準の適用		○ 有	○ 無	33
現金主義会計の適用		○ 有	○ 無	34
課税標準額に対する消費税額の計算の特例の適用		○ 有	○ 無	35

事業区分	課税売上高（免税売上高を除く）	売上割合 %	
	千円		
第1種			36
第2種	36,141	82.6	37
第3種			38
第4種	7,586	17.4	39
第5種			41
第6種			42

特例計算適用（令57③）	○ 有	○ 無	40

還付を受けようとする金融機関等	銀 行 金庫・組合 農協・漁協	本店・支店 出張所 本所・支所
	預金 口座番号	
	ゆうちょ銀行の貯金記号番号	−
	郵便局名等	

※税務署整理欄

税理士署名押印	㊞
（電話番号 ）	

○ 税理士法第30条の書面提出有
○ 税理士法第33条の2の書面提出有

●(株)本郷商店の申告書

第3-(2)号様式

課税標準額等の内訳書

整理番号 ☐☐☐☐☐☐☐☐

納　税　地	東京都文京区○○7-2-20
	（電話番号 03-3814-XXXX）
（フリガナ）	カブシキガイシャホンゴウショウテン
名　　称 又は屋号	株式会社本郷商店
（フリガナ）	ヤマダ　タロウ
代表者氏名 又は氏名	山田　太郎

改正法附則による税額の特例計算

軽減売上割合（10営業日）	附則38①	☐
小売等軽減仕入割合	附則38②	☐
小売等軽減売上割合	附則39①	☐

第二表　令和元年十月一日以後終了課税期間分（一般用）

自 平成・令和 ☐○ 年 ☐1 月 ☐1 日
至 令和 ☐○ 年 ☐12 月 ☐31 日

課税期間分の消費税及び地方消費税の（確定）申告書

中間申告の場合の対象期間　自 平成・令和 ☐☐ 年 ☐☐ 月 ☐☐ 日　至 令和 ☐☐ 年 ☐☐ 月 ☐☐ 日

課　税　標　準　額 ※申告書（第一表）の①欄へ	①	4 3 7 2 7 0 0 0

課税資産の 譲渡等の 対価の額 の合計額	3 % 適用分	②	
	4 % 適用分	③	
	6.3 % 適用分	④	
	6.24 % 適用分	⑤	8 7 5 2 3 1 4
	7.8 % 適用分	⑥	3 4 9 7 5 5 4 5
		⑦	4 3 7 2 7 8 5 9
特定課税仕入れ に係る支払対価 の額の合計額 (注1)	6.3 % 適用分	⑧	
	7.8 % 適用分	⑨	
		⑩	

消　費　税　額 ※申告書（第一表）の②欄へ		⑪	3 2 7 4 1 7 4
⑪ の内訳	3 % 適用分	⑫	
	4 % 適用分	⑬	
	6.3 % 適用分	⑭	
	6.24 % 適用分	⑮	5 4 6 1 2 4
	7.8 % 適用分	⑯	2 7 2 8 0 5 0

返　還　等　対　価　に　係　る　税　額 ※申告書（第一表）の⑤欄へ		⑰	
⑰の内訳	売上げの返還等対価に係る税額	⑱	
	特定課税仕入れの返還等対価に係る税額 (注1)	⑲	

地方消費税の 課税標準となる 消費税額 (注2)		⑳	6 5 4 8 3 5
	4 % 適用分	㉑	
	6.3 % 適用分	㉒	
	6.24%及び7.8% 適用分	㉓	6 5 4 8 3 5

(注1) ⑤～⑩及び⑲欄は、一般課税により申告する場合で、課税売上割合が95％未満、かつ、特定課税仕入れがある事業者のみ記載します。

(注2) ⑳～㉓欄が還付税額となる場合はマイナス「－」を付してください。

第10章●申告・納税はこうすれば間違いなし

●(株)本郷商店の付表4-1

第4-(3)号様式

付表4-1　税率別消費税額計算表　兼　地方消費税の課税標準となる消費税額計算表　[簡易]

課税期間	○・1・1～○・12・31	氏名又は名称	株式会社本郷商店

区分	旧税率分小計 X	税率6.24%適用分 D	税率7.8%適用分 E	合計 F (X+D+E)
課税標準額 ①	(付表4-2の①X欄の金額) 000 円	8,752,000 円	34,975,000 円	※第二表の①欄へ 43,727,000 円
課税資産の譲渡等の対価の額 ①-1	(付表4-2の①-1X欄の金額)	※第二表の⑤欄へ 8,752,314	※第二表の⑥欄へ 34,975,545	※第二表の⑦欄へ 43,727,859
消費税額 ②	(付表4-2の②X欄の金額)	※付表5-1の①D欄へ ※第二表の⑮欄へ 546,124	※付表5-1の①E欄へ ※第二表の⑯欄へ 2,728,050	※付表5-1の①F欄へ ※第二表の⑪欄へ 3,274,174
貸倒回収に係る消費税額 ③	(付表4-2の③X欄の金額)	※付表5-1の②D欄へ	※付表5-1の②E欄へ	※付表5-1の②F欄へ ※第二表の③欄へ
控除　控除対象仕入税額 ④	(付表4-2の④X欄の金額)	(付表5-1の⑤D欄又は㉒D欄の金額) 436,899	(付表5-1の⑤E欄又は㉒E欄の金額) 2,182,440	(付表5-1の⑤F欄又は㉒F欄の金額) ※第一表の④欄へ 2,619,339
返還等対価に係る税額 ⑤	(付表4-2の⑤X欄の金額)			※付表5-1の③F欄へ ※第二表の⑰欄へ
税額　貸倒れに係る税額 ⑥	(付表4-2の⑥X欄の金額)			※第一表の⑥欄へ
控除税額小計 (④+⑤+⑥) ⑦	(付表4-2の⑦X欄の金額)	436,899	2,182,440	※第一表の⑦欄へ 2,619,339
控除不足還付税額 (⑦-②-③) ⑧	(付表4-2の⑧X欄の金額)	※⑪E欄へ	※⑪E欄へ	
差引税額 (②+③-⑦) ⑨	(付表4-2の⑨X欄の金額)	※⑫E欄へ 109,225	※⑫E欄へ 545,610	654,835
合計差引税額 (⑨-⑧) ⑩				※マイナスの場合は第一表の⑧欄へ ※プラスの場合は第一表の⑨欄へ 654,835
控除不足還付税額 ⑪	(付表4-2の⑪X欄の金額)		(⑧D欄と⑧E欄の合計金額)	
差引税額 ⑫	(付表4-2の⑫X欄の金額)		(⑨D欄と⑨E欄の合計金額) 654,835	654,835
合計差引地方消費税の課税標準となる消費税額 (⑫-⑪) ⑬	(付表4-2の⑬X欄の金額)		※第二表の㉑欄へ 654,835	※マイナスの場合は第一表の⑱欄へ ※プラスの場合は第一表の⑳欄へ ※第二表の㉑欄へ 654,835
譲渡割額　還付額 ⑭	(付表4-2の⑭X欄の金額)		(⑪E欄×22/78)	
譲渡割額　納税額 ⑮	(付表4-2の⑮X欄の金額)		(⑫E欄×22/78) 184,687	184,687
合計差引譲渡割額 (⑮-⑭) ⑯				※マイナスの場合は第一表の㉑欄へ ※プラスの場合は第一表の㉒欄へ 184,687

注意　1　金額の計算においては、1円未満の端数を切り捨てる。
　　　2　旧税率が適用された取引がある場合は、付表4-2を作成してから当該付表を作成する。

(H31.10.1以後終了課税期間用)

●(株)本郷商店の付表5-1

第4-(4)号様式

付表5-1　控除対象仕入税額等の計算表　　　　　　　　　　　　簡易

課税期間	○・1・1～○・12・31	氏名又は名称	株式会社本郷商店

Ⅰ　控除対象仕入税額の計算の基礎となる消費税額

項　目		旧税率分小計 X	税率6.24%適用分 D	税率7.8%適用分 E	合計 F (X+D+E)
課税標準額に対する消費税額	①	(付表5-2の①X欄の金額) 円	(付表4-1の①D欄の金額) 円 546,124	(付表4-1の①E欄の金額) 円 2,728,050	(付表4-1の①F欄の金額) 円 3,274,174
貸倒回収に係る消費税額	②	(付表5-2の②X欄の金額)	(付表4-1の③D欄の金額)	(付表4-1の③E欄の金額)	(付表4-1の③F欄の金額)
売上対価の返還等に係る消費税額	③	(付表5-2の③X欄の金額)	(付表4-1の⑤D欄の金額)	(付表4-1の⑤E欄の金額)	(付表4-1の⑤F欄の金額)
控除対象仕入税額の計算の基礎となる消費税額 (①＋②－③)	④	(付表5-2の④X欄の金額)	546,124	2,728,050	3,274,174

Ⅱ　1種類の事業の専業者の場合の控除対象仕入税額

項　目		旧税率分小計 X	税率6.24%適用分 D	税率7.8%適用分 E	合計 F (X+D+E)
④ × みなし仕入率 (90%・80%・70%・60%・50%・40%)	⑤	(付表5-2の⑤X欄の金額) 円	※付表4-1の④D欄へ 円	※付表4-1の④E欄へ 円	※付表4-1の④F欄へ 円

Ⅲ　2種類以上の事業を営む事業者の場合の控除対象仕入税額

(1) 事業区分別の課税売上高(税抜き)の明細

項　目		旧税率分小計 X	税率6.24%適用分 D	税率7.8%適用分 E	合計 F (X+D+E)	売上割合
事業区分別の合計額	⑥	(付表5-2の⑥X欄の金額) 円	8,752,314	34,975,545	43,727,859	※第一表「事業区分」欄へ %
第一種事業 (卸売業)	⑦	(付表5-2の⑦X欄の金額)			※	※
第二種事業 (小売業等)	⑧	(付表5-2の⑧X欄の金額)	8,752,314	27,388,727	36,141,041	※ 82.6
第三種事業 (製造業等)	⑨	(付表5-2の⑨X欄の金額)			※	※
第四種事業 (その他)	⑩	(付表5-2の⑩X欄の金額)		7,586,818	7,586,818	※ 17.3
第五種事業 (サービス業等)	⑪	(付表5-2の⑪X欄の金額)			※	※
第六種事業 (不動産業)	⑫	(付表5-2の⑫X欄の金額)			※	※

(2) (1)の事業区分別の課税売上高に係る消費税額の明細

項　目		旧税率分小計 X	税率6.24%適用分 D	税率7.8%適用分 E	合計 F (X+D+E)
事業区分別の合計額	⑬	(付表5-2の⑬X欄の金額) 円	546,144	2,728,091	3,274,235
第一種事業 (卸売業)	⑭	(付表5-2の⑭X欄の金額)			
第二種事業 (小売業等)	⑮	(付表5-2の⑮X欄の金額)	546,144	2,136,320	2,682,464
第三種事業 (製造業等)	⑯	(付表5-2の⑯X欄の金額)			
第四種事業 (その他)	⑰	(付表5-2の⑰X欄の金額)		591,771	591,771
第五種事業 (サービス業等)	⑱	(付表5-2の⑱X欄の金額)			
第六種事業 (不動産業)	⑲	(付表5-2の⑲X欄の金額)			

注意　1　金額の計算においては、1円未満の端数を切り捨てる。
　　　2　旧税率が適用された取引がある場合は、付表5-2を作成してから当該付表を作成する。
　　　3　課税売上げにつき返品を受け又は値引き・割戻しをした金額(売上対価の返還等の金額)があり、売上(収入)金額から減算しない方法で経理して経費に含めている場合には、⑥から⑫欄には売上対価の返還等の金額(税抜き)を控除した後の金額を記載する。

(1／2)　　　　　　　　　　　　　　　　　　　　　　　　　　　(H31.10.1以後終了課税期間用)

314

(3) 控除対象仕入税額の計算式区分の明細

イ 原則計算を適用する場合

控 除 対 象 仕 入 税 額 の 計 算 式 区 分		旧税率分小計 X (付表5-2の⑤X欄の金額)	税率6.24%適用分 D	税率7.8%適用分 E	合計 F (X+D+E)
④ × みなし仕入率 $\dfrac{⑭×90\%+⑮×80\%+⑯×70\%+⑰×60\%+⑱×50\%+⑲×40\%}{⑬}$	⑳	円	436,899 円	2,064,087 円	2,500,986 円

ロ 特例計算を適用する場合

(イ) 1種類の事業で75%以上

控 除 対 象 仕 入 税 額 の 計 算 式 区 分		旧税率分小計 X (付表5-2の㉑X欄の金額)	税率6.24%適用分 D	税率7.8%適用分 E	合計 F (X+D+E)
(⑦F/⑥F・⑧F/⑥F・⑨F/⑥F・⑩F/⑥F・⑪F/⑥F・⑫F/⑥F)≧75% ④ × みなし仕入率(90%・80%・70%・60%・50%・40%)	㉑	円	436,899 円	2,182,440 円	2,619,339 円

(ロ) 2種類の事業で75%以上

控 除 対 象 仕 入 税 額 の 計 算 式 区 分		旧税率分小計 X	税率6.24%適用分 D	税率7.8%適用分 E	合計 F (X+D+E)
第一種事業及び第二種事業 (⑦F+⑧F)/⑥F≧75%	④× $\dfrac{⑭×90\%+(⑬-⑭)×80\%}{⑬}$ ㉒	(付表5-2の㉒X欄の金額) 円	円	円	円
第一種事業及び第三種事業 (⑦F+⑨F)/⑥F≧75%	④× $\dfrac{⑭×90\%+(⑬-⑭)×70\%}{⑬}$ ㉓	(付表5-2の㉓X欄の金額)			
第一種事業及び第四種事業 (⑦F+⑩F)/⑥F≧75%	④× $\dfrac{⑭×90\%+(⑬-⑭)×60\%}{⑬}$ ㉔	(付表5-2の㉔X欄の金額)			
第一種事業及び第五種事業 (⑦F+⑪F)/⑥F≧75%	④× $\dfrac{⑭×90\%+(⑬-⑭)×50\%}{⑬}$ ㉕	(付表5-2の㉕X欄の金額)			
第一種事業及び第六種事業 (⑦F+⑫F)/⑥F≧75%	④× $\dfrac{⑭×90\%+(⑬-⑭)×40\%}{⑬}$ ㉖	(付表5-2の㉖X欄の金額)			
第二種事業及び第三種事業 (⑧F+⑨F)/⑥F≧75%	④× $\dfrac{⑮×80\%+(⑬-⑮)×70\%}{⑬}$ ㉗	(付表5-2の㉗X欄の金額)			
第二種事業及び第四種事業 (⑧F+⑩F)/⑥F≧75%	④× $\dfrac{⑮×80\%+(⑬-⑮)×60\%}{⑬}$ ㉘	(付表5-2の㉘X欄の金額)	436,899	1,616,374	2,053,273
第二種事業及び第五種事業 (⑧F+⑪F)/⑥F≧75%	④× $\dfrac{⑮×80\%+(⑬-⑮)×50\%}{⑬}$ ㉙	(付表5-2の㉙X欄の金額)			
第二種事業及び第六種事業 (⑧F+⑫F)/⑥F≧75%	④× $\dfrac{⑮×80\%+(⑬-⑮)×40\%}{⑬}$ ㉚	(付表5-2の㉚X欄の金額)			
第三種事業及び第四種事業 (⑨F+⑩F)/⑥F≧75%	④× $\dfrac{⑯×70\%+(⑬-⑯)×60\%}{⑬}$ ㉛	(付表5-2の㉛X欄の金額)			
第三種事業及び第五種事業 (⑨F+⑪F)/⑥F≧75%	④× $\dfrac{⑯×70\%+(⑬-⑯)×50\%}{⑬}$ ㉜	(付表5-2の㉜X欄の金額)			
第三種事業及び第六種事業 (⑨F+⑫F)/⑥F≧75%	④× $\dfrac{⑯×70\%+(⑬-⑯)×40\%}{⑬}$ ㉝	(付表5-2の㉝X欄の金額)			
第四種事業及び第五種事業 (⑩F+⑪F)/⑥F≧75%	④× $\dfrac{⑰×60\%+(⑬-⑰)×50\%}{⑬}$ ㉞	(付表5-2の㉞X欄の金額)			
第四種事業及び第六種事業 (⑩F+⑫F)/⑥F≧75%	④× $\dfrac{⑰×60\%+(⑬-⑰)×40\%}{⑬}$ ㉟	(付表5-2の㉟X欄の金額)			
第五種事業及び第六種事業 (⑪F+⑫F)/⑥F≧75%	④× $\dfrac{⑱×50\%+(⑬-⑱)×40\%}{⑬}$ ㊱	(付表5-2の㊱X欄の金額)			

ハ 上記の計算式区分から選択した控除対象仕入税額

項　　　　目	旧税率分小計 X	税率6.24%適用分 D	税率7.8%適用分 E	合計 F (X+D+E)
選 択 可 能 な 計 算 式 区 分 (⑳ ～ ㊱) の 内 か ら 選 択 し た 金 額 ㊲	(付表5-2の㊲X欄の金額) 円	(※付表4-1の④D欄へ) 円	(※付表4-1の④E欄へ) 円	(※付表4-1の④F欄へ) 円
	436,899	2,182,440	2,619,339

注意　1　金額の計算においては、1円未満の端数を切り捨てる。
　　　2　旧税率が適用された取引がある場合は、付表5-2を作成してから当該付表を作成する。

(2／2)

(H31.10.1以後終了課税期間用)

③ 申告後には税務調査がある

● 税務調査とはどういうものか

申告書を提出し、納税が済めば、消費税の実務は、ひとまず終了です。しかし、そのあとには**税務調査**という関門が待ちかまえています。

消費税は、事業者が自ら税額を計算し、それにもとづいて納税をするという**申告納税制度**が採用されています。この点は、法人税や所得税とまったく同じです。ただ、申告納税方式では、事業者の申告額がつねに正しいという保証はありません。意図的な課税逃れはともかくとして、複雑な税制を原因とした判断ミスや解釈の違いによる過少申告も起こり得ることです。

そこで、税務署は、申告内容が税法に合致しているか否かを確認するため、質問検査権の行使、つまり税務調査を行なうのです。

税務調査は、大きく分けて、事前調査と実地調査の2つがあります。前者は、税務署の収集した資料等にもとづく机上の調査、後者は、事業者の事務所等に臨場して行なう帳簿等の検査です。

● 消費税と法人税、所得税は同時調査される

ところで、以前の税務署の機構は、直接税部門と間接税部門に分かれていました。このため、法人税や所得税などの直接税と、間接税である消費税は、別々に調査を行なっていた時期があります。

しかし、いまはこのような区別はありません。法人の場合は法人税と消費税が、個人事業者では所得税と消費税が同時調査されることになっています（このほか、源泉所得税と印紙税も同時に調査できることになっています）。

いわゆる実地調査（臨場調査）では、いきなり帳簿等の内容がチェックされることは、まずありません。概観調査といって、法人の代表者や経理担当者から営業内容、組織形態、商品等の製造販売の経路、帳簿の種類や備付状

況などの聞き取りが行なわれます。

　この段階で調査官は、経営者の考え方や税務に対する姿勢を把握するとともに、経理担当者の経理能力や税務知識まで探っています。これを参考にして、どの程度の問題があるのか、どんな点を集中して調査すべきかといった見当をつけるのです。したがって、事業者もこれを念頭に置いて、慎重に応答することが重要です。

　調査官の質問は、時として主旨のわかりにくいこともありますが、質問の内容を理解しないまま応答すると、結果として誤った説明になることがあります。質問事項をよく確認して応答すべきですが、その場でわからないことは、後日に回答することでも、もちろんかまいません。

　帳簿等の調査は、法人税や所得税に関する事項を先に確認し、そのあとに消費税をチェックするというのが通常のパターンです。もっとも、調査官は、実地調査の前に、決算書などから課税売上や課税仕入をおおよそ把握しています。消費税の申告額が異常に少ない場合は、消費税から先に調査されることもあります。また、いわゆる欠損法人の場合も、消費税中心の調査になる傾向があります。

● 重点的に調査されるところは？

　個別の調査事項については、おおよそ次の3つに分かれることに注意すべきです。

①法人税（所得税）と消費税が連動する事項
②消費税だけが問題になる事項
③法人税（所得税）だけが問題になる事項

　このうち、①の典型的なものが売上の計上もれや計上時期の誤りです。法人税や所得税に影響するとともに、消費税の課税売上にも関係してきます。また、本来は前払いとすべき経費を損金や必要経費としていた場合や貸倒損失の適否なども、これに属する問題です。

　②の消費税だけの問題に属するのは、消費税で最も重要な課否判定の適否です。課税取引、非課税取引、課税対象外取引の区分ですが、前述した交際

費勘定など、事業者が誤りやすい項目が重点的にチェックされます。

　また、課税売上か非課税売上かの区分は、売上についての消費税ばかりでなく、課税売上割合という消費税独自の問題と関係することになります。

　このほか、たとえば、中古の車両を下取りに出している場合、売却損益が正しければ法人税・所得税はいいのですが、消費税では売却額を課税売上としていなければ、否認の対象です。

　③の消費税には関係なく、法人税・所得税にのみ影響するのは、棚卸資産の計上もれ、減価償却費や引当金の繰入れ額などの事項です。これらは、消費税の課税対象外取引ですから、仮に誤りがあっても、消費税には連動しません。

　いずれにしても、調査される具体的事項がどのような問題なのか、また、否認された場合の影響などを考慮して調査に対応すべきです。

　そして、税務調査への最良の対応策は、日々の的確な経理処理と帳簿や関係書類の事前整備です。「事前の節税、事後の脱税」という言葉がありますが、税務に関しては、事後にあわてて取り繕ってもうまくいきません。日常の処理をきちんとしておくことが、税務調査を乗り切る秘訣といえるでしょう。

小池正明（こいけ まさあき）

長野県生まれ。中央大学卒業後、1978（昭和53）年税理士試験合格、1983（昭和58）年税理士事務所開設。税理士として企業の税務、経営を指導するとともに、講習会・セミナーなどの講師も担当。現在、日本税理士会連合会税制審議会専門委員長、早稲田大学大学院法務研究科講師。主な著書に『最新版 相続・贈与 かしこい節税の実際』『法人税・消費税の実務処理マニュアル』（以上、日本実業出版社）、『民法・税法による遺産分割の手続と相続税実務』（税務研究会）などがある。

最新 図解 消費税のしくみと実務がわかる本

| 2014年 3 月20日 | 初 版 発 行 |
| 2019年10月10日 | 最新 2 版発行 |

著　者　小池正明 ©M. Koike 2019
発行者　杉本淳一

発行所　株式
　　　　会社 日本実業出版社　東京都新宿区市谷本村町 3 − 29 〒162−0845
　　　　　　　　　　　　　　　大阪市北区西天満 6 − 8 − 1 〒530−0047
　　　　編集部 ☎03−3268−5651
　　　　営業部 ☎03−3268−5161　振 替 00170−1−25349
　　　　　　　　　　　　　　　　https://www.njg.co.jp/

印 刷／厚徳社　　製 本／若林製本

この本の内容についてのお問合せは、書面かFAX（03−3268−0832）にてお願い致します。
落丁・乱丁本は、送料小社負担にて、お取り替え致します。
ISBN 978−4−534−05725−9　Printed in JAPAN

日本実業出版社の本
「経理・税金・会計」に関する本

好評既刊！

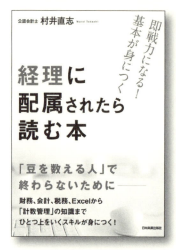

村井 直志＝著
定価 本体1400円（税別）

井ノ上 陽一＝著
定価 本体2200円（税別）

西中間 浩＝著
定価 本体1800円（税別）

岩谷 誠治＝著
定価 本体1500円（税別）

定価変更の場合はご了承ください。